TAHOTA
泰和泰律師

# 传销

## 犯罪原理与办案指引

胡　聪◎著

# PYRAMID SELLING

## THEORIES OF CRIME AND GUIDELINES FOR HANDLING CASES

法律出版社
LAW PRESS·CHINA
北京

**图书在版编目(CIP)数据**

传销犯罪原理与办案指引 / 胡聪著. -- 北京 : 法律出版社, 2023
ISBN 978 - 7 - 5197 - 8195 - 8

Ⅰ. ①传… Ⅱ. ①胡… Ⅲ. ①传销 - 刑事犯罪 - 研究 - 中国 Ⅳ. ①D924.334

中国国家版本馆 CIP 数据核字(2023)第 150641 号

**传销犯罪原理与办案指引**
**CHUANXIAO FANZUI YUANLI YU BAN'AN ZHIYIN**

胡 聪 著

策划编辑 赵明霞 田 浩
责任编辑 赵明霞 田 浩
装帧设计 汪奇峰

**出版发行** 法律出版社
**编辑统筹** 法商出版分社
**责任校对** 王晓萍
**责任印制** 胡晓雅
**经　　销** 新华书店

**开本** 710 毫米 × 1000 毫米 1/16
**印张** 18.25 **字数** 272 千
**版本** 2023 年 9 月第 1 版
**印次** 2023 年 9 月第 1 次印刷
**印刷** 天津嘉恒印务有限公司

地址:北京市丰台区莲花池西里 7 号(100073)
网址:www.lawpress.com.cn
投稿邮箱:info@lawpress.com.cn
举报盗版邮箱:jbwq@lawpress.com.cn

销售电话:010 - 83938349
客服电话:010 - 83938350
咨询电话:010 - 63939796


**书号**:ISBN 978 - 7 - 5197 - 8195 - 8
**定价**:78.00 元

凡购买本社图书,如有印装错误,我社负责退换。电话:010 - 83938349

## —— 序 一 ——

# 以专业引领刑事辩护业务高质量发展

程守太*

组织、领导传销活动罪,是破坏社会主义市场经济秩序犯罪中高发的扰乱市场秩序犯罪类型,属于国家规制和治理市场秩序的重要领域。该罪是2009年《刑法修正案(七)》新增加的罪名,在此之前,情节严重的传销或者变相传销活动多以非法经营罪定罪处罚,该罪确立后,情节严重的传销行为有了针对性的适用罪名。尽管如此,因传销活动往往与直销、非法经营、非法吸收公众存款、集资诈骗等行为相互交织,且借助互联网、数字货币、元宇宙等最新的技术形态传播发展,故此罪与非罪、此罪与彼罪之间的界限并非泾渭分明,实务中分歧较大,律师辩护难度不小。胡聪律师自执业以来办理了多起传销犯罪案件,他根据办案经验和思考,对传销犯罪理论与辩护实务进行了专门研究,写出了这本对办理传销案件(不仅限于刑事犯罪案件)具有重要指引和参考作用的著作,深具意义,可喜可贺。

本书最大的特点在于,理论研究与实务指引兼而有之。目前,市面上关于传销犯罪理论的研究著作较少,专门针对传销犯罪刑事辩护的作品亦不多见,这与传销犯罪案件高发、影响大又危害深的现状形成鲜明对比。这表明,传销犯罪辩护领域急需理论与实务的指引。胡聪律师难能可贵的地方在于勇于尝试。一方面,针对传销的发展与域外规制、传销的概念与犯罪构

* 程守太,中华全国律师协会副会长,泰和泰律师事务所首席合伙人,法学博士。

成、传销犯罪的类型与发展、传销立法的历史沿革、传销犯罪的治理等理论课题进行深入研究，开展理论思考，总结理论成果，为普通读者了解传销，公检法及律师等实务人士办理传销案件提供背景支撑与理论知识；另一方面，他又发挥刑事辩护律师的专长，将理论成果的总结落脚于为实务提供指引。传销犯罪的司法认定、传销犯罪的程序辩护、传销犯罪的证据审查与质证、传销犯罪的无罪辩护与罪轻辩护等主题，都是传销犯罪辩护实务无法绕开的核心和焦点，本书作者将理论与实践案例相结合，对这些问题进行深入分析与阐发，相信会对实务人士产生直接的启发，对实务案件的办理产生直接的指引作用。

当前，从中央到地方，都吹响了扎实推进高质量发展的冲锋号，砥砺前行担重任，踔厉奋发勇争先，律师行业也在积极思考如何实现高质量发展。我认为，律师的主业在于法律服务，引领律师行业的高质量发展，一定要立足于向市场提供更为专业的、精细化的、有效的法律服务，为此，律师们需要将更多的时间和精力聚焦于锤炼自身本领、打磨服务技能。对于刑事辩护律师而言，开展理论研究，总结办案经验，梳理辩护技巧，正是以专业引领刑事辩护业务高质量发展的集中体现。在这个意义上，本书的出版可谓正当其时。

胡聪律师是本所最年轻的合伙人之一，他善于思考、勤于动笔，是传销犯罪辩护领域的专家型律师，板凳要坐十年冷，文章不写半句空，相信读者可以从这本富有理论气息与实务指导意义的著作中发现作者著述的认真与业务的精通，希望本书能对各位读者有所裨益。

是为序。

2023 年 9 月

## —— 序 二 ——

# 以精耕细作的专业精神推动刑事业务高质量发展

张 斌*

春节之后，胡聪律师发给我一份书稿，希望我为他的新书作序，利用假日闲暇，我把书稿通读一遍后，不禁感慨万端：当许多刑辩老律师、资深律师身陷繁忙的办案事务，无暇总结办案经验的时候；当许多年轻律师苦于无案可办、业务技能无从提升的时候，执业刚满5年的胡聪律师却沉心静气，根据自己办理案件所积累的经验和持续思考，倒箧倾囊，写出了这本对传销犯罪办理具有重要指引意义的专著。其一可见其勤奋而专精的精神，其二可见其贡献于行业的公益情怀，这也符合我一直倡导的年轻律师应当坚持长期主义和利他精神，胡聪律师做到了，不仅聪明睿智，而且有情怀、有担当。

近年来，随着我国刑事司法体制改革的全面推进，刑事辩护领域正发生深刻变化。一是随着刑事案件律师辩护全覆盖试点工作的全方位推进和《法律援助法》的颁布施行，法律援助案件急剧增加（截至2022年10月，全国共有2594个县、区开展了审判阶段刑事案件律师辩护全覆盖试点工作，占县级行政区域总数的90%以上；2021年，各地因开展试点工作而增加法

* 吉林大学法学博士、深圳市律师协会会长、广东卓建律师事务所创始人合伙人、首届深圳市委法律顾问、深圳大学校外硕士生导师、吉林大学及华南师范大学兼职教授。

律援助案件32万余件，占审判阶段刑事法律援助案件总数的63.6%），刑事案件律师辩护率得以大幅度提高；二是随着我国经济社会的快速发展，刑事犯罪结构发生显著变化，严重暴力型重大犯罪占比减少，轻微刑事犯罪占比大幅上升，司法机关为适应这一犯罪变化规律，适时提出降低逮捕率和审前羁押率，“以非羁押为原则、羁押为例外”的新格局正在形成（最高人民检察院发布的2022年全国检察机关主要办案数据显示，2022年全国检察机关不捕36.6万人，不捕率达43.4%）；三是随着认罪认罚从宽制度的全面推行和实施，多数犯罪嫌疑人选择自愿认罪认罚（可参考的数据是，2019年1月至2020年8月，全国检察机关适用认罪认罚从宽制度办结案件1,416,417件，涉及1,855,113人，人数占同期办结刑事犯罪总数的61.3%），适用认罪认罚，既在实体上体现从宽，也在程序上体现从简，二审上诉率亦大幅度降低。我认为，我国刑事司法追诉的立法与实践已发生重大变化，这些变化同样深刻影响刑事辩护业务的发展。一方面，大量的刑事案件犯罪嫌疑人因自愿认罪认罚、被不批捕及指定辩护，故对聘请辩护律师的需求大大降低；另一方面，重大、复杂、疑难犯罪案件虽仍存在较大的聘请辩护律师的需求，但刑事辩护法律服务“供大于求”势必导致这一领域充分、激烈的竞争。因此，未来的刑事辩护法律服务必然走向精细化的作业，时代呼唤执着专注、精耕细作、精益求精、一丝不苟、追求卓越的刑事辩护工匠精神，如此才能推动刑事律师业务高质量发展。

本书很好地体现了刑事辩护精细化、专业化的基本技巧和经验。对于传销犯罪相关理论的思考和总结是开展传销犯罪辩护的前提和准备，缺乏对行业的观察和研究，缺乏对犯罪所涉领域一般规律的理解和总结，就很难深入把握具体犯罪要件体系、指控逻辑和证据要点，辩护工作就只能浮于表面，难以取得实质辩护效果，在这个意义上，一位优秀的刑辩律师，也必然是一位专注行业和领域的专家。本书开辟专章集中讨论了程序辩护这一议题，作者新颖地提出了“程序辩护在彰显程序独立价值的同时，也在实现自身的功能，即寻求程序性制裁措施的实施”的辩护主张，并在此基调下详细论述了管辖辩护、申请回避、审判公开与公开开庭等主题，同时给出了相应的实务操作指引和法律依据，可以管窥作者着力于改变刑辩实务界重实体、轻程序之辩护倾向的勇敢尝试。针对刑辩实务中重辩论、轻质证的惯常操作，作者提出"以质证为核心的辩护之倡导"，认为"不通过严格周密的质证，无法推翻起诉证据，更无法撼动公诉方的证据链条，因此也就不可能依赖在辩论环节的夸夸其谈实现辩护目的，因为这种辩护偏离证据与案件事实，终究是无源之水、无本之木"，为此，作者利用大量篇幅讨论了传销犯罪证据的审查与质证问题，同时结合传销犯罪实操案例进行分析，给出了细致的办案指引和建议。作者提出，辩护目的的实现需要经历一个反复商讨、沟通、质疑和对抗的过程，辩护人辩护权利的行使和辩护职责的履行，依赖于向侦查司法机关提出一系列的申请、异议等意见，其中大多需要以书面形式呈现，这既是辩护权行使的主要手段和形式，也是侦查、审查起诉和审判机关据以保障辩护权实现的基础，因此不向办案机关提交任何书面意见的辩护人，难以达到有效辩护的目的，"提了固然可能不会被采纳，但不提一定不会被采纳，且辩护人要珍惜每一次与法庭沟通的机会，即便意见不被采纳，所提意见确有合理性且被反复提及的情况下，至少会引起法庭对该问题的关注，最终影响法庭的判断"，可以看出，作者对于如何履行辩护职责有深切的理解和体会，对律师同行们的告诫可谓苦口婆心。

以上种种，不仅是作者的经验之谈，也确实闪烁着思想的亮光，无不体现作者精细化作业的努力和尝试，也展现了作者很好的执业素养和法学功底，作为吉林大学校友，我为这么优秀的校友而自豪。在我看来，本书许多内容虽是针对传销刑事辩护业务，但也总结出了刑事辩护的一般经验和普遍规律，因此，它不仅对专门从事传销案件办理的工商行政管理人员、公安、检察院和法院工作人员、刑辩律师等有直接的指引和参考作用，对年轻律师学习和训练刑辩基本技能、法科学生研习刑辩业务也有启发意义。

犹记得2016年我在担任深圳市律师协会副会长和《深圳律师》杂志主编时，尚处于实习律师阶段的胡聪律师就积极向《深圳律师》杂志投稿，因为是学长，我也会更多地关注他的成长，几年来，我惊喜地看到胡聪律师每年都有多篇实务文章发表，现在他又将传销犯罪刑事辩护这一主题的系统思考撷玉成章，殊值祝贺！期待深圳律师行业涌现出越来越多的走向精细化作业的刑事辩护律师，也期待更多的青年律师由追光人向发光人转型发展。

是为序。

2023 年 9 月

# 案例索引

# 目录

## 上篇　传销犯罪相关原理

# 上篇

# 传销犯罪相关原理

CHAPTER 01

# 第一章

# 传销的发展与域外规制

## 第一节　传销的起源与发展

### 一、金字塔欺诈

传销,在国外多称为金字塔欺诈,是一种以发展人员提取报酬为主要形式的欺诈行为,危害性极大。[①] 之所以被称为金字塔欺诈,是因为它类似于金字塔结构,从顶端的单个点开始,逐步向底部延伸变宽发展,如图 1 - 1 所示,假设每一个层级的成员均需要发展 10 个下线成员,则第一层有 1 个成员,第二层有 10 个成员,第三层有 100 个成员,且每一个层级的人均可以获得自己下一级成员投入资金的一部分,如此类推,参与者为了最大限度获利,及早回收投资成本,都在极力发展更多的下线成员。如此一来,金字塔顶端的人,即整个组织的创始人,将成为最大的获利者,而所有顶端之下的人都成为顶端的供奉者。理论上,越是金字塔顶端的人,越能够获得足够多的回报,但在实际运行中,预期的成员会随着时间的推移逐渐减少,直至枯竭,届时金字塔顶端的成员携大量资金离场,而越是下层的成员越有可能空手

① 参见国家工商行政管理总局编著:《直销监管与禁止传销》,中国工商出版社 2012 年版,第 1 页。

而归。

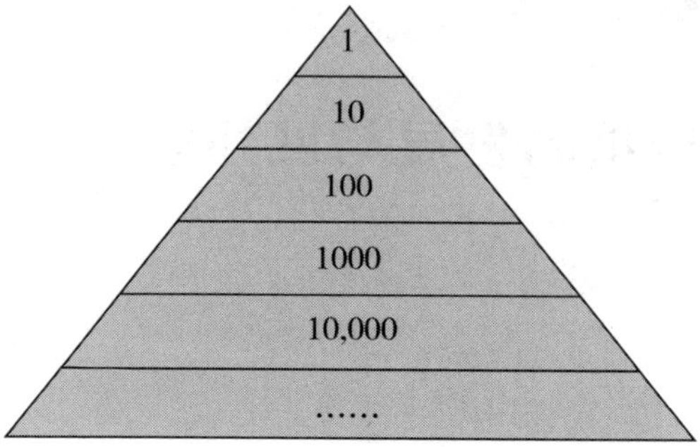


**图 1－1　金字塔欺诈模型**

在早期，金字塔欺诈与正常的销售行为混合交织，难以区分，对其认识也是一个不断加深的过程，而认识加深的过程，可以说也是人们饱受金字塔欺诈欺骗的过程，其中不得不提及一个人——查尔斯·庞齐（1882—1949 年，以下简称庞齐）。

## 二、庞氏骗局

庞齐是一位意大利人，1903 年前往美国，因一无所有，只得去做餐馆服务生，后因偷钱和私吞找零被开除，1907 年到加拿大蒙特利尔的一家银行打工，恶习难改的他因伪造支票被判处 3 年有期徒刑，1911 年出狱后在返回美国途中卷入一宗人口偷渡案，又进监狱待了 2 年，在此之后他做过油漆工等体力活，经过 10 多年底层生活的历练，庞齐逐渐发现，来钱最快的还是金融行业。

一个偶然的机会让庞齐接触到"回邮券"这个业务，所谓回邮券，就是寄信人为了减轻回信人的经济负担，往往在去信中夹带一张回邮券，回信人可以用它到当地邮局兑换邮票。"一战"结束后，欧洲整体经济低迷，美国形势稍好，因此庞齐想到用美元在欧洲购买回邮券，拿到美国换取邮票的生意，其实就是赚取外汇兑换的差价，但寄信邮资本身价值不高，因此收益也少得可怜。于是庞齐编造高回报率，声称投资回邮券 45 天就能稳赚 50%，3 个月确保盈利翻番。为方便开展业务，庞齐甚至注册了一家证券交易公司，对外宣传主要业务为从西班牙买入法国、德国的国际回邮券，再加上一些利率差价，转手卖给美国邮政局。因战后经济低迷，不同国家之间的汇率政策十分复杂，且信息传输技术远不如今日，所以当时一般人根本搞不清楚，对庞齐所宣称国际回邮券业务的利润空间产生了无限遐想。因为庞齐“讲信用”，每次都如期兑现收益，于是一批又一批的投资者蜂拥而至，出现了热火朝天的局面，庞齐“发明了钱”的消息不胫而走，骗局越玩越大。就这样，在前后差不多一年的时间里，庞齐吸引了 4 万多名波士顿市民总计 1500 万美元的投资，这些钱除用于向投资者兑现收益，其余被他用于收购银行、奢侈消费等。后来，因曾支持其“创业”的朋友丹尼尔斯起诉，引起政府部门介入，有关庞齐的各种负面消息开始发酵，有记者在《波士顿邮报》发表文章质疑，如果回邮券业务真的赚钱，庞齐为什么不继续购买回邮券而是去收购银行呢？如果庞齐真的在从事回邮券业务，购买回邮券的数量需达到 1600 万张，而实际流通中的回邮券一共才 2.7 万张，这根本是个骗局。随着质疑的增加，参与回邮券投资的人越来越少，庞齐再也无力支付先期投资者的收益，他不得不在 1920 年停业，波士顿政府宣布庞齐破产，预计资金“窟窿”超过 500 万美元。后来庞齐被起诉，关押多年，直至 1934 年被美国驱逐出境。1948 年，庞齐因脑出血而半身瘫痪，双目几乎失明，一年后他在一家慈善福利院去世，死的时候身无分文。

后来，人们把对外谎称项目投资，实际上搞资金体外循环，把后来参与者的投资作为之前参与者的高额回报的诈骗行为，称为庞氏骗局，它属于金字塔欺诈的范围。①

## 三、金字塔欺诈的早期发展

在美国，20 世纪 50 年代末，由于大量美国家庭搬入别墅住宅区，家庭主妇们购买日用品不如以前方便，于是精明的主妇往往会从厂家直接批发一些日用品，再分销给自己的邻里，直销开始作为一种业态产生，金字塔欺诈活动也随着直销的推广发展蔓延。1964 年，美国出现了一家著名的从事金字塔欺诈的公司——假日魔术公司，该公司最初销售商品，但销售商品获取的利益比拉人入会低得多，于是就形成了销售人员置销售商品而不顾却一心拉人加入的局面。该公司销售人员分为假日女郎、组长、主任和经理 4 个级别，成为销售人员需要购买 39 美元至 2500 美元不等的产品，介绍一个销售人员可以获得 100 美元介

① 参见严行方：《庞氏骗局——钓鱼还是钓愚》，中国财富出版社 2017 年版，第 3—9 页。

绍费,升为经理则可以获得 2500 美元的酬劳。[①] 在该公司中,创始人帕特里克能从金字塔形结构中获得最高的收益,底层顾客兼推销员所获得的收入只占公司整体利润的很小份额,通过大批不拿底薪的参与者的参与宣传,帕特里克很快获利颇丰并扩大了公司规模。为了保持庞大的底层队伍,帕特里克对最底层的推销员进行洗脑,声称推销员不是在出售产品而是在出售"梦想",只要业绩不断上升,有朝一日就能达到公司金字塔式结构的顶层,但事实上,对大多数推销员而言,这只是井中之月。在巨大利益的刺激下,该公司一年营业额竟高达 2.5 亿美元。财富的积累激发了帕特里克的政治野心,他后来甚至被提名为共和党加利福尼亚州州长候选人和美国副总统候选人。[②]

在英国,最早出现的是 Swastika 皮夹销售欺诈活动,介绍人参加销售皮夹获得的佣金就已经高于皮夹的销售价格,购买和销售皮夹已经不是需求,人们不再需要消费商品,购买商品的钱款只是加入金字塔欺诈活动时需要缴纳的费用,通过介绍他人加入就可以获得收益。

日本出现的最有名的金字塔欺诈活动是内村健一成立的"天下一家会",1965 年,"天下一家会"成立,随后提出"投资 2080 元,发展 4 名子会员,即可获得 102.4 万元"的口号,其模式为:入会时缴纳 2080 元,其中 1080 元汇给总部,1000 元汇给介绍人,再发展 4 人,被发展人员缴纳的 2080 元,除汇给总部 1080 元外,介绍人可以获取 1000 元,以此类推,最后可以获取 102.4 万元。该会发展到高峰时,会员多达 180 万人,入会费日进亿元,内村健一本人也曾经排在日本富豪榜的第 39 位。由于发展人员无法延续,20 世纪 70 年代初,该会开始出现崩盘迹象,受害人于 1972 年集体提起诉讼,1979 年,"天下一家会"违法活动被取缔。

20 世纪 70 年代末,我国台湾地区也出现了多起金字塔欺诈案件(在我国台湾地区,金字塔欺诈又称"老鼠会"),其中最大的"老鼠会"公司——台家公司销售的产品以清洁剂为主,该公司将销售人员分为经销专员、高级专员、经销主任,经销专员销售一件产品可以提取 25% 的提成,高级专员、经销主任可以分别

---

① 参见国家工商行政管理总局编著:《直销监管与禁止传销》,中国工商出版社 2012 年版,第 12 页。

② 参见《美国史上有名的疯狂传销:一年营业额高达 2.5 亿美元 最终被确定实施欺骗性贸易行为》,载鹤壁日报网,http://paper.hebiw.com/epaper/hbrb/2017/08/16/RB06/story/2154427.shtml。

获取15%、10%的提成,成为高级专员需要缴纳6.85万元的入会费,经销主任发展1名高级专员,可以获得3万元报酬。台家公司宣传货品佳、销售好、获利快,诱使大量人员参加,到1981年,该公司营业额增长到4亿元新台币,发展会员1万多人,后来该公司受到我国台湾地区“公平交易委员会”的处罚。[①]

## 四、传销输入中国

如前所述,传销是伴随直销的推广而出现的,直销具有交易上的隐蔽性、参与人员的分散性、交易对象的广泛性及信息不对称等特征,导致直销发展过程中逐渐出现一些欺诈行为,主要体现为收取投资者的入会费作为入会资格及以所发展人员的数量为计提报酬的依据等特征。20世纪90年代,一些国外的直销企业开始进入中国,彼时由于市场经济体制还不健全,相关法律法规制度也缺乏,所以一些不法单位和个人打着直销的旗号,诱骗群众参与传销,利用虚假宣传、收取高额入会费等方式敛财,甚至有不法分子利用传销从事迷信、帮会、推销伪劣产品、拐卖人口等违法犯罪活动,严重干扰了我国社会经济秩序。

为此,国务院于1998年4月18日发出的《关于禁止传销经营活动的通知》指出,“传销经营不符合我国现阶段国情,已造成严重危害。传销作为一种经营方式,由于其具有组织上的封闭性、交易上的隐蔽性、传销人员的分散性等特点,加之目前我国市场发育程度低,管理手段比较落后,群众消费心理尚不成熟,不法分子利用传销进行邪教、帮会和迷信、流氓等活动,严重背离精神文明建设的要求,影响我国社会稳定;利用传销吸收党政机关干部、现役军人、全日制在校学生等参与经商,严重破坏正常的工作和教学秩序;利用传销进行价格欺诈、骗取钱财,推销假冒伪劣产品、走私产品,牟取暴利,偷逃税收,严重损害消费者的利益,干扰正常的经济秩序。因此,对传销经营活动必须坚决予以禁止”。为此,《关于禁止传销经营活动的通知》要求,“自本通知发布之日起,禁止任何形式的传销经营活动。此前已经批准登记从事传销经营的企业,应一律立即停止传销经营活动,认真做好传销人员的善后处理工作,自行清理债权债务,转变为其他经营方式,至迟应于1998年10月31日前到工商行政管理机关

---

① 参见国家工商行政管理总局编著:《直销监管与禁止传销》,中国工商出版社2012年版,第13—14页。

办理变更登记或注销登记。逾期不办理的,由工商行政管理机关吊销其营业执照。对未经批准登记擅自从事传销经营活动的,要立即取缔,并依法严肃查处”。

《关于禁止传销经营活动的通知》要求,自该通知发布之后,我国开始禁止任何形式上的传销活动,并开启有计划的各层次立法和整顿、查禁工作。

## 第二节 传销的域外规制

### 一、立法概况

传销的域外规制,是指中国内地(大陆)之外的国家或地区对于传销的立法规制情况,通过分析相关法律资料可知,域外的传销立法分为两种情况。一是有专门的传销立法,如日本的《无限连锁链防止法》、韩国的《直销法》、中国香港特别行政区的《禁止层压式推销法条例》(已失效)等;二是没有单独的传销立法,而是散见于相关法律之中。

在域外的刑事立法体例中,金字塔欺诈销售式的传销行为在很多国家和地区被规定为非法或犯罪,原因是金字塔欺诈销售的获利主要源于发展人员所缴付的费用,而不是来自产品销售或服务的提供,这也就是“借新债填旧债”,这样一个没有经济增值的交易,其目的是非法敛财,获利的永远是组织者和最早加入者,在底层的参与者则成为“最后的老鼠”而受骗、被套。[①]

### 二、大陆法系国家和地区对传销行为的刑法规制

大部分的大陆法系国家对具有“拉人头、收取入门费”特征的传销均通过相应立法明确规定为犯罪。例如,法国法律明令禁止“滚雪球销售”,凡仅通过介绍下线就可以获取奖金的就是“滚雪球销售”,发起人要处以 5 年以下有期徒刑以及 250 万法郎罚款。日本《无限连锁链防止法》对无限连锁链组织的描述为:

① 参见詹庆:《“传销罪”罪名法定化之研究——兼评〈刑法修正案(七)〉(草案)中“组织领导传销罪”》,载《政治与法律》2009 年第 2 期。

“捐献金钱财物的参加者无限地增加,最初加入的成员的位次排在先,以后参加者以二以上的倍率链锁式和阶段式地递增,后来参加者的位次根据其参加的顺序排在后面,位次在先的成员从位次在后的成员所捐款的金钱中得到高于自己所捐款的金钱财物的金额或数量的金钱物品。”开设或经营无限连锁链者处以3年以下徒刑或300万日元以下的罚金或并罚。以劝诱加入无限连锁链为职业者处以3年以下徒刑或300万日元以下罚款。劝诱加入无限连锁链者处以20万日元以下罚款。

中国台湾地区于2014年颁布所谓“多层次传销管理法”,对传销予以规范,总体而言,该文件中的传销,与中国大陆立法中的直销相近,法律对此采取的是严格管理的立场。该文件第2条明确,“多层次传销是指透过传销商介绍他人参加,建立多层级组织以推广、销售商品或服务之营销方式”。该文件第19条规定,“1.多层次传销事业不得为下列行为:一、以训练、讲习、联谊、开会、晋阶或其他名义,要求传销商缴纳与成本显不相当之费用。二、要求传销商缴纳显属不当之保证金、违约金或其他费用。三、促使传销商购买显非一般人能于短期内售罄之商品数量。但约定于商品转售后支付货款者,不在此限。四、以违背其传销计划或组织之方式,对特定人给予优惠待遇,致减损其他传销商之利益。五、不当促使传销商购买或使其拥有二个以上推广多层级组织之权利。六、其他要求传销商负担显失公平之义务。2.传销商与其介绍参加之人,亦不得为前项第一款至第三款、第五款及第六款之行为”。第34条规定,违反第19条规定的,“得限期令停止、改正其行为或采取必要更正措施,并得处新台币五万元以上一百万元以下罚锾;届期仍不停止、改正其行为或未采取必要更正措施者,得继续限期令停止、改正其行为或采取必要更正措施,并按次处新台币十万元以上二百万元以下罚锾,至停止、改正其行为或采取必要更正措施为止”。该文件第18条规定,“多层次传销事业,应使其传销商之收入来源以合理市价推广、销售商品或服务为主,不得以介绍他人参加为主要收入来源”。第29条规定,“1.违反第十八条规定者,处七年以下有期徒刑,得并科新台币一亿元以下罚金。2.法人之代表人、代理人、受僱人或其他从业人员,因执行业务违反第十八条规定者,除依前项规定处罚其行为人外,对该法人亦科处前项之罚金”。

## 三、英美法系国家和地区对传销行为的刑法规制

部分英美法系国家通过对公平竞争、直销的规范，也对金字塔式销售予以刑法规制，如美国对“金字塔销售”的法律规范，一是依据美国联邦贸易委员会的规定；二是美国各州的法律规定。具体包括媒体销售法、多层次传销管理法、商业机会法、禁止金字塔欺诈法等。法院对传销犯罪者可宣告暂时限制令、临时或永久的禁止令。加拿大《公平竞争法》第55.1条明确提出禁止“金字塔欺诈”，对违法者处5年以下徒刑及2.5万加元罚款。马来西亚《直销法》规定，经营计划中，不是根据产品和服务的销售数量赚取利润，而是通过引诱下线加入来获取利润，不论直接或间接实行，都将被视为犯罪，并处以25万元以下马币罚款，再犯者处以50万元马币以下罚款。法人团体中的任何个人，包括经理、秘书，或另外类似管理人员，有违法行为者，处以25万元以下马币罚款，或判3年以下徒刑，或两者合并施行。再犯者处以50万元以下马币罚款，或判6年以下徒刑，或两者合并施行。[①]

香港《禁止层压式计划条例》第3条“何谓层压式计划”规定，“(1)层压式计划指具有所有以下特征的计划——(a)为参与该计划，任何或所有新参与者须提供符合以下其中一项说明的利益(参与费)——(i)该利益(不论是经济或非经济利益)是向该计划的任何参与者或推广者提供的，或是为该计划的任何参与者或推广者的利益而提供的；(ii)该利益(不论是经济或非经济利益)是部分向该计划的任何参与者或推广者提供而部分向另一人提供的；或是部分为该计划的任何参与者或推广者的利益而提供而部分为另一人的利益而提供的；(b)该新参与者支付该参与费，是完全或在相当程度上受以下因素所诱使的：有人向该新参与者显示，该新参与者有机会有权获得符合以下其中一项说明的利益(招募得益)——(i)该利益(不论是经济或非经济利益)是向该新参与者提供的，或是为该新参与者的利益而提供的；(ii)该利益(不论是经济或非经济利益)是部分向该新参与者提供而部分向另一人提供的；或是部分为该新参与者的利益而提供而部分为另一人的利益而提供的；(c)(b)段提述的招募得益，是

① 参见詹庆：《“传销罪”罪名法定化之研究——兼评〈刑法修正案(七)〉(草案)中“组织领导传销罪”》，载《政治与法律》2009年第2期。

完全或在相当程度上源自介绍其他新参与者加入该计划。(2)不论——(a)何人向新参与者显示有机会有权获得招募得益;(b)何人向新参与者支付招募得益;及(c)由何人介绍其他新参与者加入计划,有关计划仍可属层压式计划。(3)计划即使有以下任何或所有特征,仍可属层压式计划——(a)该计划涉及货品或服务(或上述两者)的营销;(b)参与费可在新参与者开始参与该计划后支付,或须于新参与者开始参与该计划后支付;(c)支付参与费,并非合资格参与该计划的唯一要求;(d)支付参与费,并非合资格收取该计划之下的招募得益的唯一要求;(e)向新参与者显示有机会有权获得招募得益一事,并不给予该新参与者在法律上可强制执行的权利;(f)该计划的安排并没有以书面记录(不论全部或部分)。"第5条"与层压式计划有关的罪行"规定,"(1)任何人明知而推广层压式计划,即属犯罪。(2)任何人——(a)参与层压式计划;(b)知道或理应知道该人可从参与该计划获取的利益,是完全或在相当程度上源自介绍新参与者加入该计划;及(c)诱使或企图诱使另一人参与该计划,即属犯罪。(3)任何人犯第(1)或(2)款所订罪行,一经循公诉定罪,可处罚款1,000,000美元及监禁7年。"第7条"判给补偿的权力"规定,"(1)如任何人被裁定犯本条例所订罪行,除可判处可按法律另行判处的任何刑罚外,法庭亦可命令该人向因该罪行而蒙受经济损失的人,支付一笔法庭认为合理的款项作为补偿。(2)根据第(1)款命令向某人支付的补偿款项,可作为民事债项予以追讨。"①

① 《禁止层压式计划条例》,载https://www.elegislation.gov.hk/hk/cap617!zh-Hant-HK@2012-08-02T00:00:00,最后访问日期:2023年7月26日。

CHAPTER 02
# 第 二 章

# 传销的概念与犯罪构成

## 第一节 传销的概念

### 一、传销的概念

#### （一）概念内涵

所谓传销，是一种行为，表现为开展、参加传销活动，传销有广义与狭义之分，广义上的传销为行政违法意义上的传销，狭义上的传销是指组织、领导传销活动罪中的传销，即刑法意义上的传销，二者属于一般与特殊的关系。广义的传销，根据《禁止传销条例》第 2 条的规定，是指“组织者或者经营者发展人员，通过对被发展人员以其直接或者间接发展的人员数量或者销售业绩为依据计算和给付报酬，或者要求被发展人员以缴纳一定费用为条件取得加入资格等方式牟取非法利益，扰乱经济秩序，影响社会稳定的行为”，若无特殊说明，本书所称传销，是广义上的传销。

由此可以看出，广义传销行为由组织要件与计酬要件两部分组成。所谓组织要件，是指发展人员，组成网络，组织者或者经营者要通过实际或承诺给参与者一定的回报，发展他人加入，参与者加入后，继续使用同样的方式发展他人参加。如此，组成一个人际网络，形成具有上下关系的人际网络，这可以称为传销的“形”，即外在表征。所谓计酬要件，是指组织者或者经营者以参与者直接或者间接发展人员的数量或者其发展人员的销售业绩为依据计算并支付给参与者报酬,以此形成资金网络,这可以称为传销的“神”,即内在要求和核心。

(二)传销的分类

为进一步认识和鉴别传销行为,可以对传销进行分类①。

1. 拉人头型传销

拉人头型传销是指组织者或者经营者通过发展人员,要求被发展人员发展其他人员加入,对发展的人员以其直接或者间接滚动发展的人员数量为依据计算和给付报酬,牟取非法利益。此类传销的特点是以所发展人员数量为计酬依据,人员数量越多,所获取的报酬越多。所发展人员数量,既可以是自己直接发展人员数量,也可以是间接发展人员数量,即并非自己直接发展,但属于自己所发展人员的下线,实务中传销盘往往在其制度设计中规定间接计算发展人员数量的方法。该类传销在一些国家和地区被称为“金字塔销售”“老鼠会”等。

需要指出的是,如果仅仅是以所发展人员数量为计酬依据,那么并不属于传销行为,因为拉人头型传销还要求“牟取非法利益”。“牟取非法利益”,一方面表明获取利益的手段具有非法性,另一方面要求获取的利益非受法律保护,即属于违反法律、法规、规章或者政策规定的利益,或者要求对方违反法律、法规、规章、政策、行业规范的规定提供帮助或者方便条件。

2. 收取入门费型传销

收取入门费型传销是指组织者或者经营者通过发展人员,要求被发展人员缴纳费用或者以认购商品等方式变相缴纳费用,取得加入或者发展其他人员加入的资格,牟取非法利益。此类传销要求加入者直接缴纳费用,或者购买一定金额的商品,但所支付的费用与商品的价值严重偏离,在此情况下购买商品不过

① 《禁止传销条例》第7条规定:“下列行为,属于传销行为:(一)组织者或者经营者通过发展人员,要求被发展人员发展其他人员加入,对发展的人员以其直接或者间接滚动发展的人员数量为依据计算和给付报酬(包括物质奖励和其他经济利益,下同),牟取非法利益的;(二)组织者或者经营者通过发展人员,要求被发展人员缴纳费用或者以认购商品等方式变相缴纳费用,取得加入或者发展其他人员加入的资格,牟取非法利益的;(三)组织者或者经营者通过发展人员,要求被发展人员发展其他人员加入,形成上下线关系,并以下线的销售业绩为依据计算和给付上线报酬,牟取非法利益的。”

是借口,缴纳费用才是目的。一般而言,此类传销常与拉人头型传销相互结合,即拉人头发展下线的同时收取下线的入门费。

3. “团队计酬”型传销

“团队计酬”型传销是指组织者或者经营者通过发展人员,要求被发展人员发展其他人员加入,形成上下线关系,并以下线的销售业绩为依据计算和给付上线报酬,牟取非法利益。此类传销的特点是,上线以下线会员的销售业绩为提取报酬的依据,下线会员的销售业绩越高,其上线会员所获取的报酬数额就越大。

一般而言,上述3类传销分别单独出现的情况较为少见,即“团队计酬”型传销往往与拉人头型传销、收取入门费型传销相互交织,其中,传销组织通过拉人头发展会员,要求会员缴纳费用或购买商品获得入会资格,上线会员以其下线会员所缴纳费用或购买商品的金额(销售业绩)为提取报酬的依据,这种情况在传销犯罪中极为常见。

例如,在刘某某、金某某等组织、领导传销活动案[①]中,湖南省怀化市中级人民法院经审理认定,“艾尔发币”传销活动的具体制度如下:(1)会员制度:成为“艾尔发币”会员由老会员推荐,通过网站或者App注册,新注册会员需要通过银行汇款或者微信、支付宝转账投资购买“艾尔发币”,设置“最低需购买7000元”的门槛,并按照购买金额不等设置一星到八星共8个会员级别,按照会员级别配给不同比例的“艾尔发币”,配给的币称为“静态币”,级别越高的会员配给的币越多,并且可获得的推广奖励越多。(2)推广奖励制度:直推奖:会员每推荐一人注册,即可获得被推荐人投资额的1%,最多可以获得10层的奖励;对碰奖:注册的会员按照“双轨制”逐层排列,分为左右二区,当同一层级左右二区注册的会员人数达到1:1时即对碰成功,上线会员即可获得投资相对少的会员投资额的12%,对碰奖不限层级,但限定不同级别的会员每日可获得的奖励金额,级别越高的会员日封顶额越高;管理奖:当下线会员获得对碰奖时,其上线会员即可获得对碰奖励的5%,限定不同级别的会员可获得管理奖奖励的层级,级别越高的会员可获得奖励的层级越多。上述推广奖励按照“艾尔发币”的实时价格返币到会员账户,称为“动态币”。(3)提现制度:“艾尔发币”以美元计价,会员注册时以实时价格按照美元与人民币1:7的兑换比率购买,注册3个月可以

---

① 参见湖南省怀化市中级人民法院刑事判决书,(2021)湘12刑终315号。

以实时价格按照美元与人民币 1∶6 的兑换比率提现,另扣除 3% 的手续费。“静态币”提现超过 50% 时,不再享受推广奖励,“动态币”提现则无限制。上述会员制度及推广奖励制度,先后经江西省鹰潭市市场监督管理局、湖南省怀化市市场监督管理局认定为以交纳入门费按照发展会员数量为计酬返利的依据,属于“团队计酬”拉人头式的传销行为。

又如,在张某某组织、领导传销活动案[①]中,黑龙江省大庆市中级人民法院经审理认定,2014 年 7 月 10 日,深圳前海云集品电子商务有限公司(以下简称云集品公司)注册成立,通过运营 TPS138. com 的电商网站平台,以“共享经济”为名,设立奖励制度掩饰返利真实来源,引诱参与者继续发展他人参加,利用复杂的奖励机制在全球范围内构建金字塔型会员体系。云集品公司的普通会员进入平台后,必须购买以 250 美元为整数倍的产品套装成为铜级或以上会员,才能正式进入整个会员层级享受奖励。该 250 美元套装实际价值明显低于市场价,该费用符合“入门费”特征。云集品公司设置多种奖励制度,对会员作出规则引诱,要求会员不断通过发展下级会员来晋升职务,不断提升自身等级,不断提高销售额和消费额,不断累积更多分红点,同步提升 4 项指标方可获得最大化利益。云集品公司按照推荐关系将会员形成一定的层级架构,并以职务等级、会员等级的高低为计酬返利依据,具有明显的“拉人头”、“层级”和“团队计酬”等特征。

## 二、传销犯罪与传销违法的鉴别

### (一)传销犯罪与传销违法的联系

《刑法》第 224 条之一规定,“组织、领导以推销商品、提供服务等经营活动为名,要求参加者以缴纳费用或者购买商品、服务等方式获得加入资格,并按照一定顺序组成层级,直接或者间接以发展人员的数量作为计酬或者返利依据,引诱、胁迫参加者继续发展他人参加,骗取财物,扰乱经济社会秩序的传销活动的,处五年以下有期徒刑或者拘役,并处罚金;情节严重的,处五年以上有期徒刑,并处罚金”,该犯罪即为组织、领导传销活动罪,本书将其简称为传销犯罪。

---

① 参见黑龙江省大庆市中级人民法院刑事判决书,(2020)黑 06 刑终 352 号。

由此，存在传销犯罪与传销违法两个不同的概念，实践中经常存在误用的情况，甚至有人一概以“传销”代之，事实上两个概念既有联系，也有区别。本书认为，二者之间的联系体现在，传销违法为上位概念，传销犯罪属于下位概念，传销违法所指称的传销行为包含了传销犯罪所指称的传销行为，质言之，二者属于包含与被包含的关系，“《刑法》第 224 条之一规定的传销概念的外延窄于国务院《禁止传销条例》所界定的传销概念的外延”[1]，一方面传销犯罪行为具有传销违法行为的一般特征，另一方面传销犯罪行为又具有某些自身的内在特殊性。构成传销犯罪的行为必然属于传销违法行为；反之，构成传销违法的行为并不必然构成传销犯罪。

### （二）传销犯罪与传销违法的区别

传销犯罪与传销违法的主要区别有以下几个方面。

1. 构成要件区别

构成要件区别是指二者在分别构成组织、领导传销活动犯罪与传销违法行为时的构成条件上存在的区别。就传销犯罪而言，必须满足《刑法》第 224 条之一规定的所有构成条件，即“组织、领导以推销商品、提供服务等经营活动为名，要求参加者以交纳费用或者购买商品、服务等方式获得加入资格，并按照一定顺序组成层级，直接或者间接以发展人员的数量作为计酬或者返利依据，引诱、胁迫参加者继续发展他人参加，骗取财物，扰乱经济社会秩序的传销活动”，才构成该罪；就传销违法而言，结合《禁止传销条例》第 2 条及第 7 条的规定，存在 3 类传销违法行为，即拉人头型传销、收取入门费型传销及“团队计酬”型传销，它们以单独形式出现时属于违法行为，它们两两结合或 3 种类型交织同时出现时，也属于传销违法行为。比较而言，其一，除其他构成要件外，传销犯罪要求同时具备拉人头和收取入门费两种情形，而传销违法只需要具备 3 种类型中的一种；其二，传销犯罪并未将“团队计酬”规定为构成要件，即构成传销犯罪并不要求具备“团队计酬”的要件事实；[2]其三，单纯的“团队计

---

① 张明楷：《传销犯罪的基本问题》，载《政治与法律》2009 年第 9 期。

② 当然，已经具备拉人头和收取入门费两种情形时，存在“团队计酬”的要件事实是否影响传销犯罪的定罪，存在疑问，详见本书第十章第一节的讨论。

酬”并不构成传销犯罪,[①]但属于传销违法行为。

2. 法律责任区别

法律责任区别是指二者在满足构成要件的情况下所导致的相应法律制裁后果的区别。就传销犯罪而言,应依法追究刑事责任,即处5年以下有期徒刑或者拘役,并处罚金;情节严重的,处5年以上有期徒刑,并处罚金。就传销违法而言,依照《禁止传销条例》第14条第1款的规定,“县级以上工商行政管理部门对涉嫌传销行为进行查处时,可以采取下列措施:(一)责令停止相关活动;(二)向涉嫌传销的组织者、经营者和个人调查、了解有关情况;(三)进入涉嫌传销的经营场所和培训、集会等活动场所,实施现场检查;(四)查阅、复制、查封、扣押涉嫌传销的有关合同、票据、账簿等资料;(五)查封、扣押涉嫌专门用于传销的产品(商品)、工具、设备、原材料等财物;(六)查封涉嫌传销的经营场所;(七)查询涉嫌传销的组织者或者经营者的账户及与存款有关的会计凭证、账簿、对账单等;(八)对有证据证明转移或者隐匿违法资金的,可以申请司法机关予以冻结。”

依照《禁止传销条例》第24条、第25条的规定,不同的传销违法行为,面临不同的法律责任。

(1)组织策划传销

组织策划传销的,由工商行政管理部门没收非法财物,没收违法所得,处50万元以上200万元以下的罚款;构成犯罪的,依法追究刑事责任。工商行政管理部门可以依照有关法律、行政法规的规定,责令停业整顿或者吊销营业执照。

(2)介绍、诱骗、胁迫他人参加传销

介绍、诱骗、胁迫他人参加传销的,由工商行政管理部门责令停止违法行为,没收非法财物,没收违法所得,处10万元以上50万元以下的罚款;构成犯

---

① 有学者认为,单纯的“团队计酬”并不构成传销犯罪,但有可能构成非法经营罪,例如,张明楷教授认为:“在《刑法修正案(七)》公布之后,由于组织、领导原始型传销活动行为并不具备《刑法》第二百二十四条之一所要求的‘骗取财物’要素,不能认定为组织、领导传销活动罪;又由于这种经营行为为法律所禁止,并且严重扰乱了经济秩序,依然应以非法经营罪论处。”张明楷:《传销犯罪的基本问题》,载《政治与法律》2009年第9期。本书不赞同该观点,依照《关于办理组织领导传销活动刑事案件适用法律若干问题的意见》(以下简称《办理传销案件适用法律的意见》)第5条的规定,单纯的“团队计酬”式传销行为,既不构成传销犯罪,也不构成非法经营罪,详见本书第十章第一节的讨论。

罪的，依法追究刑事责任。工商行政管理部门可以依照有关法律、行政法规的规定，责令停业整顿或者吊销营业执照。

(3)参加传销

参加传销的，由工商行政管理部门责令停止违法行为，可以处2000元以下的罚款。工商行政管理部门可以依照有关法律、行政法规的规定，责令停业整顿或者吊销营业执照。

(4)为传销提供便利条件

为传销行为提供经营场所、培训场所、货源、保管、仓储等条件的，由工商行政管理部门责令停止违法行为，没收违法所得，处5万元以上50万元以下的罚款。为传销行为提供互联网信息服务的，由工商行政管理部门责令停止违法行为，并通知有关部门依照《互联网信息服务管理办法》予以处罚。

根据原国家工商行政管理总局工商直字〔2007〕189号《关于出租房屋给传销人员居住的行为是否依据〈禁止传销条例〉进行处罚问题的答复》的规定，"传销组织以介绍工作、从事经营活动等名义欺骗他人离开居所地非法聚集从事传销活动，已经成为传销违法活动的主要形式。传销组织租住房屋用于聚集传销人员，对其进行'洗脑'，是拉人头式传销经营活动的重要特征。因此，为传销组织提供传销人员居住场所的行为属于为传销行为提供条件的行为，应当按照《禁止传销条例》第二十六条第一款的规定定性处罚"。

(5)其他违法行为

当事人擅自动用、调换、转移、损毁被查封、扣押财物的，由工商行政管理部门责令停止违法行为，处被动用、调换、转移、损毁财物价值5%以上20%以下的罚款；拒不改正的，处被动用、调换、转移、损毁财物价值1倍以上3倍以下的罚款。有《禁止传销条例》第10条规定的行为或者拒绝、阻碍工商行政管理部门的执法人员依法查处传销行为，构成违反治安管理行为的，由公安机关依照治安管理的法律、行政法规规定处罚。

综上可知，传销违法行为将面临被采取责令停止相关活动、实施现场检查、查封、扣押、司法冻结等查处措施，还会面临被没收非法财物、没收违法所得、罚款及责令停业整顿或者吊销营业执照等行政处罚的法律后果。

3. 查办部门区别

查办部门区别，是指法律对传销犯罪与传销违法的查办规定了不同的责任部门,各个部门在各自职权范围内履行查禁传销活动的法定职责。就传销犯罪而言,应由公安机关等侦查部门履行侦查职责,由人民检察院履行审查起诉、提起公诉的职责,由人民法院履行审判职责。对于传销违法行为,依照《禁止传销条例》第 4 条"工商行政管理部门、公安机关应当依照本条例的规定,在各自的职责范围内查处传销行为"的规定,由工商行政管理部门、公安机关负责查禁传销违法行为,进一步分析该条例规定可知,一般情况下传销违法行为由工商行政管理部门负责查处,发生在传销中以介绍工作、从事经营活动等名义欺骗他人离开居所地非法聚集并限制其人身自由情形的,才由公安机关会同工商行政管理部门依法查处。

## 三、传销的危害性

### (一)危害政治安全

传销活动具有一定的人员组织性,组织成员之间通过经济利益建立联系,在组织者、领导者之间及组织者、领导者与一般参与者之间,存在一定的管理与被管理的关系。在传统的传销组织中,往往会出现将新成员骗到远离家乡的地点活动的情况,目的是在其举目无亲的封闭环境下限制其对信息的获得,通过长时间的煽情授课、经验介绍和说教洗脑,新成员往往会失去判别是非的能力,价值观发生扭曲。在以网络传销为代表的新型传销中,传销组织往往借助网站、QQ 群、微信群、小程序等开展授课和宣传,其扩散蔓延速度快,发展对象庞大而不具有特定性。在此情况下,传销组织被依法查禁时,经常会出现被煽动的参与者聚众阻挠执法、非法集会、阻塞交通等非法行为,这些行为的目的不仅是获取经济利益,还有可能是向政府施压。在一些极端的情况下,传销组织还可能与邪教组织、黑社会性质组织等结合,从事危害政治安全的违法犯罪活动。

### (二)破坏社会稳定

传销活动侵害的多是农民、下岗职工、退休人员、无业人员等群体,以及在校学生、刚毕业学生等特殊群体,参与者不仅自己会血本无归,为筹集资金,还会引发诈骗、盗窃、卖淫等违法犯罪行为。一人参加,全家受累,严重破坏家庭的和谐稳定。一些传销组织的组织者、领导者为达到牟取非法利益的目的,还会唆使成员实施暴力胁迫、控制人身自由等违法犯罪行为，甚至唆使成员暴力抗法。这些行为及其产生的恶劣影响，严重危及社会和谐稳定。

例如，在“善心汇”传销案中，发生了3000多名会员身着统一的服装、拉着横幅，在湖南省人民政府门前聚集3天，向政府施压的事件。2017年7月，在公安部统一部署对张某某等人采取强制措施之后，发生了部分“善心汇”成员被煽动到北京非法聚集的事件，根据通报，有63名犯罪嫌疑人因涉嫌妨害社会管理秩序犯罪被刑事拘留，4名违法行为人因扰乱公共场所秩序被治安拘留。①

### （三）严重扰乱社会主义市场经济秩序

传销活动以高额回报为诱饵，组织发展人员网络，骗取入门费或“售卖”严重偏离市场价值的产品，聚敛财物，严重破坏市场经济秩序。为达到传销的目的或以此为手段，其组织者、领导者还有可能实施非法集资、非法吸收公众存款、虚假宣传、逃避税收和外汇监管、侵害消费者权益等违法行为，破坏金融监管、税收监管、公平竞争等市场秩序，损害社会主义市场经济秩序赖以建立的诚信基础和法治原则，最终导致社会主义市场经济秩序混乱。

### （四）侵害人民群众人身安全和财产安全

传销活动不仅骗取参与者的财物，导致参与者及其家庭遭受经济损失，还可能引发抢劫、诈骗、盗窃、卖淫、暴力胁迫、非法控制人身自由等违法犯罪行为，危及人民群众的人身安全和财产安全。

### （五）破坏社会主义精神文明建设

社会主义精神文明建设要求全社会形成团结、互助、平等、友爱的人际关系，而传销活动不仅授人骗术、骗人钱财，还会摧毁参与者正常的价值观和理想信念，助长金钱至上、好逸恶劳、认钱不认人、为达目的不择手段的错误观念和歪风邪气，使人沉溺于一夜暴富的幻想之中，长期不能自拔，不仅使参与者与其家人、亲戚朋友之间的信任关系被破坏，而且导致参与者背离社会伦理道德，破

---

① 参见辛闻：《善心汇传销案一审宣判：涉案金额1046亿　主犯获刑17年》，载中国网，http://news.china.com.cn/txt/2018-12/14/content_74275907_2.htm。

坏社会主义精神文明建设。

## 第二节 传销犯罪的犯罪构成

### 一、传销犯罪的犯罪构成

目前,刑法理论主流观点认为,传销犯罪属于特殊的诈骗犯罪。例如,张明楷教授认为,“传销活动可以分为两大类:一类可谓原始型传销,其传销的是商品,以销售商品的数量作为计酬或者返利依据;另一类可谓诈骗型传销,并不传销商品,只是以发展人员的数量作为计酬或者返利依据。本罪的传销活动,是指后一种传销活动”①。陈兴良教授认为,根据是否存在实际经营内容,传销可以分为经营型传销和诈骗型传销,从《刑法修正案(七)》定稿的规定来看,其不仅对传销活动进行了界定,更为重要的是将组织罪修改为诈骗性质的传销犯罪,组织、领导传销活动罪中的传销是指诈骗型传销,因此该罪与诈骗罪之间存在特别法与普通法的法条竞合关系,因为组织、领导传销活动只是诈骗手段,其行为本身还是诈骗,所以该罪较为合理的罪名应该是传销诈骗罪。② 本书赞同刑法理论主流学说的观点,认为本罪具有诈骗性质,其与诈骗罪属于特殊与一般的关系,因此传销犯罪可称为诈骗型传销犯罪,明确该观点的目的在于,准确界定本罪的犯罪构成要件。③

#### (一)违法性构成要件

依照《刑法》第224条之一的规定,组织、领导传销活动罪客观上表现为组织、领导具有拉人头、收取入门费特征的传销活动,骗取财物的行为,据此,可以

---

① 张明楷:《刑法学》(第4版),法律出版社2011年版,第747页。

② 参见陈兴良:《组织、领导传销活动罪:性质与界限》,载《政法论坛》2016年第2期。

③ 犯罪构成要件是针对法条文即法律要件进行法解释的产物,是法解释的结果,犯罪构成要件作为犯罪成立所需具备的“条件”来说,是抽象的诸要件的集合,但其内容即具体犯罪构成的诸要件所承载的内容又是相当具体的,反映实质的违法内容。参见郑军男、齐玉祥:《论刑法学上的犯罪构成概念》,载《当代法学》2010年第5期。

对该罪的违法性构成要件作出归纳。

1. 组织、领导传销活动

第一,该罪处罚的是组织、领导传销活动的人员,所谓组织、领导传销活动的人员,是指对传销活动起发起、策划、操纵作用,对传销组织的建立、扩大等起关键作用的人员,其中组织行为包括发起、策划、操纵行为,领导行为包括传销活动中的管理、协调、宣传、培训等行为。对于传销活动的一般参与者,则不予处罚,主要原因在于刑事政策的考量,这体现了缩小打击面的政策思想,也与一般参与者具有被害性质有关。

第二,组织、领导的对象为传销活动,这种传销活动具有拉人头、收取入门费特征。不同于行政违法意义上的传销活动(行为),刑法对于传销活动的界定并未采取分类规定的形式,而是采取叠加的形式,将拉人头型传销与收取入门费型传销叠加规定为犯罪意义上的传销活动,即单纯拉人头型传销或收取入门费型传销并非刑法所禁止的传销活动,只有同时具备拉人头与收取入门费两个特征的传销活动,才属于本罪所规制的对象。

第三,拉人头型传销及收取入门费型传销均没有实际经营内容,而只是以传销为名,实际上是一种诈骗活动。我国刑法理论的通说认为,诈骗行为最突出的特点是行为人设法使被害人在认识上产生错觉,以致被害人"自觉地"将自己所有或持有的财物交付给行为人或者放弃自己的所有权,或者免除行为人交还财物的义务。诈骗的手段多种多样,概括起来表现为:其一,虚构事实,即编造某种根本不存在的或者不可能发生的,足以使他人受蒙蔽的事实,骗取他人财物。例如,谎称能代被害人购买某种廉价商品或提供某种服务;谎称能代被害人疏通关系,打赢官司。其二,隐瞒真相,即隐瞒客观上存在的事实情况,既可以是隐瞒部分事实真相,也可以是隐瞒全部事实真相。行为人往往通过隐瞒真相的方法,使公私财物所有人、管理人陷入错误,从而"自愿"交付财物。[①] 在传销犯罪中,行为人往往以推销商品、提供服务等经营活动为名,肆意编造、歪曲国家政策,虚构、夸大经营、投资、服务项目及盈利前景,掩饰计酬、返利真实来源,在对参与者发动温情攻势的同时,一般都会组织上课对参与者进行洗脑,

① 参见高铭暄、马克昌主编:《刑法学》(第10版),北京大学出版社、高等教育出版社2022年版,第509页。

以所谓“营销学”“成功学”“人际关系学”等歪理邪说鼓动参与人员的发财欲望,以貌似科学的“经济学原理”和高明的“营销策略”,使参与人员对传销的性质丧失正确的认识,以所谓传销“成功者”现身说法等形式刺激参与人员的暴富心态,以所谓“传销是善意欺骗,是为了让被骗的人也能发财”的谎言,使参与人员丧失对欺诈的道德负疚感,最后完全信服荒唐理念。其三,参与者基于对经营的商品或服务产生错误认识,进而“自愿”地缴纳入门费,组织者、领导者最终实现骗取财物的目的。由此可以看出,组织、领导传销活动就是诈骗活动。

2. 骗取财物

关于骗取财物是否属于传销犯罪的构成要件,存在不同的主张。有学者认为,“所谓骗取财物,是说由于传销行为属于非法,所以通过传销活动取得的返利、报酬等任何财产,均属于骗取财物。至于传销活动的组织、领导者实际上是否骗取到了财物,不影响本罪的构成。也就是说,组织、领导传销活动不以骗取财物为必要。所以‘骗取财物’属于本罪可有可无的概念”①。也有学者认为,传销犯罪处罚的是对诈骗型传销组织进行组织、领导的行为,“‘骗取财物’是对诈骗型传销组织(或者活动)的描述,亦即,只有当行为人组织、领导的传销活动具有‘骗取财物’性质时,才成立组织、领导传销活动罪(如果行为人组织、领导的是原始型传销活动,则不可能成立组织、领导传销活动罪),作为显示诈骗型传销组织(或者活动)特征的‘骗取财物’并不要求现实地客观化”②。本书认为,传销活动本身就属于诈骗,因此其取得的财物就属于骗取的财物,而并不是因为传销活动违法,所以通过传销活动取得的财产才属于骗取的财物,是否骗取财物也是经营型传销与诈骗型传销的区别所在,并非可有可无。尽管传销犯罪的罪状为“组织、领导以拉人头、收取入门费作为形式,骗取财物,扰乱社会经济秩序的传销活动”(骗取财物属于对传销活动的形容用语),而不是“组织、领导传销活动,骗取财物”,但将骗取财物作为独立的客观要素,有利于诈骗性质的传销犯罪与作为一般犯罪的诈骗罪的构成要件相统一,显然,组织、领导属于诈骗性质的传销组织(活动),并取得参与者基于错误认识而交付的财产,更符合诈骗型传销犯罪构成要件的完整表述。

---

① 曲新久:《刑法学》(第2版),中国政法大学出版社2009年版,第378页。

② 张明楷:《传销犯罪的基本问题》,载《政治与法律》2009年第9期。

### （二）责任要件

1. 故意

传销犯罪的主观罪过形式为故意，此点在理论与实务中并无争议。

2. 以非法占有为目的

目的是犯罪人主观上通过犯罪行为所希望达到的结果，即以观念形态预先存在于犯罪人大脑中的犯罪行为所预期达到的结果。特定的目的不是直接故意的意志因素，而是故意的认识因素与意志因素之外的，对某种结果、利益、状态、行为等的内在意向；它是比直接故意的意志因素更复杂、深远的心理态度。[①]非法占有的目的是指不法所有，即行为人主观上意图排除权利人而使自己以所有人自居，对财物依经济上的用途而给予使用、收益或者处分。[②] 根据传销犯罪的性质、罪状描述及体系解释，其作为特殊诈骗犯罪，要求行为人主观上具备非法占有的目的（该观点亦为主流学说所支持），即行为人主观上具有通过组织、领导传销活动，非法占有参与者所缴纳的入门费等财物的目的。传销组织虽向参与者计提返利和报酬，但这种返还属于整体诈骗环节中的一环，其目的在于吸引更多的参与者缴纳入门费并参与其中，以便骗取更多的财物，在此意义上，这种返还并不影响非法占有目的的认定。值得指出的是，要求传销犯罪的行为人主观上具备非法占有目的在刑事司法实务中存在较大争议。

## 二、传销犯罪的特征

依照《刑法》第224条之一的规定，本书认为传销犯罪有6个特征，研究该6个特征，不仅有助于加深对传销犯罪的认识，而且有利于识别和把握该罪，为后续传销犯罪的刑事辩护奠定坚实基础。

### （一）以经营活动为名

无论是《刑法》第224条之一的规定，还是《办理传销案件适用法律的意见》关于传销的认定，均要求具备“以推销商品、提供服务等经营活动为名”的条件，

---

① 参见张明楷：《刑法学》（第4版），法律出版社2011年版，第274—275页。

② 参见周光权：《刑法各论讲义》，清华大学出版社2003年版，第139—140页。

该条件为传销犯罪的形式特征，它揭示了传销活动的实质并非一种经营活动，而是利用一些群众急于摆脱贫困、发家致富的迫切心理，巧立“消费联盟”“网络倍增”“共销入股”“网上培训”“西部大开发”“国家搞试点”“电子商务”“阳光工程”“资本运作”等名目，要求缴纳入会费获得发展下线的资格，所谓的购买商品或者服务只是名义上的，即使有真实的商品或者服务，也都是价高质次的伪劣产品。根据法律条文的字面意思，“推销商品、提供服务等经营活动”并非行为人的真实目的，“骗取财物”才是目的，“以……为名”的目的在于使行为人陷入错误认识，进而交付财物。

根据上述分析，如果行为人存在真实的推销商品、提供服务等经营活动，并非以此为名骗取财物，那么该行为就不能被认定为传销犯罪，此问题将在第十章“传销犯罪的无罪辩护”中进一步讨论。

### （二）收取入会费获得加入资格

依照《刑法》第 224 条之一及《办理传销案件适用法律的意见》第 1 条的规定，要求传销犯罪具备“要求参加者以缴纳费用或者购买商品、服务等方式获得加入资格”的条件，即收取入会费获得加入资格。入会费是传销犯罪的关键特征之一，其与实务中经常出现的会员费、加盟费等收费存在区别，需要加以区分。

1. 入会费与电商平台、会员制经营企业中的会员费、代理商缴纳的进货费等的区别

得益于互联网的高度普及和发达，当前我国存在许多互联网电商平台，这些平台为增加用户黏性和定制化服务，争先推出各种会员制度，比如京东的 plus 会员、盒马的 X 会员、叮咚买菜的绿卡会员等，经注册取得会员资格后可以享受商品的会员价，该价格比普通会员或非会员的价格优惠许多，因此非常具有吸引力，而成为会员的条件往往就是直接缴纳对应的会员费。会员制经营企业中存在大量的会员费，最常见的如理发店办理会员卡收取会员费。作为代理商的商品流通企业还存在缴纳进货费的情况，包括货物的售价、运输装卸费以及在运输装卸过程中发生的损失等，往往是先缴纳进货费才能获得代理商资格。这些会员费和传销犯罪中的入会费看起来相似，实则有本质不同。其一，收取会员费的行为属于正常的商业模式，会员费的收取会伴随真实的商品销售

或服务提供，而传销犯罪中的入会费尽管也是获得一种资格，但在此过程中一般不会有真实的商品销售，即便有也仅仅是作为幌子；其二，会员费收取的目的在于使不同级别的消费者享受到更加个性化的服务，以此增加客户黏性和扩大消费人群，增加用户量，最终服务于赚取更多的商品或服务利润的目的，而传销犯罪中入会费的缴纳是为了使参与者获得参与资格，并要求参与者不断通过发展新会员收取会员费。当然，二者并非总是界限分明，也存在转化的问题，例如，电商平台设置的会员机制，如果其目的在于获取推荐发展其他消费者加入的资格，并可以从其他消费者缴纳的会员费和消费金额中获得抽成，则可能会涉嫌传销犯罪。

2. 入会费与代理加盟费的区别

代理加盟费是一种独特的商业经营形式，它是品牌持有人将企业品牌的无形资产如知识产权（包括发明、专利、商标、版权等）、组织管理资产、市场资产和人力资产等以合同的形式授予加盟商使用，加盟商按合同规定在统一的经营模式下从事业务活动，并向品牌持有人支付一定费用，包含品牌使用费、履约保证金、品牌管理费及首批进货费等内容。与入会费的收取不同，代理加盟费的收取会伴随真实的商品销售或服务提供。同样是与资格有关，代理加盟关系中通过缴纳加盟费获得代理加盟的资格，以此从事所加盟业务，如销售某种产品、开设某类门店等，并最终通过服务或者产品的提供而赚取利润，而传销活动中的入会费不属于品牌使用费、履约保证金、品牌管理费、首批进货费，尽管也是为了获得资格，但这种资格是关于可以继续发展会员并获得返利的资格，经由缴纳入会费最终赚取的并非销售商品或提供服务的利润，而是获得返利的依据，返利的来源为被骗取的财物。

总之，本书认为，既要考察各类入会费收取的特征和目的，考量入会资格获取时是否会伴随真实的商品销售或服务提供，考虑利润的最终来源，也要考察该会员资格与传销犯罪各个特征之间是否存在联系、存在何种联系，经综合比较考察，才能鉴定其是否属于传销犯罪中的入会费。

### （三）成员具有层级性

根据《刑法》第224条之一及《办理传销案件适用法律的意见》第1条的规定，要求传销犯罪具备“按照一定顺序组成层级”的条件，即成员具有层级性，该条件为传销犯罪的结构特征或组织特征。《办理传销案件适用法律的意见》对于参与传销的人数和层级的明确要求是"组织内部参与传销活动人员在三十人以上且层级在三级以上",组织、领导多个传销组织,单个或者多个组织中的层级已达3级以上的,可将在各个组织中发展的人数合并计算。

本书第一章已提及,有的国家将传销犯罪称为金字塔欺诈,原因在于它的人员组织类似于金字塔结构,从顶端的单个点开始,逐步向底部延伸变宽发展,越往上级别越高、越顶尖,越往下层级越多、人数越多。本罪的构成要件虽未规定传销组织需要具备金字塔结构,但综合本罪的其他特征,传销人员的确会体现出金字塔一样的人员层级性,即便如此,也不能仅仅依据人员具有层级性就将之定性为传销组织。在商业活动中,大量的销售模式都是以层级制结构体现的,比如惯常的商业代理模式中,一般分为若干级别的代理商——总代理、一级代理、二级代理等,高级别代理商低价进货,高价出售给下级代理商或者消费者,从中赚取进货差价从而获利,该销售收入一般不会进行层级性的传递返利,例如县级代理的销售收入不会与市级、省级代理分享,市级和省级的收入已经在下级代理的进货行为中赚取,不存在传递性层层返利,也不存在每个层级都可以从下级代理商中返利的情况,虽然有些代理商的代理模式中层级数量甚至比部分传销平台还多,但他们都不是传销活动。

采用金字塔结构的传销与代理,存在两点最基本的区别。

第一,传销活动会不断地拉人头,无限扩大金字塔结构,金字塔结构的扩大,意味着总部和各层级收入的直接增加,而合法的代理和分销模式会对代理层级和规模进行严格设计,代理层级的增加不代表总部利润的直接增加。

第二,传销的返利计算模式是通过各级"业绩"计算,也就是返利的计算具有层级传递性质,亦即参与者的收入不仅是看其个人的销售业绩,还会根据其下线的人数、销售业绩来计算报酬,鼓励把消费者变为销售者,模糊消费者和销售者之间的界限;而合法的代理和分销模式,其利润计提一般不存在按层级递增的情况。①

在其他犯罪中,也存在要求具备组织特征的情况,如组织、领导、参加黑社

① 参见李颖、朱君俊:《浅谈传销犯罪的判定以及"五个特征"》,载微信公众号"靖霖北京律师事务所"2022年3月17日,https://mp.weixin.qq.com/s/BblHKBwoG2Lu6t6tXqrC8Q。

会性质组织罪的成立要求具备组织特征，即“形成较稳定的犯罪组织，人数较多，有明确的组织者、领导者，骨干成员基本固定”，那么，其与传销犯罪中的组织特征应如何区分？本书认为，传销犯罪中的组织特征只要求成员具有层级性，具有单一性，而黑社会性质组织认定中的组织特征是一个综合性特征，要求组织稳定、人数较多、领导明确、骨干固定，内容更为丰富。事实上，无论是传销犯罪还是黑社会性质组织犯罪中的组织特征，都仅仅是罪名成立的其中一个要件或特征，不能将之与其他要件或特征割裂开来看待，即具体犯罪的组织特征只有放在具体的犯罪中去讨论才更具有理论意义和实践意义。

（四）以拉人头为返利依据

依照《刑法》第 224 条之一及《办理传销案件适用法律的意见》第 1 条的规定，要求传销犯罪具备“直接或者间接以发展人员的数量作为计酬或者返利依据”的条件，该特征体现的是传销犯罪的计酬方式，属于传销犯罪的经济特征。

直接以发展人员的数量为计酬或者返利依据不难理解，间接以发展人员的数量为计酬或者返利依据中的“间接”应如何理解？有论者认为，直接以发展人员数量为计酬或返利依据，就是以发展人头数量，靠人员数量的倍增来达到组织人数的迅速扩充，从而从加入人数缴纳的费用中获取利益；间接以发展人员数量为计酬或返利依据，就是以购买商品、提供服务为名义，而实质上将人员数量增加支付费用为计酬或返利依据，商品和服务是他们提供的一个幌子、一个道具、一种形式而已，内容和实质、目标与最终目的就是靠人员数量的增加来进行计酬或返利依据的计算，实现财物的积累和聚集。[①] 依据该种意见，间接模式中，非将所发展人员所缴纳的费用作为计酬或返利依据（其认为该种情况属于“直接”），而是以购买商品、提供服务为幌子，将所发展人员为购买该商品或服务而支付的财物作为计酬或返利依据，如此才属于“间接”，显然，这种解读既缺乏法律依据，也背离法条文意。本书认为，直接与间接并非以参与者是否直接缴纳费用为区分标准，所谓间接，即不是以本人所发展参与者的数量而是以本人所发展参与者进一步衍生发展的其他参与者的数量为计酬或者返利依据。“一是参与者可以从其直接发展下线的人数获取报酬，发展人数越多，非法获利

① 参见张元龙：《组织、领导传销活动罪精准有效辩护论》，知识产权出版社 2019 年版，第 14 页。

当然也就越多;二是参与者还可以通过其间接发展下线(其下线再发展的下线)的人数计算报酬。”[①]质言之,直接与间接是在人员数量来源层面上的区分,而非所骗取财物来源意义上的区分。

层级性的返利机制是传销犯罪成立的必备条件。下线人员越多,下线人员所缴纳费用或购买商品/服务的金额越大,则上线获得返利的金额越大。这种返利一方面源于下线人员所直接缴纳的入会费,另一方面可能源于下线人员购买商品或服务所支付的财物。以拉人头为返利依据,首先要求存在拉人头的行为,即组织者或者经营者通过发展人员,要求被发展人员发展其他人员加入,如此循环往复地继续,其次才存在以所发展人员的数量来计提报酬或返利的问题。如果只有拉人头的行为,不存在层级性的返利,报酬或返利源于进货差价或销售差价,则属于普通的代理销售机制。如果只存在层级性的返利,但不存在拉人头的行为,则属于普通的提成机制,组织不会通过该种机制无限扩大。

在商业实践中,很多商家还会采用一种“老带新给奖励”的营销手段,鼓励老客户推荐新客户购买商品,老客户从而获得商家给予的奖励。此种模式中,老客户带新客户表面上也属于一种拉人头行为,但是其并没有形成一个固定的上下级会员关系,并且不具有层级性,往往只是“老”与“新”两个层级,新客户在购买商品后,如果还推荐其他客户加入,老客户并不会从中获取任何收益,而且这类商业模式往往出现在房地产、汽车销售等领域,其销售的主要渠道依然是传统的经销商模式,销售者与消费者之间有严格的界限。因此,即便其存在返利和拉人头,其返利没有传递性,不会无限制地往下扩张,其所谓的拉人头也没有形成固定的上下级关系,其所谋取的利益来自普通商品的销售收入,该销售收入价格一般仍是合理的市场价,老客户获得分成,也属于商家合法的让利行为。[②] 因此,这类“老带新给奖励”的营销手段不属于《禁止传销条例》所规定的拉人头型传销、收取入门费型传销或“团队计酬”型传销中的任何一类,也不会构成传销犯罪。

---

① 刘晖、劳娃主编:《刑事案例诉辩审评——非法经营罪组织、领导传销活动罪》(第2版),中国检察出版社2014年版,第34页。

② 参见李颖、朱君俊:《浅谈传销犯罪的判定以及“五个特征”》,载微信公众号“靖霖北京律师事务所”2022年3月17日,https://mp.weixin.qq.com/s/BblHKBwoG2Lu6t6tXqrC8Q。

（五）以引诱、胁迫为手段继续发展会员

依据《刑法》第224条之一及《办理传销案件适用法律的意见》第1条的规定，要求传销犯罪具备“引诱、胁迫参加者继续发展他人参加”的条件，该特征是传销犯罪的手段特征。引诱是指诱导、劝导，通常意为使用施诈手段，使人认识模糊而做出诱导者设计好的行为，此处可以理解为以高额返利为条件使得参与者因受诱导而继续发展他人参加，高额返利既可以是已支付的返利，也可以是一种承诺，或兼而有之。胁迫是指施加暴力威胁或精神威胁，[①]胁迫一般包括两种情形：一是以将要发生的、会造成被胁迫人生命、财产、名誉、自由、信誉的损害进行胁迫，二是以直接对被胁迫人或其亲友实施不法行为，造成对当事人及其亲友的生命、财产、名誉、自由、信誉的损害进行胁迫。早期的传销组织往往会采取控制参与者人身自由、对参与者实施暴力等方式胁迫参与者向其亲友打电话骗取钱财或发展会员。近年来，随着法制的健全及对传销行为的高压连续打击，在传销活动中施加胁迫的行为在逐渐减少，引诱则越来越成为驱使参与者继续发展他人参加传销活动的主要方式。

以引诱、胁迫为手段发展会员，事实上属于前4个特征的延伸，具体而言：假借推销商品、提供服务等经营活动为名，不存在真实的经营活动，模式难以为继，才会以引诱、胁迫为手段继续发展会员；收取入会费获得加入资格是被发展参与者成为会员的方式；成员具有层级性，层级越高意味着收益越高，话语权越大，如此才会对成员形成引诱；以拉人头为返利依据不仅是参与者获得返利的方式，引诱参与者发展他人参加的高额返利也是通过以拉人头为返利依据而实现的，换言之，以拉人头为返利依据是引诱参与者继续发展他人参加的手段。

（六）骗取财物

依据《刑法》第224条之一及《办理传销案件适用法律的意见》第1条的规定，骗取财物属于传销犯罪的构成要件要素，本节已论及，我国的传销犯罪是一

① 参见高铭暄、马克昌主编：《刑法学》（第10版），北京大学出版社、高等教育出版社2022年版，第175页。

种诈骗犯罪或带有诈骗性质的犯罪，被称为诈骗型传销犯罪，因此骗取财物也是本罪成立的必备要素。

总结起来，传销犯罪的6个特征系根据传销犯罪的罪状而来，6个特征既相互区别，又相互联系，区别是次要的，联系才是主要的。在根据该6个特征认定犯罪时，应当将其作为一个联系的整体进行考察。例如，在具备收取入会费获得加入资格时，可能构成传销犯罪，但不是一定构成传销犯罪；即便具备收取入会费获得加入资格、成员具有层级性以及以拉人头为返利依据等条件，亦不能断定就属于传销犯罪，因为此时不一定满足骗取财物等要件。

下面结合两个典型案例分析传销犯罪的6个特征。

案例1：在施某某、强某某、傅某某、邵某某、王某组织、领导传销活动案[①]中，镇江市中级人民法院经审理认定，从2005年起，被告人施某某在深圳市招募软件研发人员，研发一款带有广告接收功能的即时通信软件，将其命名为Link-World，为销售Link-World软件卡、发展代理商，2007年1月，被告人施某某出资在中国香港地区注册成立世界通公司，由其担任公司总裁，之后被告人施某某于同年11月在深圳市成立世界通公司深圳代表处，又在海口市、长春市等地注册成立经营公司。2007年3月、7月、11月和2008年11月，被告人施某某先后招募被告人王某、邵某某、强某某、傅某某等人加入世界通公司，协助其管理，被告人强某某、傅某某先后被任命为营销总裁，被告人邵某某被任命为行政总裁，被告人王某负责技术联络等工作。

世界通公司成立后，为招募Link-World软件代理商，被告人施某某等人在公司网站等宣传中，谎称Link-World软件是具有高倍压缩功能、由美国投资公司加盟开发的高科技产品，并以点广告赚钱是引入广告发布商共同承担经营成本等做虚假宣传。实际上，世界通公司发送的广告均为无主广告或免费试播广告，未取得任何广告收入，广告回馈款源于后加入代理商购买软件卡的款项。被告人施某某为发展代理商，设计了“协同分销代理制”的营销模式。该模式将代理商从低到高分为零售、三级、二级、一级、县级、市级代理商6个级别，同时规定必须至少一次性购买5张Link-World软件卡，缴纳人民币4496元，才能成

① 参见刘晖、劳娃主编：《刑事案例诉辩审评——非法经营罪组织、领导传销活动罪》（第2版），中国检察出版社2014年版，第357—377页。

为公司的代理商。代理商根据直接发展下线代理商的数量及售卡总量晋升级别，并可获得发展代理商所购软件卡金额的6%—42%不等的提成，从而刺激代理商不断发展下线，以引诱和继续发展他人参加。2007年11月至2009年6月，被告人施某某、强某某、傅某某、邵某某、王某等人在全国20多个省、自治区、直辖市发展各级代理商13.5万余人、销售Link-World软件卡480余万张，其中现金购卡金额计人民币9.9亿余元。案发后，被告人施某某退出4.0855亿港元、2.67428亿元人民币。

以上案例即为震惊全国的世界通传销犯罪案，该案由原国家工商行政管理总局移交公安部，由公安部指定江苏省公安机关侦办。2009年6月始，江苏省镇江市公安局在公安部经济犯罪侦查局和江苏省公安厅的共同指导和参与下，成立专案组，对此案依法立案侦查，在深圳、海口、长春等地同时展开行动，共抓获包括总裁施某某等公司高管在内的犯罪嫌疑人7名，截至2011年6月，安徽、湖北、上海、内蒙古等23个省、自治区、直辖市共查获"世界通"传销案件重大犯罪嫌疑人154人。

该案中，世界通公司销售的Link-World软件仅是一款带有广告接收功能的普通即时通信软件，公司无任何广告收入，而世界通公司通过互联网、报纸杂志等虚假宣传称"该软件是由美国投资公司加盟开发的具有高倍压缩功能的高科技产品，点广告赚钱是引入广告发布商共同承担经营成本"，隐瞒了广告回馈款源于后加入代理商购买软件卡款项的事实。世界通公司采用"协同分销代理制"的营销模式，规定至少一次性购买5张Link-World软件卡，缴纳人民币4490元，才能成为代理商，在代理商级别的设置上，按照从低到高的顺序，组成了6级层级式的金字塔结构，当代理商直接发展的下线代理商的数量及售卡总量达到一定规模后，将自动晋升级别，由此可以获得更大限度的提成奖励，引诱代理商不断积极发展下线。世界通代理商购买Link-World软件卡是受世界通公司高额回馈和招商奖励的吸引，并不看中该软件卡自身的使用功能。由此可见，世界通公司以销售商品为名，实质上是要求参与者以购买Link-World软件卡缴纳入门费的方式获得加入资格，并按照一定顺序组成层级，直接或者间接地以发展人员的数量为计酬或者返利依据，引诱参与者继续发展他人参加，骗取财物，此种经营模式符合传销犯罪的全部特征。

案例2:在李某、占某某集资诈骗、组织、领导传销活动案[①]中,广东省高级人民法院经审理认定,2016年8月,上诉人李某、占某某与同案人仇某、李某某(均另案处理)注册成立深圳市××××网络科技有限公司,其中上诉人李某占公司股份5%,任公司总经理,负责公司后台数据维护及运营平台商家、合伙人的审核工作;上诉人占某某占公司股份5%,任公司招商部招商总监,上诉人李某莹、朱某军及原审被告人谢某平、黄某良、林某等人任公司招商部招商总监,负责公司"人人优益"网络运营平台的招商业务;原审被告人陈某平任公司副总经理,张某彪任公司行政总监,负责公司日常管理;原审被告人苏某任财务总监,负责公司财务工作;原审被告人龙某君为公司汽车产业链的运营总监,负责开发公司汽车产业方面的商家业务;原审被告人胡某波任技术总监,负责公司平台的维护,同时协助上诉人李某的审核工作;上诉人王某强为商学院院长,负责公司的有关培训工作。

深圳××××网络科技有限公司在网络运营平台推行所谓"全返消费模式",诱惑社会群众、商家及消费者通过手机App下载注册成为"××××"平台的会员,在平台上设置省级代理人、市级代理人、金牌合伙人、银牌合伙人、普通合伙人、商家、天使(消费者)从高级到低级的层级关系,其中省级代理人、市级代理人、金牌合伙人、银牌合伙人需向公司缴纳加盟费,可在平台上获取自己层级下线所有消费额的提成收益。上诉人李某、占某某及同案人仇某等并未建立实际网络商城平台,消费者与商家之间进行虚假消费,平台账户形成的资金池由各级代理人、合伙人在当天按照层级提成比例将资金池里的款项"分配"完毕,以致前期会员不断获取后期会员的款项,最终造成后期会员巨大损失。

该案中,行为人以推行"全返消费模式"为名,实际并未建立网络商城平台,消费者与商家之间进行的是虚假消费,且该情况被组织者、领导者刻意隐瞒,这体现的是以经营活动为名的特征;省级代理人、市级代理人、金牌合伙人、银牌合伙人需向公司缴纳加盟费,即通过缴纳加盟费取得入会资格,这体现的是收取入会费获得加入资格的特征;平台按照省级代理人、市级代理人、金牌合伙人、银牌合伙人、普通合伙人、商家、天使(消费者)组成从高级到低级的人员层级关系,这体现的是人员具有层级性的特征;平台账户形成的资金池由各级代

① 参见广东省高级人民法院刑事判决书,(2019)粤刑终17号。

理人、合伙人在当天按照层级提成比例“分配”完毕，前期会员不断获取后期会员的款项，这体现的是直接或者间接以发展人员的数量为计酬依据的计酬特征；该模式不存在真实的经营活动，却可以通过继续发展会员获得后加入者缴纳的加盟费用，最终该模式难以为继，后期会员血本无归，因此符合引诱参与者继续发展他人参加、骗取财物的特征，属于传销犯罪。

CHAPTER 03

# 第三章

# 传销犯罪的类型与发展

## 第一节　传销犯罪的常见类型

传销的类型是指作为犯罪打击对象的传销活动的种类或形态,根据不同的标准,可以有不同的分类,例如以是否有产品或服务为标准,可以分为产品/服务类型传销与资金盘传销;以是否伴随暴力为标准,可以分为南派传销与北派传销,等等。本书根据传销活动涉及的主要内容及表现形式,将常见的传销活动分为金融传销、旅游传销、养老传销、假慈善传销、“国家工程”传销和“假冒直销企业”传销,这是本章第一节主要讨论的内容;本章第二节则聚焦讨论近年来实务中出现最多、关注度最高的网络传销及新近发展出现的虚拟货币传销。

### 一、金融传销

#### (一)金融传销的主要形式

金融传销是传统传销犯罪利用金融的名义发展演变出的一类传销犯罪,金融传销并不是法学概念,而是在传销活动中打着金融创新旗号的传销犯罪类型,近年来已逐渐成为主要的传销犯罪类型,成为影响金融安全和社会稳定的毒瘤。金融传销的主要形式包括炒作证券发行、开展“金融互助”以及打着推广支付工具、理财产品、外汇交易、理财游戏的旗号从事传销活动。

1. 炒作证券发行传销

该类传销通常以发行、销售外国证券产品为名，且证券产品多为虚构，通过宣传、培训的方式，要求参与者购买证券产品以获得会员资格，根据缴纳资金的不同划分不同的会员等级，下线会员缴纳的会费是提现与返利的唯一来源。

2. “金融互助”传销

该类传销通常打着“慈善”的旗号，吸引人员加入，参与者通过为他人提供资金帮助而获得回报，这类组织以“互助”为名进行推广，使参与者减少戒心，并且不断发展下线。

3. 支付工具及理财类传销

该类传销通常利用用户的逐利心理，通过“推广分润”“购买理财产品分润”“购物全返”等诱惑性介绍以诱使用户加入并发展下线。以媒体公开报道的“信掌柜”传销犯罪案为例，这是一个由一家深圳公司开发的所谓第三方支付平台，但实际上并未取得第三方支付资质，其声称能够实现刷卡支付、清算、转账等功能，在推广过程中，该公司采取了“下线无限层级返佣”和“交易无限层级分润”两种模式，上线可以从所有层级下线人员的“入门费”和“交易刷卡费”中获得提成。

4. 外汇交易类传销

该类传销通常以炒外汇为名吸引人员加入，宣称参与者将钱汇入指定账户后，由专业人员代为完成外汇交易操作，参与者可以获得交易盈利及返利等，其噱头新颖、迷惑性强。

5. 理财游戏类传销

该类传销通常假借理财游戏的名义，实际上只是“拆分盘”的一种变形，只是套上了游戏的外壳。所谓“拆分盘”，是指传销组织先发售“股权”给首批参与者，当后续参与者增加时，“股权”的价格就会上涨，价格达到一定倍数之后，就可以进行“股权”拆分，前期参与者可以从中获得较高收益，如果后续参与者人数不足，那么“股价”就不会上涨，也不允许参与者提现，传销组织者在理财游戏中建立拆分盘系统，一旦用户增长势头衰减、“股价”无法兑现，传销组织者

(庄家)就会下线游戏,参与者便无法兑现游戏道具。①

### (二)金融传销的特点

以开展“金融互助”为例,根据中国人民银行等4部委于2015年11月30日发布的《以“金融互助”名义投资获取高额收益风险预警提示》,以“金融互助”为名,承诺高额收益,引诱公众投入资金的传销行为,其主要特点如下所述。

1. 名目繁多

该类传销常见的名目有:“××金融互助社区”“××金融互助平台”“××金融互助理财”“××慈善金融互助平台”“××金融互助投资”“××互助社区”“××财富互助平台”等。

2. 发展迅速

该类传销依托互联网,通过网站、博客、微信、QQ等平台公开宣传,波及范围广。

3. 迷惑性强

该类传销中,有的打着“境外名人”旗号,声称以“摧毁不公正世界金融体系、打破金融家的控制、创建普通人的社区”为目标,通过建立所谓“公平、公正、互惠、诚实的人助人金融平台”,让社会公众通过资助别人从而得到更多人的帮助,同时妄称“经过市场检验,已在多个国家成熟运作多年,拥有全球数亿会员”等。

4. 利诱性强

该类传销宣称投资门槛低、周期短、收益高,例如,免费注册后,投资60元至6万元,满15天可提现,日收益1%,月收益30%,年收益23倍,无手续费。此外,参与者发展他人加入,还可获得推荐奖(下线投资额的10%)、管理奖(根据会员等级确定相应比例)等额外收益,发展人员无上限、返利无上限。

5. 隐蔽性强

该类传销多由境外人员远程操控,投资款往往通过个人银行账户网银转账或通过第三方支付平台流转。此类运作模式违背价值规律,资金运转难以长期维系,一旦资金链断裂,投资者将面临严重损失。

---

① 参见邓亮:《金融传销的形式、特点及防控》,载《南方金融》2019年第3期。

## 二、旅游传销

### (一)旅游传销的主要形式

旅游传销打着"旅游直销""低价旅游""免费旅游""边旅游边赚钱"等旗号,通过加手机微信好友的形式发展下线,拉群众入会交费,病毒式传播,速度非常快。"只需要交少量会员费,便可以免费高端游""加入我们就可以免费畅游世界""别人旅游都是花钱,我们旅游可以赚钱""旅游加创业",这些都是旅游传销常见的宣传用语。原国家旅游局、原国家工商行政管理总局在2017年曾专门针对属于该类传销的"WV(World Ventures)梦幻之旅"网络传销行为发出过提示,指出近年来,部分组织和个人打着境外企业"旅游直销"旗号,利用各类网络载体推广实施所谓"WV梦幻之旅"项目,以享受最低价格旅游、边旅游边赚钱等噱头诱导消费者缴纳入会费及月费等成为会员,以赚取佣金、旅游积分和免除月费为诱饵,鼓动会员发展下线,涉嫌违法犯罪。

再以江苏省南通市公安局以"警惕以加入旅游平台的形式进行网络传销"为题通报的一起案件①为例,该通报称:在声称是"全国百强旅游企业"的旅游平台网页上,与一般的旅游网页一样,都有大量宣传、推广旅游目的地、签证办理、旅游攻略等方面的介绍,而据知情人士透露,在参加过该公司的正规旅游后,特别是在有"相熟"人员介绍的情况下,该公司工作人员就会向客人努力游说、推销加入其"旅游平台"的"钱景"。先是缴纳399元就可以参加该公司在2年之内不定期组织的3次两天一晚的免购物旅游活动,并称只要是年龄在60周岁以下的客人,向该公司存入33,000元人民币,就是作为该客人推广、"发展下线"的凭据,在缴纳了这33,000元人民币后,缴纳者即可获得40张会员卡来发展下线会员,下线会员则按此方式再发展下下线会员,并且均有一定比例的提成。根据南通市公安局的警示,此类旅游平台的营销模式类似于网络传销,平台以旅游直销提供高品质服务、边旅游边赚钱、收益高等为噱头诱骗群众缴纳会费,加入旅游平台的所有资金通过网络流转,所有会员的会费及月费均通

---

① 参见《警惕以加入旅游平台的形式进行网络传销》,载 http://www.nantong.gov.cn/ntsgaj/jfts/content/f4a210dc-c879-42b3-9461-15a08d6c52f7.html,最后访问日期:2023年7月28日。

过网络存入指定的网上账户，所谓的收益也是以积分的形式挂在旅游平台网站内部，一旦该网站关闭，所有账户就彻底作废，会员的所有资金就会全部损失，风险极大。

（二）旅游传销的特点

根据已曝光的涉旅游传销的案件信息，该类传销具有以下特点。

1. 名目繁多

该类传销常见的名目有"轻松游遍全世界""免费提供旅游服务""自愿组团游""中国行旅游俱乐部""花二三星级旅馆的钱住五星级酒店"等，无论其名目如何，均宣称可以低价或免费旅游。如在杨某某组织领导传销活动案①中，江西省南昌市青云谱区人民法院经审理认定，被告人杨某某注册世华旅游网站，以提供旅游服务等为名，引诱参与者分别缴纳 398 元、1990 元、9950 元、19,900 元注册成为公司的铜牌、银牌、金牌、钻石会员，宣称不同级别会员每天登录网站并点击 24 个景点链接能够获得不同数额的现金提成，连续 10 个月每天点击 24 个景点链接就可申请参加公司组织的免费旅游，已加入会员推荐新会员加入，形成上下级关系，可以获得一定积分，积分达到一定数量，且所发展的左右区积分达到 2∶1 的比例时，上线会员也可获得相应的现金提成。

2. 宣称可以低价或免费旅游

该类传销往往宣称交钱获得旅游积分或不同级别会员资格，满足条件可低价或免费旅游，以南京地区曝光的一起旅游传销案为例，某旅行社以"每月交 11 美元会费，就能轻松游遍全世界"为宣传口号，推销所谓的免费旅游，入会要求一次性缴纳 511 美元，其中 111 美元是入会费，剩余的 400 美元存入个人账户，折算为 400 个旅游积分，相当于旅游"基金"，可以用于抵扣日后的旅游活动，注册入会后，会员还需每月缴纳 111 美元，其中会费 11 美元，剩余 100 美元继续折算成旅游积分计入个人账户。但是，只要拉 4 个人入会即可免除会员费，同时赠送 100 个旅游积分。此外，每拉一个人进会就有 50 美元的奖励，拉得越多，奖励也就越多。当旅游积分达到一定高度时，就可以购买优惠旅游产品，甚至

① 参见南昌市青云谱区人民法院刑事判决书，（2015）青刑初字第 29 号。

免去旅游的所有费用。[1]

3. 虚实结合欺骗性强

一些旅游传销为了增强欺骗性，的确会组织一些线下旅游，但这些旅游一般是针对积分高或级别高的会员，且在旅游过程中组织专门的宣讲培训会，强化传销洗脑。如在刘某某、李某某组织、领导传销活动案[2]中，传销参与者以在江西瑞金开展红色旅游可以赚钱为由，诱骗亲戚、朋友、熟人加入，或通过互联网、腾讯QQ、手机网络聊天工具发展下线，为了增强欺骗性，该组织多次组织传销人员到瑞金党校接受红色革命传统教育，开展红色旅游活动，传销人员到达瑞金后，各自在瑞金市租房居住，每日19时至21时，聚集在"红色之家"茶庄进行面对面交流座谈，传授、强化该传销组织的制度、规则。

4. 受骗对象以中老年人为主

中老年人时间较多，在退休后往往有外出旅游的计划，容易被低价旅游、免费旅游的噱头吸引，这类传销活动伴随线下旅游活动，中老年人参加后往往深信不疑。

## 三、养老传销

随着我国老龄化步伐加快，营造让老人体面、安心生活的环境，对于提升社会幸福感至关重要，在政府鼓励民间力量积极参与养老事业的同时，市场上也出现了一些打着"养老"的幌子，以免费养老服务为噱头，将黑手伸向老年群体的传销组织，养老传销正是在这样的背景下出现的。

### （一）养老传销的主要形式

当前，养老传销往往以提供"养老服务"、投资"养老项目"、销售"养老产品"、代办"养老保险"、开展"养老帮扶"等为名开展犯罪活动。养老传销主要有以下形式。

1. 养老理财传销

行为人虚构不存在的养老理财项目，宣称"低风险、高回报"，投资之后通过

---

① 参见《旅游传销是个无底洞　警惕新型传销以旅游为幌子》，载《中国防伪报道》2015年第10期。

② 参见江西省瑞金市人民法院刑事判决书，(2017)赣0781刑初12号。

分享、合作等手法介绍朋友加入,形成上下级关系。如在白某某、白某甲、张某某等组织、领导传销活动案[①]中,福建省沙县人民法院经审理认定,传销活动组织者以参加人员缴纳 4.3 万元(或者缴纳 4.9 万元直接返还 0.6 万元作为发展活动经费)投资养生养老理财为幌子,从高到低设置 C3、C2、C1、B、A、发展层 6 个层级,参加人员经过 7 天"犹豫期"后,传销组织即按照 C3、C2、C1 岗位工资各 1 万元,B 岗位工资 0.5 万元,A 岗位工资 0.3 万元,推荐费 0.5 万元的标准发放岗位工资,属于以养生养老理财为名的传销犯罪活动。在赵某某组织、领导传销活动案[②]中,河北省三河市人民法院经审理认定,2016 年 7 月 26 日,赵某某成立河北 × × 企业管理有限公司,该公司没有实际产品和实际经营行为,以"民间自愿互助理财"的名义,通过缴纳 10,000 元会员费加入,到一定年龄即可领取养老金的宣传方式,自下而上划分为发展层、A 岗、B 岗、C1 级别、C2 级别、C3 级别,以高额回报为诱饵,引诱参与者继续发展他人作为下线,从而达到非法敛财目的,属于传销犯罪。

2. 消费养老传销

消费养老传销即宣称通过日常消费,以消费返利为资金来源,保障消费者老年生活,实际上行传销之实。例如在杨某某、郭某某组织、领导传销活动案[③]中,贵阳市中级人民法院经审理认定,2016 年 5 月 28 日,被告人杨某某、邓某某在南明区市场监督管理局注册成立"贵州 × × × 科技发展有限公司",公司地址为贵阳市南明区,该公司在没有实体产业支撑的情况下,打出"消费养老、消费致富"的口号,以"消费返利"为诱饵,要求参与者必须经会员推荐并缴纳入门费才能成为公司会员,通过培训、授课等方式积极发展下线组成层级,直接或间接以发展会员人数或进行充值为返利依据,引诱参与者继续发展他人参加,从事传销活动,属于传销犯罪活动。

3. 互助养老传销

互助养老传销即宣称通过会员互助,可以筹集资金建设养老公寓,组建文化服务队、生活服务队、医疗服务队等,为养老提供保障,事实上从事的也是缴

① 参见福建省沙县人民法院刑事判决书,(2019)闽 0427 刑初 83 号。
② 参见河北省三河市人民法院刑事判决书,(2019)冀 1082 刑初 472 号。
③ 参见贵州省贵阳市中级人民法院刑事裁定书,(2021)黔 01 刑终 185 号。

纳入门费、拉人头、获取下线投资返利的传销活动。例如在闫某某、张某甲、张某乙组织、领导传销活动案[①]中,安阳市殷都区人民法院经审理认定,2011 年 12 月以来,被告人闫某某、张某甲、张某乙以及杨某某等人在其上线徐某某的宣传、鼓动下,先后加入徐某某所创立的"某 A 俱乐部"传销组织,该传销组织以将来优惠入住"某 A 老年公寓"为诱饵(如俱乐部在某个地方的会员达到 3000 人以上,就在这个地方建老年公寓,会员拿金卡可以优惠居住),诱使下线再发展下线,每名参与人员缴纳 3000 元会费后成为会员,该人再发展两名下线,两名下线各缴纳 3000 元会费后,该人就成为顾问,可以按该传销组织发展的期数得到返利,发展的下线越多则获利越多,属于传销犯罪活动。

4. 健康养生传销

健康养生传销即以健康养生为幌子,以销售养生大礼包、养生酒、养生茶、养生米、提供健康养生服务等为名,开展传销活动。例如在彭某某、王某某组织、领导传销活动案[②]中,宜春市中级人民法院经审理认定,权健自然医学科技发展有限公司(以下简称权健公司)于 2004 年成立,经营范围为自然医学、机电一体化等,该公司以火疗养生为幌子,在各地建立火疗养生馆,火疗养生馆以帮助他人疗养身体为名吸引客户体验火疗,又以拿货半价、高获利为诱饵吸引客户缴纳会费发展成为下线,并定期组织人员到天津、长沙、新余等地参加"招商会""精英骨干培训会""领导人凝聚会"等会议,宣传公司实力,吸引发展会员。该公司以销售实际成本远低于产品售价的保健品、化妆品等产品为手段,以获取高额奖励为诱饵,采用发展下线形成多层级关系,采取多层次、多形式支付奖金骗取他人继续参与的销售模式,依托互联网会员管理系统对公司全部会员进行管理、维护,会员满足相应条件即可获得推广奖、培育奖、合作奖、销售奖、管理奖、福利奖及卓越奖等,属于传销犯罪活动。

### (二)养老传销的特点

近年来,国家依法查处了一大批打着养老幌子的传销活动,其中震惊全国的"幸福 199 工程"传销案较为典型,权健公司传销案则是新近发生案件的代

① 参见河南省安阳市殷都区人民法院刑事判决书,(2014)殷刑初字第 62 号。
② 参见江西省宜春市中级人民法院刑事裁定书,(2020)赣 09 刑终 199 号。

表,这些养老传销犯罪案件,呈现下列特点。

1. 虚构身份、项目

在“幸福 199 工程”传销案中,程某自称著名政治经济学博士,担任老龄委副主席、世界华人养老事业发展联合基金会重要成员、北京联洲科工贸集团副主席等职务,程某等人宣称“幸福 199 工程”系“落实国务院办公厅文件精神”,是民政部、全国助老产业化委员会等多部门联合启动的,实际上程某文化程度仅为专科,“幸福 199 工程”也被全国助老产业化委员会证伪。

2. 以服务老人、养生、健康为口号欺骗中老年人

该类传销上当者多为中老年人尤其是老年人,在“幸福 199 工程”传销案中,组织者宣称,入会只需要缴纳 280 元会费,入会后可到指定医院、养生会馆、超市享受医疗、体检、购物、旅游、健身、法律援助等多项优惠服务,受此影响,该传销组织在短短几个月内发展会员 1 万余名,大部分为中老年人。

3. 通过线下实体店发展会员,发展速度快,影响广泛

在震惊全国的权健公司传销案中,据媒体报道,天津市武清区人民法院经审理认定,2007 年以来,被告单位权健公司以高额奖励为诱饵,引诱他人购买成本与售价严重背离的产品成为权健公司会员,再以发展会员的人数为依据进行返利,诱使会员继续发展他人参加,形成金字塔式层级关系,获取巨额经济利益,属于传销犯罪。在有多个法定、酌定从轻情节的情况下,权健公司仍被判处罚金人民币 1 亿元,束某某被判处有期徒刑 9 年,并处罚金人民币 5000 万元。[①] 因该案裁判文书未公开,故无法获知具体涉案金额及人数等信息,但从与之相关的赵某某组织、领导传销活动案的裁判文书[②]可以看到,被告人赵某某直接或间接发展会员 5 万余人,层级达 278 层,非法获利 2185 万余元,可见权健公司传销案影响之大。事实上,正是因为权健公司有遍布全国正常运营的火疗养生馆,在地方又有巨大的影响力,所以才在 10 多年的时间里没有被查禁,直到 2018 年 12 月自媒体硬气发文质疑,权健公司才在一夜之间轰然倒塌。

① 参见《权健传销案宣判:束昱辉获刑 9 年罚金 5000 万 权健公司被罚 1 亿元》,载证券时报网 2020 年 1 月 8 日,http://www.stcn.com/article/detail/88941.html。

② 参见天津市武清区人民法院刑事判决书,(2020)津 0114 刑初 161 号。

## 四、假慈善传销

该类传销假借慈善之名，打着“慈善救助”“爱心互助”“弘扬中华传统慈善文化”“扶贫济困”“均富共生”等幌子，以“做慈善事业，筑和谐家园”“爱心资助贫困学子”“布施善心”等形式开展传销活动，事实上属于假慈善、真敛财的骗局。

### （一）假慈善传销的主要形式

1.“布施善心”传销

“布施善心”传销即以布施他人、发慈悲善心之名，发展会员，吸纳资金，会员按照“布施”金额的大小分为不同的级别，并可获得下线“布施”金额一定比例的返利，该类型最有代表性的就是“善心汇”传销案。[①] 该案中，湖南省永州市中级人民法院经审理认定，2016 年 5 月，张某某等人开发的众扶互生系统 1.0 版本依托深圳善心汇公司官方网站正式上线运行，该系统以出售虚拟产品“善种子”“善心币”为名，要求会员注册并向推荐人会员购买一颗“善种子”成为会员，会员从高到低分为 A 轮服务中心、B 轮服务中心、C 轮服务中心、A 轮功德主、B 轮功德主和普通会员 6 个级别，不同级别会员购买“善种子”“善心币”分别享受不同折扣，成为会员后，可以在不同的社区参与布施和受助，在 15 天至 60 天内，能获得 5%—50% 不等的返利，还可以通过发展下线会员获得不同比例的隔代返利，以此引诱会员继续发展他人参加。截至 2017 年 7 月 24 日，众扶互生系统共有注册会员 5, 981, 028 人，其中激活会员有 5, 361, 936 人，系统涉案金额 104, 683, 400, 100. 06 元，严重扰乱了经济社会秩序。

2.“慈善助学”传销

“慈善助学”传销即以助学为名，要求缴纳入门费成为不同级别的会员，会员可以从下线会员的投资款中获取返利，并以此引诱会员继续发展他人参加，骗取钱财。如在“爱联慈善助学”传销案[②]中，重庆市丰都县人民法院经审理认定，爱联国际公司通过创建“爱循环”系统平台吸收会员，2012 年 3 月 12 日，

① 参见湖南省永州市中级人民法院刑事裁定书，(2020)湘 11 刑终 175 号。

② 参见重庆市丰都县人民法院刑事判决书，(2016)渝 0230 刑初 316 号。

“爱联国际”创建了“爱联慈善助学基金、投资理财管理系统”(简称“爱基金”,服务器IP所在地为美国),以慈善助学投资理财项目为幌子,以加盟即可享受国际国内免费旅游为诱饵发展会员,要求参与者以缴纳2500元、5000元、10,000元的会费分别成为银级会员、金级会员、白金级会员来获得加入资格,并以2的倍增扩散法发展形成层级,且层级超过3层,以发展会员的数量为返利依据,多发展会员多获利,不发展会员不获利,以引诱参与者继续发展会员骗取钱财,构成传销犯罪。

3.“慈善互助”传销

“慈善互助”传销即以慈善互助为名,通过缴纳“爱心资金”的形式成为不同级别的会员,会员以发展下线的数量为返利依据,骗取钱财。本节提及的“善心汇”传销案中就存在以慈善互助为幌子开展宣传的情况。在高某某组织、领导传销活动案①中,佳木斯市向阳区人民法院经审理认定,被告人高某某经其上线孙某介绍加入广东“念宝RTT”慈善互助平台传销组织,该传销组织以层层互助为名,采取以缴纳爱心资金成为会员,并以2×8升级矩阵发展会员的方式收取会员的投资,即每个会员的第一层可以拥有2个会员,这2个会员再以2的倍数倍增会员……依此进行复制,一直倍增至第8层;会员以发展下线的数量为返利依据,引诱参与者继续发展他人参加,构成传销犯罪。

## (二)假慈善传销的特点

以震惊全国的“善心汇”传销为代表的一批假慈善传销案呈现以下主要特点。

1.具有极强的欺骗性和煽动性

“善心汇”传销组织抓住了人民群众的慈善心理,在心理上占据了一些有利要素,其受害者大多是生活不如意又不安于现状的人,“善心汇”在他们面前把自己包装成既能做慈善,又能赚钱,还能帮助其实现个人价值的平台,具有极大的诱惑力。

2.发展迅猛、社会危害性极大

“善心汇”传销组织在短短2年时间内,发展会员536万人、涉案资金达1046

---

① 参见黑龙江省佳木斯市向阳区人民法院刑事判决书,(2018)黑0803刑初105号。

亿元,2022 年 4 月 15 日作者以“刑事案件 + 善心汇”为关键词[①]在中国裁判文书网检索,共计获得 1691 篇裁判文书,其中判决书 1424 篇,裁定书 248 篇,可见该传销组织涉案人员之多。据媒体报道,2017 年 6 月,“善心汇”平台几名技术骨干被湖南公安机关依法采取刑事强制措施后,3000 多名会员身着统一的服装,拉着横幅,在湖南省人民政府门前聚集 3 天。2017 年 7 月,公安部统一部署依法对深圳市善心汇文化传播有限公司法定代表人张某某等人采取强制措施之后,发生了部分“善心汇”成员被煽动到北京非法聚集的事件,根据通报,截至 2017 年 7 月 26 日,63 名犯罪嫌疑人因涉嫌妨害社会管理秩序犯罪被刑事拘留,4 名违法行为人因扰乱公共场所秩序被治安拘留,[②]其社会危害性可见一斑。

## 五、“国家工程”传销

该类传销以属于国家工程为名,打着“国家扶持”“政府背景”“文化产业”“精神文明”“好项目产业大联盟”“农业发展平台”等旗号,伪造国家机关文件,虚构公司企业,虚假宣传,常常以“连锁销售”“连锁加盟”“投资开发”等手段,或者以考察、旅游、加盟、发展代理等方式从事传销活动,同样属于假工程、真敛财的骗局。

### (一)“国家工程”传销的主要形式

1. “资本运作”传销

“资本运作”传销即以属于国家鼓励的资本运作为名,发展会员,开展传销活动,近年来最具代表性的案例是“1040 工程”传销案[③]。防城港市港口区人民法院经审理认定,该案中的传销组织印制《中国特色北部湾资本运作》《法制下的资本运作》等宣传手册,号称该工程是由政府操盘,在北部湾布局,暗中实施的一个“国家秘密政策”,目的是利用该项目为北部湾吸聚资金,带动北部湾经济发展,实现中国经济增长的第四极。所谓“1040 工程”,即入伙时先交 69, 800

① 通常,“刑事案件”不会成为裁判文书的关键词,此处是指在中国裁判文书网检索时,先选择“刑事案件”栏目,再输入关键词进行检索。

② 辛闻:《善心汇传销案一审宣判:涉案金额 1046 亿 主犯获刑 17 年》,载中国网,http://news.china.com.cn/txt/2018 - 12/14/content_74275907_2.htm。

③ 参见广西壮族自治区防城港市港口区人民法院刑事判决书,(2020)桂 0602 刑初 167 号。

元,购买 21 份的所谓份额,入伙次月,组织退回 19,000 元,实际出资额即 50,800 元,会员发展 3 个下线,3 个下线再分别发展 3 个下线,当发展到 29 人的时候,即可晋升为“老总”,开始每月拿“工资”,直到拿满 1040 万元,就从“组织”里出局,完成“资本运作”。据报道,该传销从 2007 年开始出现,在南宁、武汉、合肥、贵阳、宁波等地均有大量会员在活动,近年来每年均有被以传销犯罪处罚的案例。

2.“投资开发”传销

“投资开发”传销即以西部大开发、振兴东北等虚构项目为依托,鼓吹入股投资即可赚钱,以高额返利为诱饵,诱导参与者发展下线,最终骗取钱财。如在谢某、郭某、石某、曾某组织、领导传销活动案①中,银川市中级人民法院经审理认定,该案中的传销组织以“国家西部大开发、阳光双向扶贫工程、入股投资可以赚钱”为由,以“投资国家项目、政府暗中支持”为幌子,组成“五级三晋制”传销模式,规定下线新人缴纳 1 份 3800 元,10 份 3.35 万元的申购款以获得加入资格,以积累的份额为晋升到上一个层级的条件,根据级别和发展下线的申购款获得提成,被认定构成传销犯罪。又如在文某、孙某某、文某某等组织、领导传销活动案②中,四平市中级人民法院经审理认定,被告人孙某某等人在黑龙江省阿城区、吉林省公主岭市,以推广“三商法”“振兴东北 3260 精准扶贫”项目等为名,无任何经营产品,以拉人头加入的形式,分成 5 个等级,即缴纳 3260 元成为会员,会员发展 2 个以上新会员成为推广员级别,发展 13 人以上成为培训员级别,发展 81 人成为代理员级别,发展 491 人成为代理商级别,该组织共发展会员数百人,建立多处传销窝点,骗取财物,构成传销犯罪。

3.“连锁销售”传销

“连锁销售”传销即以销售产品(有的无实际产品)为名,要求参与者购买产品成为会员,并可根据下线人数及购买金额获得相应的返利,该类活动在宣传过程中常以“国家工程”“阳光工程”等为幌子,实际上仍属于传销活动。例如,在袁某、杨某某等人组织、领导传销活动案③中,许昌市魏都区人民法院经审

① 参见宁夏回族自治区银川市中级人民法院刑事裁定书,(2020)宁 01 刑终 214 号。
② 参见吉林省四平市中级人民法院刑事裁定书,(2020)吉 03 刑终 57 号。
③ 参见河南省许昌市魏都区人民法院刑事判决书,(2014)魏刑初字第 265 号。

理认定,2009 年 8 月以来,被告人袁某等人在许昌市区以“连锁销售”“阳光工程”为名,组织、领导从事传销活动,该传销组织采用“五级三阶”模式,加入者认购 3800 元一份的产品后方能获得进入该组织发展其他人员的资格,以加入者直接购买或者下线购买的产品份额数量确定参加人层级,以其直接或者间接购买份额数额(实际是以发展人员数量)为返利计酬的依据,引诱参与者继续发展他人参加传销组织以骗取财物,构成传销犯罪。

### (二)“国家工程”传销的特点

以“1040 工程”传销为代表的“国家工程”传销案呈现以下主要特点。

1. 虚构项目

该类传销常常假借“国家工程”“政府工程”“西部大开发”“振兴东北”等名义,伪造国家机关文件,歪曲国家政策,曲解国家领导人讲话,拉名人站台,打着新产业的幌子进行虚假宣传。

2. 欺骗性较强

在宣传手法上,该类传销往往通过开培训会、分享会的形式,讲授所谓早期参与者实现财务自由的财富故事,带看城市各大建筑,见识行业精英的所谓财大气粗,鼓吹城市经济发展是因为行业的带动,以巨额的回报为诱饵,让人防不胜防。

3. 发展蔓延快,社会影响大

除了炒作“西部大开发”“振兴东北”等概念,该类传销还会紧跟国家政策,对相关法律政策进行牵强附会的解读,或以新的政策动向为名义组织传销,2022 年 4 月 17 日,作者以“刑事案件 + 传销 + 1040 工程”为关键词在中国裁判文书网上检索,共检索到 1046 篇文书,其中刑事判决书 867 篇,刑事裁定书 175 篇,时间横跨 2013 年至 2021 年,从这个角度可以看出该类传销发展蔓延之快、社会影响之大。

## 六、“假冒直销企业”传销

从字面意思可以看出,该类传销冒用正规直销企业的名称开展传销活动,或者冒用直销企业名义,开通微信公众号、抖音号、微博号进行虚假宣传,通过网络招聘销售人员,还有不法分子利用淘宝网店、微信商铺、微商人员销售侵害直销企业注册商标专用权的假冒产品，可谓假直销或伪直销。事实上，该类传销只是在宣传推广上假冒直销企业，至于其自身是以何种模式发展会员、吸纳资金，需要具体考察。

例如，在周某、程某等组织、领导传销活动案①中，湖南省双峰县人民法院经审理认定，“赛比安公司”对外宣称其是全世界直销500强公司，通过收集分析提炼全球消费者的消费数据，为企业商家提供服务，使企业根据大数据调整产品定位、结构等，该组织要求参加人员缴纳1000元购买注册码进行注册成为会员，第二个月开始每月仍需交纳1000元购买续费码，并在第二个月底开始上传第一个月的消费小票，每月最多报销9000元日常消费的20%即1800元，第三个月底同样上传第二个月的消费小票，以此类推，第四个月开始平台就会返还第一个月上传消费小票的20%虚拟币至会员账户作为返利，每月平台会自动扣除续费码，无须另外充值，剩余的虚拟币可以用来购买注册码注册新账号，也可以卖给其他会员进行自由交易，会员可以获得静态奖和动态奖，动态奖级别最低为创始人，最高为总裁大使，日入3000美元，构成传销犯罪。

再如，在刘某某、冯某某组织、领导传销活动案②中，佛山市中级人民法院经审理认定，2016年9月，被告人刘某某加入“迈捷普瑞生物科技有限公司”（之后更名为“美极客环球有限公司”，以下简称美极客公司），美极客公司销售无中文标识、假冒产地的“低聚肽（Zelner）”“苹果干细胞（NATURINI）”等伪劣产品，并宣称是高科技产品、有特殊功效，要求购买者缴纳入会费，每月至少购买一盒产品，根据消费额高低设置了“VIP”“MB经理”“MB流通商”3个级别，该公司在会员管理上采取“双轨制”，即每人名义上只有两名直接下线，两名下线名义上再各有两名下线，以此类推，发展形成若干层、若干人的会员体系；设立了“直推奖”“对碰奖”“层碰奖”等奖励制度，以发展人员和下级人员的销售业绩为计酬返利依据，并根据会员级别设置每日领取奖金的上限。经侦查机关通过原国家工商行政管理总局网站核查，全国合法的直销企业中并没有迈捷普瑞生物科技有限公司或者美极客公司，涉案公司构成传销犯罪。

上述两个案例均属于“假冒直销企业”传销，前者属于假冒真直销企业开展

---

① 参见湖南省双峰县人民法院刑事判决书，（2018）湘1321刑初391号。

② 参见广东省佛山市中级人民法院刑事裁定书，（2018）粤06刑终215号。

传销，在开展传销活动的过程中，该公司印制了宣传“赛比安公司”的书籍、资料，引导会员登录“赛比安公司”官方网站浏览信息等，让参与者误以为从事的是真直销。据该案中被告人邓某某供述，黄某某向其介绍了“赛比安公司”的具体情况，说“赛比安公司”是美国的一家直销公司，已在美国挂牌，进入该公司网站后可以看到相关介绍，总裁是犹太人，在美国，黄某某和潘某某到邓某某家跟邓某某解释“赛比安公司”后，邓某某又托在美国的朋友调查了“赛比安公司”的情况，朋友跟邓某某反馈说确实存在这样的一个公司，并且这个公司是美国的直销500强公司，于是邓某某就相信了，然后加入了“赛比安公司”。第二个案例属于假冒虚构的直销企业开展传销，还销售无中文标识、假冒产地的“低聚肽（Zelner）”“苹果干细胞（NATURINI）”等伪劣产品，并宣称是高科技产品、有特殊功效，最终经过查证，迈捷普瑞生物科技有限公司或者美极客公司并非合法注册的直销企业。

## 第二节　传销的新发展——网络传销与虚拟货币传销

### 一、网络传销的概念与特点

#### （一）网络传销的概念

网络传销是传统的传销犯罪借由网络技术组织、领导、开展而升级变化产生的犯罪模式。近年来，随着互联网技术和电子商务的发展，轻易突破地域限制的网络传销犯罪愈演愈烈，逐渐成为传销犯罪的主流形态。网络传销常常以“网购”“网络营销”“网络投资”“网络加盟”“网络游戏”“网络劳务”“区块链技术”“数字货币”等为噱头不断发展下线，骗取网民财物，引发严重的社会危害。正因如此，国家市场监督管理总局才在2018年发布国市监竞争〔2018〕7号《关于进一步加强打击传销工作的意见》，提出“当前打击传销工作形势依然十分严峻，网络传销违法犯罪活动蔓延态势迅猛，亟须采取更有力措施加以整治”。

本书认为，网络传销并非一种新的犯罪，它只是对传销犯罪借助网络技术开展和蔓延这一现象的描述，是从传销犯罪所主要依赖的技术手段和组织方式的角度所作的界定。同时,随着网络技术的普及和互联网的发展,目前可见的传销犯罪几乎没有不借助网络技术的,传销犯罪的制度设计、网站设计、App 设计、通过微信群或 QQ 群联系、线上线下“培训”与“授课”、结算等,几乎都与网络技术有关,因此几乎可以说所有的传销都是网络传销。本书没有采纳将网络传销视为一种常见传销类型的观点,没有将之与金融传销、旅游传销、养老传销等类型并列,而是将其视为一种在互联网技术支撑下的犯罪模式。①

该犯罪模式与传统传销犯罪相比的两大变化在于:一是金字塔式返利机制的全盘代码化,传统传销中发生的商品流转、销售记录、资格认证、返利落实等行为环节全部由组织成员一一现实性完成,而在网络传销中,行为人通过程序代码搭建起相应的传销网站,网站的运行替代了过往大量的人力传动,上下级之间不再具有严格的人身依附与隶属关系,参与者除了加入组织时所需要的邀请链接、邀请码或引荐信息来源于上线人员,其余行为基本是与总部网站、App 展开直接互动;二是从道具商品到伪劣商品与去商品化,在传统传销活动中,商品是作为道具的存在,故有“道具商品”一说,而在网络传销中,营销标的往往表现为伪劣商品的消费资格,具体所售商品从伪劣化妆品、日用品到家电产品等,而在网络金融传销中,行为人彻底抛弃了营销实物商品,就涉金融理财的抽象概念本身进行包装营销。②

### (二)网络传销的特点

2016 年 6 月 24 日,原国家工商行政管理总局发出工商竞争字〔2016〕115 号《关于进一步做好查处网络传销工作的通知》,该通知指出,网络传销活动因

① 2018 年 7 月 12 日,最高人民检察院发布了检例第 41 号指导案例,该案例的指导意义部分指出,“传销组织在手段上借助互联网不断翻新,打着‘金融创新’的旗号,以‘资本运作’‘消费投资’‘网络理财’‘众筹’‘慈善互助’等为名从事传销活动。常见的表现形式有:组织者、经营者注册成立电子商务企业,以此名义建立电子商务网站。以网络营销、网络直销等名义,变相收取入门费,设置各种返利机制,激励会员发展下线,上线从直接或者间接发展的下线的销售业绩中计酬,或以直接或者间接发展的人员数量为依据计酬或者返利”。由此可见,最高人民检察院亦认为,网络传销不过是传销组织在手段上借助互联网不断翻新,通过注册电子商务企业、建立电子商务网站,以网络营销、网络直销等名义开展传销活动,而其本质特征仍然是“没有创造价值,经营模式难以持续,用后加入者的财物支付给先加入者,通过发展下线牟利骗取财物”。

② 参见赵正武:《传销犯罪网络化带来的两点变化》,载微信公众号“正武刑辩”2021 年 9 月 6 日,https://mp.weixin.qq.com/s/y9wDLBptqbhhLBISy5K7Rg。

其主体和标的虚拟性、行为跨地域性等特点，与传统传销相比更加具有隐蔽性、欺骗性和社会危害性，网络传销案件往往具有蔓延速度快、涉及人员多、波及地域广、涉案金额大等特点，严重损害人民群众利益，影响社会和谐稳定。该通知较为全面地总结了网络传销的特点。

下面以典型案例"云联惠"传销案[①]为样本进一步分析网络传销的特点。

2018年5月8日，公安部统筹指挥全国各省、自治区、直辖市公安机关对广东省主办的"云联惠"特大传销案开展全国统一收网行动，共抓获犯罪嫌疑人1257名，涉案金额达500亿元。广州市荔湾区人民法院经审理认定，2014年1月，黄某等人注册成立广东云联惠网络科技有限公司(以下简称云联惠公司)，并设计开发了"云联惠"云联商城，以兼具积分记录、分配、返还、提现功能的云某商业大系统为平台的运营系统，2014年3月开始运行，以"消费全返""消费乐返""消费共享"为名诱使公众加入成为会员，会员分为普通会员、金钻会员和铂钻会员；会员实行推荐制度，会员注册后系统根据会员的推荐关系锁定形成上下级的层级关系，形成金字塔式的层级架构；会员享有推荐同级及以下层级会员资格，推荐人及其上级可获得现金奖及积分"提成"或"嘉奖"，不限层级，层层计酬。"云联惠"云联商城规定金钻会员、铂钻会员、联盟商家、联盟企业可以成为商家。在交易时，商家须将交易金额的16%上交"云联惠"云联商城作为创业共享金，消费者会员账户获得交易金额100%相应的积分，商家会员账户获得交易金额16%相应的积分。会员消费或销售时，其上级会员均可获一定比例积分"提成"或"嘉奖"，不限层级，层层计酬。根据广州市荔湾区人民法院查明的事实，截至2018年5月8日案发，云联惠公司存在有效会员8,962,017个，其中普通会员7,691,704个，金钻会员182,030个，铂钻会员1,088,283个；会员之间因推荐与被推荐的关系形成上下线的层级关系进而形成金字塔式的层级架构119层；云联惠公司按地理区域设定了代理公司，一共分为8级，共有1532个代理公司，其中购买了"GP"的会员有36,775个，购买了"LP"的会员有103,256个。[②]

---

① 参见广东省广州市荔湾区人民法院刑事判决书，(2019)粤0103刑初499号。作者未检索到"云联惠"传销案主犯黄某的裁判文书。

② 根据云联惠公司的规定，每个级别有GP与LP两种投资模式，其中GP是参与代理公司经营管理投资人，LP是不参与代理公司经营管里投资人。

根据广州市公安局披露的信息，按照“云联惠”平台全返的规则，其资金缺口达到4207.5亿元。2021年8月20日，广州市海珠区人民法院以组织、领导传销活动罪，判处主犯黄某有期徒刑15年并处罚金，没收违法所得，其他53名主要同案人员均被判刑，广州市中级人民法院经审理维持原判。该案被认为是中华人民共和国成立以来立案查处的涉及范围最广、层级最多、金额最大、人数最多的一起涉众型经济犯罪案件，被广东省高级人民法院评为2021年度全省法院十大案例。

在本案中，云联惠公司为了壮大发展，设计开发了电商交易平台云联商城，通过网站、微信、培训会、商学院授课等途径迅速传播宣传，同时与云联商城匹配一个兼具积分记录、分配、返还等功能的后台系统（云联商务大系统），规定要享受消费返还就必须先成为其会员，通过云联商城或者推荐人的推广二维码等免费注册成为普通会员，并获得一个注册ID（会员名），系统根据推荐关系自动识别记录并锁定上下线关系。线上交易均在云联商城完成，商家的库存积分或积分券不够时需在云联商务大系统中用现金充值购买，提现及积分奖励均通过线上操作完成。由此可见其属于典型的利用信息网络技术和移动互联网开展传销活动的网络传销。该案较为全面地体现了网络传销的相关特点：（1）标的具有虚拟性，云联惠公司依托云联商城网络平台和所谓云联商务大系统，以“消费全返”“消费共享”为名诱使他人注册成为会员，但实际上既没有实体商城，也没有实物交易，使用的还是缴纳入门费的套路；（2）行为具有跨地域性、波及地域广，依托互联网技术，云联惠公司在4年时间里发展遍布全国，2022年4月20日，作者以“刑事案件+云联惠+传销”为关键词在中国裁判文书网上检索，共检索到234篇刑事案件裁判文书，涉及28个省级行政区，波及地域极广；（3）手段更具有隐蔽性、欺骗性，云联惠公司开发设计了电商交易平台云联商城和云联商务大系统，通过网站、微信、培训会、商学院授课等途径迅速传播宣传，有的参与者依托线下经营实体，通过口口相传、发微信朋友圈、印制推广二维码等手段进行推广，具有隐蔽性，更不易被发现和及时查处，消费全返的口号抓住了老百姓贪图便宜、发财致富的心理，欺骗性强，以至于有的主犯在庭审中提出了“系受到云联惠公司在全国广泛宣传的蒙蔽并为了促进自身经营实体店的发展而加入”这样的辩护意见；（4）蔓延速度快、涉及人员多、涉案金额大、社会危害性大，在4年的时间里，云联惠公司共计发展会员896万个，形成金字塔式的层级架构119层，在中国裁判文书网上可检索到与“云联惠”传销案有关的一审刑事判决书达157篇，其传销资金缺口达到4207.5亿元，正因为“本案是社会高度关注的特大传销案件，涉案金额巨大，涉及人数众多，社会关注度高，社会危害性极大”，所以对其全面查处才具有典型意义。

## 二、虚拟货币传销的形式与特点

一般认为，网络传销的类型包括5大类：一是以销售商品为掩盖，通过网络平台拉人头的传统网络传销；二是通过消费返利、免费购物为诱饵的电子商务网络传销；三是以虚拟货币、区块链技术、网络游戏等为名义的网络虚拟商品传销；四是通过点击广告等劳务形式进行的网络劳务传销；五是互联网金融、网络投资理财等网络金融传销。[①] 由此可见，虚拟货币传销属于网络传销的一种。虚拟货币是金融新业态下的产物，由于借助电子数据或符号，依托计算机、通信、密码学等技术方法，所以这类新兴金融产品充满了神秘感。近年来，与虚拟货币有关的违法犯罪数量不断攀升，公安部、中国人民银行等监管部门也一再发出风险提示，指出不法分子打着“金融创新”“区块链”的旗号，通过发行“虚拟货币”“数字资产”等方式吸收资金，侵害公众合法权益，此类活动并非真正基于区块链技术，而是借炒作区块链概念行非法集资、传销、诈骗之实。在众多的虚拟货币违法犯罪活动中，又以虚拟货币网络传销最为典型，有愈演愈烈之势。

### （一）虚拟货币网络传销活动的主要形式

1. 有币式虚拟货币传销

传销人员以传销网站或App为基础，通过虚拟货币购买“矿机”的形式发行虚拟货币，但没有虚拟货币的发行白皮书和源代码，网站或App设有虚拟货币交易大盘的网络传销，该类传销以虚拟货币为标的物进行交易，开采、奖励以及分红都是虚拟货币，通过虚拟货币的不断升值吸引传销“客源”，投资者获取的虚拟货币一般通过上线回收或者出售给下线的方式提现。形式上，通过虚拟货币的供求关系，虚拟货币交易会影响价格，但实际情况是，虚拟货币的价格完全按照传销人员的预设进行增值，通过内部编造交易数据控制虚拟货币的价

① 参见何德辉、王悦：《新型网络传销犯罪的司法认定》，载《中国检察官》2014年第24期。

格,此类传销属于利用虚拟货币进行网络传销的初级形式。

2. ICO 式虚拟货币传销

传销人员通过发布项目白皮书及虚拟货币的源代码,以认购虚拟货币的方式进行融资,该类传销通过虚拟货币交易所或者众筹等方式进行交易操作,虚拟货币的价格在交易大盘展现,也就是人们常说的"炒币"。ICO 式网络传销隐蔽性较强,大部分购买者是虚拟货币项目的爱好者、支持者或者是不专业的投资者。为了扩大融资的范围,虚拟货币需要进行推广,以获取更多的"客源"。ICO 式网络传销需要有推荐人才能用比特币或者以太坊等购买该虚拟货币,购买者以所购虚拟货币或以比特币、以太坊搭配一定数量的该虚拟货币进行质押赚取依照合约产生的虚拟货币,为激励赚取更多虚拟货币,有的传销会要求投资者购买燃烧掉一定数量的虚拟货币以增加级别(燃烧的虚拟货币永久进入"黑洞",市场上总的虚拟货币减少,交易价格会抬升)。当虚拟货币的价格炒高到一定程度之后,幕后操控者就会"割韭菜",大量抛售虚拟货币。[①]

3. 复合式虚拟货币传销

这是将虚拟货币交易和支付融入投资理财、电子商务等项目中,凸显虚拟货币复合化的一种网络传销,传销人员需要构建传销网站、虚拟货币交易平台、电子商城及 App、线下实体商城,在该类传销体系中,虚拟货币发挥"一般等价物"的功能,实现了商品和虚拟货币的交换。其特点一是运营规则复杂,复合式虚拟货币的账户多、奖励模式复杂、资金流混乱;二是操作系统隐蔽,虚拟货币的购买、奖励、交易、拆分等业务均通过在线系统操作,不受时空限制,操作便捷和隐蔽,发展下线成员以及上下线之间一般通过操作平台或者网络社交软件联系,除非受到举报,否则侦查机关难以发现,通过功能、业务的复合,可以起到混淆的作用。

### (二)虚拟货币网络传销活动的主要特点

虚拟货币网络传销案件近年来呈案件数逐年增加、涉案人数逐年增多、涉

① 在一些虚拟货币传销案中,传销人员会聘请专门的所谓市值管理人员,在虚拟货币出现交易低迷或大量抛售的情况时高价买进,以提振市场信心,同时储备大量虚拟货币,在虚拟货币价高时予以抛售,以赚取价差。

案金额逐年增加的趋势,其呈现以下特点。

1. 传销行为隐蔽性更强

虚拟货币为传销活动披上了神秘外衣,使得传销行为的隐蔽性增强。大量投资者涌入币圈,在供需关系的影响下,币价不断上涨,催生了“炒币”产业,“炒币”的热潮为传销人员打开了一扇新型网络传销之门。该类传销隐蔽性更强的主要原因有 3 点:一是虚拟货币背景的可靠性使投资人乐于投资,通过暗示神秘跨国背景以及官方的默许支持,再加上一些圈内“大佬”站台宣传,强化了投资人对虚拟货币的信心;二是虚拟货币的交易流程隐蔽,传销式虚拟货币重点宣传的是充值购买交易流程,很少提及运作机制,甚至网站都没有源代码的链接地址;三是名称代号更换频繁,目的是避免进入侦查机关的重点词库,传销人员可以在不同地区同时开展网络传销活动,一旦在某地受到打击,其他地区的同伙会马上更改虚拟货币的名称代号,甚至放弃原来的虚拟货币,将原来的层级关系完全移植到新的虚拟货币传销盘之中。①

2. 传销活动传播范围大、波及地域广

互联网的跨地域性使该类传销突破了地域甚至国界的限制,受地域管辖的限制,工商部门只能就本辖区内的传销活动进行监督,对全国性的网络传销无从着手。传销骨干人员往往采取“打一枪换一个地方”的方式,在全国各地流窜作案,即使公安、工商部门联手,也只能抓获当地的头目,对摧毁整个传销集团无能为力。对于跨国网络传销,由于网站注册地在国外或项目发行方属于境外人士,所以面临法律适用和跨国管辖权的问题。该类传销几乎不限制参与者的人身自由,以说教、高额回报诱惑为主。加入后,只要能上网,能通过网络传递信息,传销人员就可以在任何地方、任何时间从事传销活动,不受时空限制,也不受地域限制。②

3. 传销欺骗手段多样化,呈现线上与线下相融合的特点

传销人员一般在境外注册母公司,在境内设立子公司,投资人无法查证其真实信息,其传销活动往往表现为以下形式:(1)线上宣传虚拟货币,通过公司

---

① 参见江苏省互联网金融协会:《互联网传销识别指南(2017 版)》,载直销百科网 2017 年 4 月 7 日,http://www.dsbaike.com/article/view/id/22965.html。

② 参见陈强:《如何遏制逐年增加的网络传销犯罪案件》,载湖南省高级人民法院网 2015 年 9 月 6 日,https://hunanfy.chinacourt.gov.cn/article/detail/2015/09/id/1699752.shtml。

网站宣传造势,渲染公司业务能力;(2)在网站上发布与各国政要、领导人、名人、财团、技术专家的合照以及视频,制造“光环效应”;(3)线上操作虚拟货币的购买、奖励、交易、拆分等业务,虚拟货币源于网络,运营不受时空限制,操作便捷、隐蔽;(4)线上联系,传销活动依靠微信、QQ的群发功能,拉人建群发展潜在下线,会员之间一般通过网络服务平台传递信息,点对点之间的联系避开了侦查机关的通信监控;(5)线下负责人主要负责传销推广工作,针对不熟悉网络或者不会上网的人群,一般会在各地区设置代理站点、运营商,开展虚拟货币的推广活动,比如在酒店内部开展宣讲会、培训会,负责吸纳、发展会员,其目的是对参会者进行洗脑,争取将参会者发展为下线。线下推广活动会助力线上宣传,使网站、虚拟货币系统真正成为发布信息的平台,使虚拟货币的未来更具说服力,在投资人眼中也有广阔的投资前景,名人效应可以使“洗脑”工作取得事半功倍的效果。

CHAPTER 04

# 第 四 章

# 传销的立法

## 第一节 传销的立法历程

我国对于传销的立法，经历了一个从无到有，再到逐步完善的过程，本书将传销的立法历程分为 4 个阶段，以 1997 年 1 月颁布的《传销管理办法》为界分点，在此之前为立法空白阶段，之后为萌芽阶段，随着 1998 年 4 月国发〔1998〕10 号《关于禁止传销经营活动的通知》发出，全国范围内对传销的全面监管时代来临，这预示萌芽阶段的结束，在此之后，随着 2001 年 4 月最高人民法院《关于情节严重的传销或者变相传销行为如何定性问题的批复》（已失效）的出台及有关传销、直销的两个条例颁布实施，传销立法进入初步发展阶段，2009 年 2 月《刑法修正案（七）》正式确立组织、领导传销活动罪，以此为标志，传销立法进入快速发展阶段。

### 一、空白阶段（1997 年之前）

本书第一章已述及，传销是我国改革开放之后，伴随商品经济的发展，在引进和推广直销的过程中逐渐出现的。

传销在刚刚进入中国的时候，由于缺乏相关法律予以规制，其概念和内涵基本与国际上通行的直销概念无异，英文“Direct selling”被译为“直效营销”，指直销企业招聘直销人员，通过直销人员直接或者间接通过他人将产品推销给最终消费者，从而免去了中间店铺的成本。从国际营销行业的角度来讲，无固定地点的批发和零售服务方式都属于“Direct selling”。从法学研究的角度出发，“Direct selling”分为两种，单层次直销和多层次直销，所谓单层次直销，是指推销员直接把商品推销给消费者，其计酬模式是根据其销售金额乘提成比例的方式实行单层次计酬；所谓多层次直销，是指推销员可以直接把商品推销给消费者，又可以通过自己的网络把商品间接推销给消费者，多层次直销员发展的下线为第一层，下线发展的下线为第二层，还可以发展第三层、第四层。[①] 由于多层次直销的封闭性、层级性和隐蔽性的特点容易被不法商人利用，所以逐渐演变出假借推销商品或服务，赚取新加入成员人头费的传销模式。

当时处于市场经济建设初期，市场经济体制并未完全确立，因此对于社会上大量涌现的假借直销之名开展传销的不规范经营行为，国家并没有相应的法律制度予以调整与规制，传销这块区域处于监管空白和缺位的状态，故一段时间内传销十分盛行，在扰乱经济秩序的同时，严重破坏社会稳定，市场呼唤对传销乱象进行规范和整治。

为此，原国家工商行政管理局于1994年8月10日发出的工商公字〔1994〕第223号《关于制止多层次传销活动中违法行为的通告》（已失效，以下简称《制止多层次传销活动通告》）指出，“以多层次传销方式推销商品的活动在我国不断出现，某些不法分子利用其欺骗消费者、牟取暴利。他们有的鼓吹不劳而获，引诱参加者上当受骗；有的抬高商品价格，蓄意盘剥消费者；有的以推销优良产品为名，而行推销假冒伪劣商品之实；有的甚至偷税漏税、走私贩私，严重扰乱了我国的经济秩序”。为此，《制止多层次传销活动通告》提出，“一、坚决取缔擅自开展的多层次传销活动。二、严禁党政机关工作人员从事或参加多层次传销活动。三、对于利用多层次传销方式推销假冒伪劣商品或走私贩私物品的，依法从重处罚。四、经营者开展多层次传销活动，有下列情形之一的，予以取缔：1. 多层次传销活动参加者的业务主要是介绍他人参加，且收入主要来自他所介绍的新成员缴纳的入会费或者经营者的利润主要来自参加人员的入会费的；2. 以缴纳高额入会费或以认购商品方式变相缴纳高额入会费作为加入条件

① 参见《直销管理与禁止传销》编辑部编：《直销管理与禁止传销》，中国工商出版社2006年版，第199页。

的;3. 对多层次传销活动参加者的报酬或商品的质量、用途、产地等,作虚假或引人误解的宣传,诱人入会的;4. 商品价格高于合理市价,牟取暴利的;5. 不准退货或设定苛刻的退货条件的"。

为落实《制止多层次传销活动通告》的内容,原国家工商行政管理局于1994年9月2日发出工商公字〔1994〕第240号《关于查处多层次传销活动中违法行为的通知》(已失效),要求各级工商行政管理机关组织力量,认真查处多层次传销活动中的违法行为,取缔未经核准登记,擅自开业从事多层次传销活动的企业、单位;对于已经登记注册的企业进行多层次传销活动的,由当地工商行政管理机关进行审查;自1994年8月11日《制止多层次传销活动通告》发布之日起,对申请采用多层次传销方式经营的企业,暂不予登记注册;已经登记注册的企业,凡已采用多层次传销方式开展经营活动的,原则上应自《制止多层次传销活动通告》发布之日起,停止此类经营方式。

为进一步查禁多层次传销活动,国务院办公厅于1995年9月22日发出国办发〔1995〕50号《关于停止发展多层次传销企业的通知》(以下简称《停止多层次传销通知》),该通知指出,"我国关于传销经营方式的法律、法规当前尚未建立健全,对传销活动很难规范和管理,加之广大消费者的消费心理还不够成熟,目前不具备开展多层次传销的条件",为此,要求立即停止批准成立多层次传销企业,对已有传销企业进行审查清理。该通知同时提及,原国家工商行政管理局要会同有关部门,尽快制定传销企业的审批管理办法和对传销人员的监督管理办法。

## 二、萌芽阶段(1997—1998年)

作为对国务院办公厅《停止多层次传销通知》要求的回应,原国家工商行政管理局于1997年1月制定发布了《传销管理办法》(国家工商行政管理局令第73号),承认了国际上通行的多层次直销和单层次直销的合法地位,却将直销表述为传销。《传销管理办法》第2条明确,"传销是生产企业不通过店铺销售,而由传销员将本企业产品直接销售给消费者的经营方式,它包括多层次传销和单层次传销。多层次传销,是指生产企业不通过店铺销售,而通过发展两个层次以上的传销员并由传销员将本企业的产品直接销售给消费者的一种经营方式。单层次传销,是指生产企业不通过店铺销售,而通过发展一个层次的传销员并由传销员将本企业的产品直接销售给消费者的一种经营方式”。《传销管理办法》第3条规定,企业从事传销活动必须经工商行政管理机关核准登记,工商行政管理机关对传销活动进行监督管理。第4条规定,禁止外国(地区)企业及个人在中华人民共和国境内直接从事传销活动。

《传销管理办法》是我国关于传销规制与管理的首部专门规章,它正式开启了我国对于传销立法的篇章。国务院于1998年4月18日发布《关于禁止传销经营活动的通知》,指出“传销作为一种经营方式,由于其具有组织上的封闭性、交易上的隐蔽性、传销人员的分散性等特点,加之目前我国市场发育程度低,管理手段比较落后,群众消费心理尚不成熟,不法分子利用传销进行邪教、帮会和迷信、流氓等活动,严重背离精神文明建设的要求,影响我国社会稳定;利用传销吸收党政机关干部、现役军人、全日制在校学生等参与经商,严重破坏正常的工作和教学秩序;利用传销进行价格欺诈、骗取钱财,推销假冒伪劣产品、走私产品,牟取暴利,偷逃税收,严重损害消费者的利益,干扰正常的经济秩序”,因此,传销经营不符合我国当时的国情,已造成严重危害。《关于禁止传销经营活动的通知》第2条要求,“自本通知发布之日起,禁止任何形式的传销经营活动。此前已经批准登记从事传销经营的企业,应一律立即停止传销经营活动,认真做好传销人员的善后处理工作,自行清理债权债务,转变为其他经营方式,至迟应于1998年10月31日前到工商行政管理机关办理变更登记或注销登记。逾期不办理的,由工商行政管理机关吊销其营业执照。对未经批准登记擅自从事传销经营活动的,要立即取缔,并依法严肃查处”。《关于禁止传销经营活动的通知》第3条要求,“加大执法力度,严厉查禁各种传销和变相传销行为。自本通知发布之日起,一经发现有下列行为之一的,各级人民政府和工商行政管理、公安等有关部门,要采取有力措施,坚决取缔,严肃处理:(一)将传销由公开转入地下的;(二)以双赢制、电脑排网、框架营销等形式进行传销的;(三)假借专卖、代理、特许加盟经营、直销、连锁、网络销售等名义进行变相传销的;(四)采取会员卡、储蓄卡、彩票、职业培训等手段进行传销和变相传销,骗取入会费、加盟费、许可费、培训费的;(五)其他传销和变相传销的行为。对传销和变相传销行为,由工商行政管理机关依据国家有关规定予以认定并进行处罚。对利用传销进行诈骗,推销假冒伪劣产品、走私产品以及进行邪教、帮会、迷信、流氓等活动的,由有关部门予以查处;构成犯罪的,移送司法机关依法追究刑事责任”。

本书认为,《关于禁止传销经营活动的通知》发文主体为国务院,在性质上属于行政命令,在效力等级上,具备行政法规的效力,也因如此,我国迎来了对传销活动的全面禁止阶段,预示传销立法萌芽阶段的结束。

## 三、初步发展阶段(1998—2009 年)

自《关于禁止传销经营活动的通知》发布之后,传销和各种变相传销活动很快被全面禁止,“但近一个时期以来,一度沉寂的传销和变相传销活动又改头换面在全国各地蔓延。不法分子以快速致富、高额回报为诱饵,采用各种欺诈手段蒙骗群众、聚敛钱财,给人民群众的财产造成重大损失,严重扰乱了社会经济秩序。有的甚至发展成为具有黑社会性质的帮会组织,引发了一些社会问题,给社会稳定造成极大危害”。为此,国务院办公厅于 2000 年 8 月 13 日发布国办发〔2000〕55 号《国务院办公厅转发工商局等部门关于严厉打击传销和变相传销等非法经营活动意见的通知》(以下简称《打击传销和变相传销意见》)提出,“工商行政管理、公安机关要在当地人民政府的领导下,密切协作,加大执法力度,严厉打击传销和假借‘代理’、‘专卖’、‘消费联盟’、网络倍增、‘加盟连锁’、‘动力营销’、‘滚动促销’等名义进行变相传销的非法经营活动”。工商行政管理机关对于 6 类①传销或变相传销行为,“要采取有力措施;坚决予以取缔;对情节严重涉嫌犯罪的,要移送公安机关,按照司法程序对组织者依照《刑法》第 225 条的有关规定处理”。

其后,最高人民法院于 2001 年 4 月 10 日作出法释〔2001〕11 号《关于情节严重的传销或者变相传销行为如何定性问题的批复》,明确规定,“对于 1998 年 4 月 18 日国务院《关于禁止传销经营活动的通知》发布以后,仍然从事传销或者变相传销活动,扰乱市场秩序,情节严重的,应当依照刑法第二百二十五条第(四)项的规定,以非法经营罪定罪处罚。实施上述犯罪,同时构成刑法规定的

---

① 依照《打击传销和变相传销意见》第 2 条的规定,6 类传销或变相传销行为是指:(1)经营者通过发展人员、组织网络从事无店铺经营活动,参加者之间上线从下线的营销业绩中提取报酬的;(2)参加者通过交纳入门费或以认购商品(含服务,下同)等变相交纳入门费的方式,取得加入、介绍或发展他人加入的资格,并以此获取回报的;(3)先参加者从发展的下线成员所交纳费用中获取收益,且收益数额由其加入的先后顺序决定的;(4)组织者的收益主要来自参加者交纳的入门费或以认购商品等方式变相交纳的费用的;(5)组织者利用后参加者所交付的部分费用支付先参加者的报酬维持运作的;(6)其他通过发展人员、组织网络或以高额回报为诱饵招揽人员从事变相传销活动的。

其他犯罪的,依照处罚较重的规定定罪处罚”。2003 年 3 月 21 日,最高人民检察院在《关于 1998 年 4 月 18 日以前的传销或者变相传销行为如何处理的答复》中进一步明确,“对 1998 年 4 月 18 日国务院发布《关于禁止传销经营活动的通知》以前的传销或者变相传销行为,不宜以非法经营罪追究刑事责任。行为人在传销或者变相传销活动中实施销售假冒伪劣产品、诈骗、非法集资、虚报注册资本、偷税等行为,构成犯罪的,应当依照刑法的相关规定追究刑事责任”。

由此可以看出,自《关于禁止传销经营活动的通知》发布之后,随着《打击传销和变相传销意见》的出台及两个司法解释文件的实施,我国初步建立起了对传销活动的规制体系,即在行政法上宣布禁止传销,同时通过司法解释明确,从事传销或者变相传销活动,扰乱市场秩序,情节严重的,以非法经营罪予以规制,同时构成其他犯罪的,依照处罚较重的规定定罪处罚。“在之前的司法实践中,对这类案件主要是根据实施传销行为的不同情况,分别按照非法经营罪、诈骗罪、集资诈骗罪等犯罪追究刑事责任。”①这可以视为初步发展阶段的第一步,规范直销与禁止传销的两个条例的制定实施,则可视为第二步。

2005 年 8 月 10 日,为切实履行《中华人民共和国加入世界贸易组织议定书》中关于加入世界贸易组织(WTO)三年内需对“无固定地点的批发和零售服务”取消市场准入限制和国民待遇限制,从政策上逐步放开单层次直销和多层次直销的承诺,国务院审议通过了《直销管理条例》和《禁止传销条例》,第一次以行政法规的形式明确了直销与传销的定义,明确了监督管理直销与禁止传销的不同价值取向。

《直销管理条例》第 3 条规定,“本条例所称直销,是指直销企业招募直销员,由直销员在固定营业场所之外直接向最终消费者(以下简称消费者)推销产品的经销方式。本条例所称直销企业,是指依照本条例规定经批准采取直销方式销售产品的企业。本条例所称直销员,是指在固定营业场所之外将产品直接推销给消费者的人员”。第 5 条规定,“直销企业及其直销员从事直销活动,不得有欺骗、误导等宣传和推销行为”。根据该条例规定,直销企业及其分支机构的设立和变更,应当履行批准手续;直销企业支付给直销员的报酬只能按照直销员本人直接向消费者销售产品的收入计算,报酬总额(包括佣金、奖金、各种

---

① 高铭暄:《中华人民共和国刑法的孕育诞生和发展完善》,北京大学出版社 2012 年版,第 439 页。

形式的奖励以及其他经济利益等)不得超过直销员本人直接向消费者销售产品收入的30%;建立直销企业保证金制度,直销企业应当存入不少于2000万元保证金作为债务清偿的保证。此外,该条例还赋予工商行政管理部门对直销企业和直销员及其直销活动实施日常监督管理的职责和权限。

与《直销管理条例》对直销采取规范和监督的态度不同,《禁止传销条例》确立了全面禁止传销的法律制度。该条例第2条规定,“本条例所称传销,是指组织者或者经营者发展人员,通过对被发展人员以其直接或者间接发展的人员数量或者销售业绩为依据计算和给付报酬,或者要求被发展人员以交纳一定费用为条件取得加入资格等方式牟取非法利益,扰乱经济秩序,影响社会稳定的行为”;第7条规定,“下列行为,属于传销行为:(一)组织者或者经营者通过发展人员,要求被发展人员发展其他人员加入,对发展的人员以其直接或者间接滚动发展的人员数量为依据计算和给付报酬(包括物质奖励和其他经济利益,下同),牟取非法利益的;(二)组织者或者经营者通过发展人员,要求被发展人员交纳费用或者以认购商品等方式变相交纳费用,取得加入或者发展其他人员加入的资格,牟取非法利益的;(三)组织者或者经营者通过发展人员,要求被发展人员发展其他人员加入,形成上下线关系,并以下线的销售业绩为依据计算和给付上线报酬,牟取非法利益的”;第24条规定,对于组织策划传销及介绍、诱骗、胁迫他人参加传销的,分别给予不同的行政处罚,构成犯罪的,依法追究刑事责任,参加传销的,可以给予行政处罚。

由上述规定可知,《直销管理条例》仅承认了单层次直销的合法地位,未承认多层次直销的法律地位,通过《禁止传销条例》明确列举的方式,宣告“团队计酬”式的多层次直销属于传销行为,并将其列入打击和查禁范围。

总结起来,在初步发展阶段,通过第一步和第二步的渐进发展,我国初步确立起规制传销的法律制度,明确了直销与传销的界限及不同的法律地位,确立了传销违法,轻则行政处罚,重则依照非法经营罪等追究刑事责任的法律规则,法律治理的脉络逐渐清晰明确。

### 四、快速发展阶段(2009年至今)

如前所述,传销活动的刑法规制,一开始是通过司法解释的方式实现的,这就导致两个疑问。

一是罪刑法定的质疑,即对于传销行为通过司法解释的方式以非法经营等罪予以规制,尽管司法解释在我国具备准立法的性质,但其毕竟不是正式立法,因此借由司法解释追究刑事责任有悖于罪刑法定的基本原则。不过有论者提出,最高人民法院和最高人民检察院的司法解释事实上并未对传销行为确定新的处罚规则,而是将传销行为"确认"在已经存在的非法经营等犯罪的处罚范围内,由此并不违背罪刑法定原则,本书认为,《刑法》第225条第4项内容为"其他严重扰乱市场秩序的非法经营行为",该项规定属于非法经营情形的兜底性规定,其内容是随着经济社会的发展不断解释扩充的,因此将传销行为解释为其他严重扰乱市场秩序的非法经营行为,目的并非引导法律适用,而是扩充非法经营情形的内容,可谓确定新的处罚规则,有背罪刑法定的嫌疑。①

二是法律治理效果的质疑,即面对不断转换形式、社会危害不断加剧的传销活动,只是进行法律的小修小补,仅以非法经营等罪名予以规制,能否起到良好的犯罪治理效果。

基于上述考量,2008年8月29日,十一届全国人大常委会对外发布《刑法修正案(七)(草案)条文及草案说明》,该草案第4条为,在《刑法》(1997年修订)第225条后增加一条,作为第225条之一:"组织、领导实施传销行为的组织,情节严重的,处三年以下有期徒刑或者拘役,并处罚金;情节特别严重的,处三年以上七年以下有期徒刑,并处罚金。犯前款罪又有其他犯罪行为的,依照数罪并罚的规定处罚。传销行为依照法律、行政法规的规定确定。"对该条草案的说明为:"国务院法制办、公安部、国家工商总局提出,当前以'拉人头'、收取'入门费'等方式组织传销的违法犯罪活动,严重扰乱社会秩序,影响社会稳定,危害严重。目前在司法实践中,对这类案件主要是根据实施传销行为的不同情况,分别按照非法经营罪、诈骗罪、集资诈骗罪等犯罪追究刑事责任的。为更有利于打击组织传销的犯罪,应当在刑法中对组织、领导传销组织的犯罪作出专门规定。经同有关部门研究,建议在刑法中增加组织、领导实施传销行为的组织的犯罪,对实施这类犯罪,又有其他犯罪行为的,实行数罪并罚。"

---

① 相关学者在论述传销犯罪刑事规制的本土嬗变时,指出自《关于情节严重的传销或者变相传销行为如何定性问题的批复》作出之后,属于以非法经营罪为主进行规制阶段,"此后,司法实践中多以非法经营罪对传销定罪,也有一些按照诈骗罪、集资诈骗罪等追究刑事责任",可以印证本书观点。参见印波:《传销犯罪的司法限缩与立法完善》,载《中国法学》2020年第5期。

上述草案内容公布后，引发社会各方面讨论和热议，主要集中在以下几方面。一是规制的对象是组织、领导实施传销行为的组织的行为，还是组织、领导实施传销活动的行为；二是既有传销犯罪又有其他犯罪行为的，是数罪并罚还是按照牵连犯处理；三是传销行为由法律、行政法规规定是否失之笼统；四是该罪作为《刑法》(1997 年修订)第 225 条之一规定是否合适。针对上述质疑，《刑法修正案(七)(草案)》二审稿对相关内容予以调整，并由第十一届全国人民代表大会常务委员会第七次会议于 2009 年 2 月 28 日通过并颁布实施。新增的组织、领导传销活动罪，与《刑法修正案(七)(草案)》第一稿相比，采取叙明罪状的方式，明确处罚的对象为组织领导实施传销活动的行为，将其列在《刑法》(1997 年修订)第 224 条合同诈骗罪之后作为第 224 条之一予以规定，并调高了一般情节的最高刑，删除了数罪并罚的规定。

为解决公安机关、人民检察院、人民法院在办理组织、领导传销活动刑事案件中遇到的问题，依法惩治组织、领导传销活动犯罪，根据刑法、刑事诉讼法的规定，结合司法实践，最高人民法院、最高人民检察院、公安部于 2013 年 11 月 14 日发布公通字〔2013〕37 号《办理传销案件适用法律的意见》。针对传销组织层级及人数的认定问题，《办理传销案件适用法律的意见》规定，“……组织内部参与传销活动人员在三十人以上且层级在三级以上的，应当对组织者、领导者追究刑事责任。组织、领导多个传销组织，单个或者多个组织中的层级已达三级以上的，可将在各个组织中发展的人数合并计算。组织者、领导者形式上脱离原传销组织后，继续从原传销组织获取报酬或者返利的，原传销组织在其脱离后发展人员的层级数和人数，应当计算为其发展的层级数和人数。办理组织、领导传销活动刑事案件中，确因客观条件的限制无法逐一收集参与传销活动人员的言词证据的，可以结合依法收集并查证属实的缴纳、支付费用及计酬、返利记录，视听资料，传销人员关系图，银行账户交易记录，互联网电子数据，鉴定意见等证据，综合认定参与传销的人数、层级数等犯罪事实”。此外，《办理传销案件适用法律的意见》还就传销活动有关人员的认定和处理、关于“骗取财物”的认定、关于“情节严重”的认定、关于“团队计酬”行为的处理及关于罪名的适用等问题予以明确，因在本书后续章节会陆续具体进行引述分析，故此处不再展开介绍与讨论。

为进一步明确传销组织层级及人数问题，最高人民法院于 2014 年 3 月 28

日作出《“关于传销处罚立案标准问题”的答复》，该答复明确，即使犯罪分子采取“一接近三十人就出局”的方式，只要其组织、领导的任一传销组织达到3级以上，就可以根据《办理传销案件适用法律的意见》第1条第2款的规定，将其在各个组织中发展的人数合并计算；如犯罪分子曾因组织、领导传销活动受过刑事处罚，或者在1年内因组织、领导传销活动受过行政处罚，则其再次发展传销组织只要达到“十五人以上且层级在三级以上”，就可对其进行刑事处罚。

## 第二节　传销法律规制的特点

自1997年1月原国家工商行政管理局制定《传销管理办法》以来，我国的传销法律规制体系从无到有，规制对象经历了由早期的直销、传销不分到后期的截然界分，规制层级经历了由政策演变到法规再到法律，规制价值取向经历了由行政监管演变到行政禁止最后到刑法规制的过程，经过20多年的发展，我国已全面发展建立起传销规制的法律制度体系。总结我国传销法律治理的发展演变过程及现状，有以下突出特点。

### 一、严格区分直销与传销

严格区分直销与传销，采取不同的立法态度。在直销、传销刚传入中国时，其概念是笼统的，二者并没有严格的界分，早期的传销概念大致上包含了后来的直销和传销，[①]以至于1997年1月原国家工商行政管理局制定《传销管理办法》时，将直销表述为传销，时至今日，该规章仍未失效，可见在监管的早期，二者界限非常模糊。这一方面源自对二者的认识处于不断发展变化的过程，随着认识的加深，二者的界限越来越清晰；另一方面源自对传销的监管态度处于举棋不定的状态，不同时期的监管文件显示出不同的监管态度，这一定程度上也影响了人们对二者界分的认识。

① 参见印波：《传销犯罪的司法限缩与立法完善》，载《中国法学》2020年第5期。

《传销管理办法》首次以部门规章的形式承认了国际上通行的多层次直销和单层次直销的合法地位，及至《直销管理条例》出台，最终确立了只承认单层次直销的监管体制，而《禁止传销条例》及《刑法修正案（七）》的出台，最终宣告传销属于非法，确立了对其采取取缔和查禁的监管体制，与对直销的监管态度截然不同。

## 二、传销监管态度历经多次演变

我国传销监管经历了允许合法存在到严格监管再到全面禁止的演变过程。

原国家工商行政管理局于 1994 年 8 月 10 日发布《制止多层次传销活动通告》，从其名称可以看出国家在当时并不禁止多层次传销活动，查禁的对象为多层次传销活动中特定的违法行为，从《制止多层次传销活动通告》第 1 条也可以看出，宣布取缔的是擅自开展的多层次传销活动。

原国家工商行政管理局于同年发出的《关于查处多层次传销活动中违法行为的通知》（已失效）在《制止多层次传销活动通告》的基础上，采取了更加严厉的监管措施，要求“取缔未经核准登记，擅自开业从事多层次传销活动的企业、单位”，“已经登记注册的企业进行多层次传销活动的，由当地工商行政管理机关进行审查”，“已经登记注册的企业，凡已采用多层次传销方式开展经营活动的，应自《通告》发布之日起，停止此类经营方式，确需采用多层次传销方式的，由原登记注册机关逐级上报国家工商行政管理局核准后，方可继续采用传销方式开展经营活动”。

及至 1995 年 9 月国务院办公厅发出《停止多层次传销通知》，宣布叫停批准成立多层次传销企业，要求对已有传销企业进行审查清理。最终，国务院于 1998 年 4 月发出《关于禁止传销经营活动的通知》，要求全面禁止任何形式的传销经营活动。

## 三、行政监管与刑事规制并重

我国对传销的法律规制，既包括行政法的监管，也包括刑事法的监管，二者既相互区分，又有机结合。其中《禁止传销条例》虽仅为行政法规，但清晰界定了传销的概念及范围，确立了传销查禁监管体制、查处措施及法律责任等，可谓是基础性、奠基性的立法，传销刑事立法是建立在行政立法基础上的。

一方面组织、领导传销活动罪在叙明罪状中选取了行政立法确立的拉人头和收取入门费两类传销活动情形予以规制，应当说组织、领导传销活动罪的认定与传销行政立法密切联系；另一方面传销刑事立法具有补充性和最后性，即只有当行政法上的监管已不足以惩治、震慑违法行为，传销行为体现出相当严重程度的社会危害性时，才有采取刑事规制的必要，这从传销犯罪规制的传销活动范围、规制对象、法律责任等方面可以充分体现出来。

### 四、传销刑事立法只处罚诈骗型传销

立法者基于不同类型传销活动的危害性，采取不同的立法态度。诈骗型传销可谓带有诈骗性质的传销，属于诈骗犯罪的特殊形式，因此通过传销犯罪法条予以规制；对于经营性传销，则予以非罪化处理，通过《禁止传销条例》予以规制。有关诈骗型传销与经营性传销的进一步讨论，见本书第六章第一节的内容。

## 第三节 传销犯罪立法完善的相关思考

有论者认为，撇开技术细节，当今立法者不可能设立不合理、不妥当的刑法规范，所以解释者要以善意解释刑法，而不能像批评家一样，总是用批判的眼光对待刑法。况且，除了数字等实在难以解释的用语以外，其他法律用语都有很大的解释空间。所谓的刑法缺陷，大体上是解释者解释出来的，而不是刑法本身就存在的。[①] 本书总体上赞同这样的观点，但即便是解释论者，也同意刑法可能存在技术性错误，对某些刑法条文的解释一时难以得出妥当的结论，因此，立法论仍然有其存在的合理性与必要性。另外，对刑法修改完善的讨论，尽管绝大多数不会变为现实，但讨论的过程也是刑法存在缺漏的揭示过程和需要予以解释的阐发过程，而此过程与刑法解释密切相关。

故此，本节主要围绕传销刑事实务中讨论较多的问题（包括程序事宜），就

---

① 参见张明楷：《刑法分则的解释原理·上》（第2版），中国人民大学出版社2011年版，第24页。

传销立法的完善提出相关立法建议。

## 一、“团队计酬”式传销出罪问题

### （一）存在的疑问

所谓“团队计酬”式传销，是指传销活动的组织者或者领导者通过发展人员，要求传销活动的被发展人员发展其他人员加入，形成上下线关系，并以下线的销售业绩为依据计算和给付上线报酬，牟取非法利益的行为，其核心是以销售业绩为计酬依据。依照现行法律，“团队计酬”式传销并不构成犯罪，因为《刑法》第224条之一的叙明罪状中并未包括“团队计酬”这一模式，即刑法将“团队计酬”式传销除罪化，但“团队计酬”式传销属于《禁止传销条例》所规定的3类传销行为之一，属于行政违法的范畴。如此看来，法律的规定似乎是明确的。《办理传销案件适用法律的意见》第5条第2款对此也作出规定，“以销售商品为目的、以销售业绩为计酬依据的单纯的‘团队计酬’式传销活动，不作为犯罪处理。形式上采取‘团队计酬’方式，但实质上属于‘以发展人员的数量作为计酬或者返利依据’的传销活动，应当依照刑法第二百二十四条之一的规定，以组织、领导传销活动罪定罪处罚”。

《办理传销案件适用法律的意见》意在表明真正以促销商品为目的而实行“团队计酬”的行为不属于犯罪，以“团队计酬”为形式，掩盖拉人头传销之实的不单纯的行为才属于传销犯罪。但问题是，即使完全符合“团队计酬”的行为方式，即“以下线的销售业绩为依据计算和给付上线报酬”，也可以包容评价为是以发展人员的数量为计酬或者返利依据，这是因为，计算团队报酬行为中下线的销售业绩不可能绕开下线人员数量这一节点。[①] 在已知的关于“团队计酬”的3种主要模式中，无论是太阳线极差制、双轨制或矩阵制，上下级之间均呈现明显的人际奖金计提、利益关联关系，经销商收入不仅来源于销售奖金，还包括直接、间接领导的团队销售业绩提成，因此“团队计酬”可以解释为包含“以发展人员的数量作为计酬或者返利依据”这一要素。既然司法解释规定单纯的“团

① 参见赵正武：《团队计酬行为的出罪贯彻》，载微信公众号“正武刑辩”2021年10月31日，https://mp.weixin.qq.com/s/k86Lpi5bNG_Fj1Olj_pHZQ。

队计酬”不属于犯罪,则裁判者可以案件属于不单纯的“团队计酬”予以定罪处罚,罪与非罪完全取决于司法者对于实质解释的程度,出罪入罪“存乎一心”,如此必然违背罪刑法定原则。《办理传销案件适用法律的意见》的出台本是为了对“团队计酬”予以出罪,结果却是“形式上采取‘团队计酬’方式,但实质上属于‘以发展人员的数量作为计酬或者返利依据’”的定罪条款被广泛适用,单纯的“团队计酬”出罪条款成为具文。由于单纯的“团队计酬”出罪条款存在模糊性、抽象性和绝对性,所以至今在中国裁判文书网上尚无因所谓单纯的“团队计酬”被宣告无罪的案例。

### (二)如何修改完善

基于立法和司法机关的目的是让“团队计酬”去罪化,故提出以下立法完善建议:

其一,将《刑法》第 224 条之一的罪状描述修改为“以非法占有为目的,组织、领导以推销商品、提供服务等经营活动为名,要求参加者以缴纳费用或者购买商品、服务等方式获得加入资格,并按照一定顺序组成层级,直接或者间接以发展人员的数量作为计酬或者返利依据,引诱、胁迫参加者继续发展他人参加,诈骗公私财物,扰乱经济社会秩序的传销活动的”,并通过司法解释将本罪罪名确立为“传销诈骗罪”。如此修改的理由是,既然刑法规制的是诈骗型传销,那么就应当突出非法占有的目的,除此之外,单纯的“团队计酬”目的在于推销商品,即便构成违法,因行为人不存在非法占有的目的,故被排除在本罪之外,而所谓以“团队计酬”为名行传销之实的行为,必然具有非法占有目的,因此属于本罪规制的范围。如此可避免单纯与不单纯、实质与形式的字面之争,从本罪基本特征出发进行划分对待;“诈骗公私财物”则是借鉴刑法有关诈骗罪的罪状描述规定。

其二,建议将本罪的量刑修改为:“数额较大的,处五年以下有期徒刑或者拘役,并处罚金;数额巨大或者有其他严重情节的,处五年以上十年以下有期徒刑,并处罚金;数额特别巨大或者有其他特别严重情节的,处十年以上有期徒刑或者无期徒刑,并处罚金或者没收财产。”如此修改的主要考量是,在保留原有的两档刑期的同时,增加无期徒刑,原因在于,本罪已被还原为传销诈骗罪,因现行《刑法》对诈骗罪(含其他特殊诈骗罪)规定了无期徒刑,故应当使本罪的量刑与诈骗罪的量刑保持一致。

其三，在暂时无法修改刑法规定时，可考虑对《办理传销案件适用法律的意见》的内容进行调整，将第5条第2款第一句调整为："以销售商品为目的的'团队计酬'式传销活动，不作为犯罪处理。"删除"、以销售业绩为计酬依据的单纯"的表述，原因在于，出罪化的"团队计酬"必然是以销售业绩为计酬依据的，无须重复，"单纯"二字删除后，可避免单纯与不单纯之争。有学者建议将该句调整为："以销售商品为目的的真正的'团队计酬'式传销活动，不作为犯罪处理。"①本书认为，如此一来，又会导致真正与不真正之争，事实上只要是以销售商品为目的就不会落入该款规定第二句所规制的借销售商品之名行传销之实的范围，故无须添加"真正的"三字。同时，建议将第5条第2款第二句调整为："形式上采取'团队计酬'方式，但无商品，或商品无价值、严重偏离市场价值，计酬或者返利主要依赖于发展人员的数量，实质是不以销售商品为目的的传销活动，应当依照刑法第二百二十四条之一的规定，以组织、领导传销活动罪定罪处罚。"如此修改的主要考量是，实务中借销售商品之名行传销之实的情形，要么无商品，要么商品仅仅作为道具，无价值，或者其售价严重偏离市场价值，因此其计酬或者返利还是主要依赖于发展人员的数量，销售商品已不再是其目的，故应当按照传销犯罪定罪处罚。

## 二、诱骗、胁迫、介绍等积极参加者入罪问题

### （一）存在的疑问

我国刑法所规定的传销犯罪，其规制的对象为组织者、领导者，而在传销犯罪尤其是全国性的网络传销犯罪中，除了组织者、领导者，还存在大量的诱骗、胁迫、介绍等积极参加者，这类人员是否定罪处罚成为实务中需要解决的问题。事实上，对此问题的回答涉及组织者、领导者的实务认定与规范反思问题。单纯从字面上解释，积极参加者固然不属于组织者、领导者，问题的关键是，如何认定诱骗、胁迫、介绍等行为，如果存在直接将诱骗、胁迫、介绍等行为认定为组织行为、领导行为的法律解释空间，则传销犯罪规制的行为就存在不确定性和

① 印波：《传销犯罪的司法限缩与立法完善》，载《中国法学》2020年第5期。

任意扩大的可能。

在作者参与辩护的陕西省汉中市王某某组织、领导传销活动案中,就存在有的地级市总代理被抓捕归案,有的地级市总代理未被追究刑事责任的现象,而司法机关最终在认定犯罪时只是笼统地将被告人认定为组织者、领导者,因此无法考察其裁判逻辑,而这不是个案,这类裁判文书在公开渠道中不难检索到。

基于维稳压力等案件之外的因素取舍传销犯罪规制的行为显然不符合法治的原则,而只有将依据案件之外的因素可"取舍"犯罪的规则空隙予以填补,才能真正做到罚当其罪。

此处首先需要澄清的一个重要问题是,"人员在三十人以上且层级在三级以上"这一条件对于认定组织者、领导者起何作用?实务中司法机关往往笼统地引用这一条件以证明被告人属于组织者、领导者。最高人民检察院、公安部《关于公安机关管辖的刑事案件立案追诉标准的规定(二)》第70条规定,涉嫌组织、领导的传销活动人员在30人以上且层级在3级以上的,对组织者、领导者,应予立案追诉。《办理传销案件适用法律的意见》第1条规定,传销组织内部参与传销活动人员在30人以上且层级在3级以上的,应当对组织者、领导者追究刑事责任。由此可以看出,"人员在三十人以上且层级在三级以上"仅仅是认定传销犯罪的必要条件,即满足该条件仅仅表明应当予以立案追诉,但仅仅满足该条件,无法确定谁是应当追究刑事责任的组织者、领导者,即该条件不是认定传销犯罪的充分条件。

### (二)如何修改完善

《办理传销案件适用法律的意见》第2条将组织者、领导者的认定予以细化,将在传销活动中起发起、策划、操纵作用的人员,在传销活动中承担管理、协调、宣传、培训等职责的人员等认定为组织者、领导者,同时确立了"其他对传销活动的实施、传销组织的建立、扩大等起关键作用的人员"的兜底性条款,正是这一兜底性的规定,为司法者扩大犯罪规制范围提供了便利条件。所有的传销参与者均可被当作对传销活动的实施,传销组织的建立、扩大等起作用的人员,因此问题的关键落脚在"关键作用"的认定上,而这一语词本身是模糊的。对该兜底情形的认定,应当进行限缩解释,即只有参与者所起的作用相当于发起、策划、操纵、管理、协调、宣传、培训等职责的人员时,才能将其认定为组织者、领导者。最高人民检察院的相关负责人就曾撰文,将该兜底性规定中的人员解读为"在传销组织中承担资金结算、财务管理等其他重要职责,对传销活动实施起关键作用的人员"①。

基于《办理传销案件适用法律的意见》第 2 条第 1 款第 5 项规定的模糊性,为贯彻宽严相济的刑事政策,建议将其修改为"其他对传销活动的实施、传销组织的建立、扩大等起关键作用的享有组织、领导职权的人员",即在原有的考察行为人是否起关键作用的基础上,增加行为人是否具备组织、领导职权这一要素,对该兜底性条款作出进一步的限缩,既考察其行为的作用,也考察其是否具备一定范围内的特定身份及其对传销人员或传销活动是否具备相应的管理与决策的权限。

## 三、涉传销资金等财物处置问题

### (一)存在的疑问

涉传销资金等财物如何处置,在《禁止传销条例》第四章中有涉及,根据规定,组织策划传销的,介绍、诱骗、胁迫他人参加传销的,均由工商行政管理部门没收非法财物,没收违法所得,即该条例对于传销违法案件中涉及的传销资金等财物,采取的是没收的处置方式。而目前法律并无针对传销犯罪中涉案资金等财物如何处置的专门规定,《刑法》第 64 条规定,"犯罪分子违法所得的一切财物,应当予以追缴或者责令退赔;对被害人的合法财产,应当及时返还;违禁品和供犯罪所用的本人财物,应当予以没收。没收的财物和罚金,一律上缴国库,不得挪用和自行处理"。由此,犯罪所得的资金等财物,要么返还被害人,要么予以没收,而予以返还的前提是,认定存在被害人且应予返还的财物属于其合法财产。而在公开渠道所能检索到的传销犯罪案例中,人民法院均是将犯罪所得的资金等财物予以没收,显然,目前司法实践并不承认一般传销参与者的被害人身份,也不承认其缴纳给传销组织的资金属于其合法财产。事实上,司

① 陈国庆、韩耀元、吴峤滨:《关于传销案件的法律适用:七条规定明确六方面问题》,载最高人民检察院网,https://www.spp.gov.cn/zdgz/201401/t20140120_66684.shtml,最后访问日期:2023 年 8 月 15 日。

法机关的裁判逻辑可以从《禁止传销条例》第 24 条第 3 款的规定中窥见，根据该款规定，“有本条例第七条规定的行为，参加传销的，由工商行政管理部门责令停止违法行为，可以处 2000 元以下的罚款”，即对于行政违法中的传销活动，其参加者也是违法的，可以给予行政处罚。基于同样的逻辑，传销犯罪所规制的违法行为的危害性显然高于行政违法行为，尽管传销犯罪并不处罚非组织领导者，但这并不意味着承认非组织领导者参与传销行为的合法性，故而并不承认其被害人身份，当然也就不会将其所缴纳的传销资金予以返还。

问题是，现行法律的规定及司法实践至少面临以下几个方面的质疑，一是在现行法律将传销犯罪定位为诈骗型传销的情况下，不承认一般参与者的被害人身份，也不将一般参与者“被骗”的资金等财物予以返还，没有做到逻辑一致。基于立法将组织、领导传销活动罪作为诈骗类型犯罪惩治，将传销组织成员实施的拉人头、发展下线行为作为诈骗行为认定，同时不认可被欺骗进入传销组织成员的被害人地位，这与诈骗罪认定逻辑存在内在矛盾，不符合诈骗犯罪的认定逻辑。与此相应，可以作为参考的是司法实践中对于非法集资参与人的地位认定与救济态度，同样作为涉众型经济犯罪类型，集资诈骗罪的被害人具有要求返还被诈骗财产的法定权利，符合诈骗罪中对于被害人财产法益保护的内在逻辑与立法要求；即使是法律没有明确认定为被害人的非法吸收公众存款罪中的参与人，虽然不具有受欺骗交付财物的诈骗罪构造，但在司法实践中对此类群体遭受的财产损失同样进行积极追缴返还。① 二是当下的传销尤其是网络传销，其参加者少则几百人，多则上万人，例如在“云联惠”传销犯罪案中，单是被抓获的犯罪嫌疑人就有 1257 名，有效会员达 896 万余个，因此其一般参与者的数量当在百万以上，将数量如此庞大的人群认定为违法者，尽管“从惩治犯罪效果与参与人在不同犯罪类型中的地位考量，刑法对传销参与人的严苛具有一定的实践合理性”②，但其打击面显然太过宽泛。虽然行政违法层面并未规定必须予以一般参与者行政处罚，但这种广泛认定违法却不予处罚的做法恰恰是对法治、法律尊严的伤害。因为法律的惩罚、威慑、教育等功能是通过对每一起违

① 参见时方：《互联网传销刑法规制研究》，载《国家检察官学院学报》2019 年第 6 期。
② 时方：《互联网传销刑法规制研究》，载《国家检察官学院学报》2019 年第 6 期。

法行为的及时、严格查处来实现的，当不存在任何一个被遗漏的违法者时，人们对法律的信心与尊重才会建立。三是将涉传销资金等财物予以没收的情况会导致公安司法机关基于现实利益争夺管辖权，在利益驱动下启动的刑事程序很难实现司法公正。

### （二）如何修改完善

基于此，承袭本节对《刑法》第224条之一的罪状描述及罪名予以修改的建议，建议参照最高人民法院《关于办理诈骗刑事案件具体应用法律若干问题的解释》第9条的规定增加一款："案发后查封、扣押、冻结在案的传销诈骗财物及其孳息，权属明确的，应当发还被害人；权属不明确的，可按被骗款物占查封、扣押、冻结在案的财物及其孳息总额的比例发还被害人，但已获传销组织支付的各类返利、计酬、收益等应予扣除。"该建议一方面借鉴了诈骗财物的处置原理，另一方面体现了传销活动的特征，将传销组织为引诱、胁迫参加者继续发展他人参加而支付的各类返利、计酬、收益，在发还财产时先行予以扣除，从而不使被害人在传销活动中获利，也避免公安司法机关趋利执法和司法。

## 四、传销犯罪案件地域管辖问题

### （一）存在的疑问

目前，我国关于刑事案件地域管辖的法律及司法解释规定可谓不胜枚举，最高人民法院针对一些特定类型犯罪案件的管辖，也专门制定过司法解释，而关于传销犯罪案件的地域管辖，尚无专门法律及司法解释予以规定。依照《刑事诉讼法》第25条的规定，"刑事案件由犯罪地的人民法院管辖。如果由被告人居住地的人民法院审判更为适宜的，可以由被告人居住地的人民法院管辖"。依照最高人民法院法释〔2021〕1号《关于适用〈中华人民共和国刑事诉讼法〉的解释》（以下简称《刑事诉讼法司法解释》）第2条的规定，"犯罪地包括犯罪行为地和犯罪结果地。针对或者主要利用计算机网络实施的犯罪，犯罪地包括用于实施犯罪行为的网络服务使用的服务器所在地，网络服务提供者所在地，被侵害的信息网络系统及其管理者所在地，犯罪过程中被告人、被害人使用的信息网络系统所在地，以及被害人被侵害时所在地和被害人财产遭受损失地等"。

《关于办理网络犯罪案件适用刑事诉讼程序若干问题的意见》(已失效)第2条也有类似规定。

上述规定应当说是比较明确的,但在传销犯罪司法实务中常常出现几个不同地方的公安司法机关争夺管辖权的情况,这里面既包括依法的确享有地域管辖权的情形,也包括无法定管辖权而抢夺管辖权的情形。在前一情形中,因依照法律及司法解释确定的管辖地尤其是涉及网络传销的情况下所涉及的管辖地较多,故发生管辖权争议是可以理解的,但在后一种情况下,基于目前对涉传销财产的处置机制产生的现实利益驱动,不少地方尤其是不发达地区会强行或比较牵强地立案管辖,由此出现了"某某地靠管辖传销犯罪案件增加财政收入"的说法,可见问题的严重性。实践中,这些非法定管辖地为了证明其管辖的合法性,往往会在立案之初由上级公安机关指定管辖,进入审判程序后,由上级法院再次指定管辖。事实上,依照现行法律的规定,指定管辖主要是针对管辖不明,由犯罪地、被告人居住地以外的人民法院审判更为适宜等情形,在本无管辖权的情况下,并不能依据上级公安机关或上级法院的指定而获得法定管辖权,因此这种做法是缺乏法律依据的,此种情况下启动的刑事程序根本无法保证其公正性,应当引起重视。

### (二)如何修改完善

基于上述分析,建议在《办理传销案件适用法律的意见》中明确规定传销案件的地域管辖权,规定"组织领导传销活动刑事案件由犯罪地的人民法院管辖,犯罪地包括犯罪行为发生地、犯罪结果发生地。由被告人居住地的人民法院审判更为适宜的,可以由被告人居住地的人民法院管辖。主要利用计算机网络实施的传销犯罪,犯罪地是指用于实施犯罪行为的网站服务器所在地,网络服务提供者所在地,网络接入地,网站建立者、管理者所在地,被告人使用的计算机信息系统所在地"。该建议在重申现有的一般地域管辖规则的同时,对网络传销案件的犯罪地予以限定,将一般网络犯罪中享有管辖权的被害人被侵害时所在地、被害人财产遭受损失地、被害人使用的计算机信息系统所在地等予以删除,如此既可以避免高频出现管辖权的争夺,也为证据收集与涉案财产的查封、冻结、处置等提供极大便利,最终促进案件公正办理。

CHAPTER 05

# 第五章

# 传销犯罪的治理现状

## 第一节　传销犯罪的案发状况

目前,有关传销犯罪案发的信息散见于媒体报道和中国裁判文书网等网站中,本书试图尽可能收集相关信息,以全面展示传销犯罪的案发状况。

### 一、从媒体披露信息看传销犯罪案发状况

根据媒体报道,2021 年 12 月 2 日,国家市场监督管理总局在江苏省南京市召开打击传销工作座谈会,该会议披露,2021 年前三季度全国市场监管部门共查处传销及违法直销案件 5581 件,罚没金额 7.8 亿元,移送司法机关案件 24 件。[①] 在贵州,根据媒体披露的信息,2017 年至 2020 年 6 月,全省市场监管和公安部门共查办传销案件 363 件,罚没金额 14.72 亿元,教育遣返 95,356 人,捣毁窝点 13,777 个。[②] 在河北,截至 2021 年 12 月,全省全年共清查传销窝点

---

① 参见《前三季度全国市场监管系统查处传销及违法直销案件 5581 件罚没金额 7.8 亿元》,载凤凰网 2021 年 12 月 3 日,https://i.ifeng.com/c/8Bft2PurA9B。

② 参见《2017 年至 2020 年 6 月　贵州省共查办传销案件 363 件罚没款 14.72 亿》,载热销界网 2020 年 10 月 9 日,http://www.hotds.com/news/html/20231.html。

414 个，依法处置参与聚集型传销人员 304 人次，清查传销人员 2502 人，查办网络传销案件 16 件，罚没金额 6322 万元。[1]

根据 2018 年全国重点整治城市打击传销工作会的会议内容，在 2018 年全国 11 个传销重点整治城市中，如图 5－1 所示，广西壮族自治区北海市捣毁的窝点个数和清查遣散人数等数据均为最高，排在第二位和第三位的分别为贵州省贵阳市和湖北省武汉市。[2]

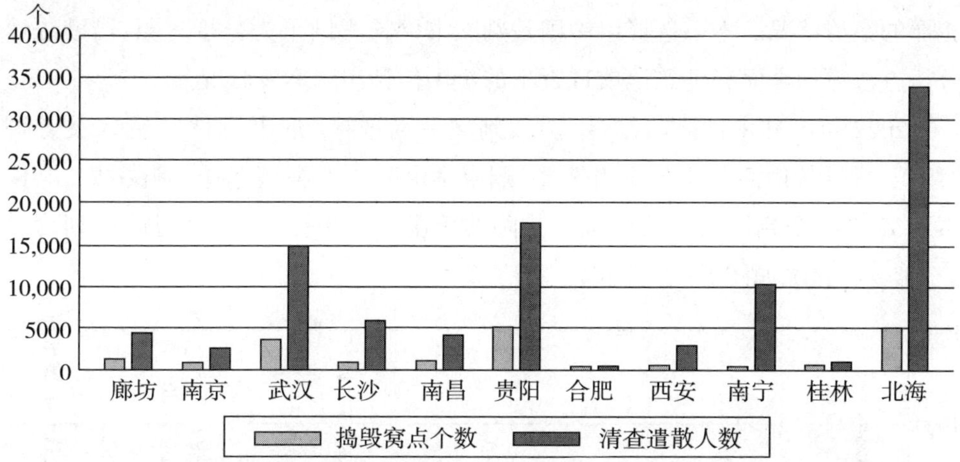


**图 5－1 2018 年全国 11 个重点整治传销城市捣毁窝点及清查遣散人数**

除市场监管及公安部门发布的涉传销案发信息外，各地司法机关也有对外公开披露传销犯罪案件起诉和审判情况。根据江苏省人民检察院发布的 2015 年以来打击传销犯罪情况，2015 年至 2017 年，该省检察机关共受理组织、领导传销活动案件 698 件 2658 人，起诉 644 件 2421 人，其中 2015 年受理 192 件 786 人，2016 年受理 231 件 872 人，2017 年受理 275 件 1000 人。[3] 2021 年 6 月，广西壮族自治区高级人民法院披露的信息显示，2019 年 1 月至 2021 年 5 月，全自治区法院审结组织、领导传销活动罪案件 901 件 3292 人，其中判处 5 年以上有期徒刑刑罚的 400 人，重刑率 12.15%，最高判处有期徒刑 12 年，2018—2019 年全自治区

① 参见李建：《河北清查传销窝点 414 个 查办网络传销案件 16 件》，载和讯网，http://news.hexun.com/2021－12－02/204865207.html。

② 参见张凯：《大数据看传销 整治永远在路上》，载《知识经济》2019 年第 20 期。

③ 参见卢志坚、管莹：《江苏三年起诉传销犯罪案 644 件 2421 人》，载民主与法制网，http://www.mzyfz.com/cms/jianchashikong/xinwenzhongxin/anjianjujiao/html/1064/2018－01－15/content－1312276.html。

新收传销犯罪案件数分别为329件、559件和493件,继续保持在高位运行。①

## 二、从裁判文书看传销犯罪案发状况

前述媒体披露的案发信息从宏观的层面建立了近年来传销犯罪案发的直观印象与感受,但因信息比较零散且存在滞后,以及市场监管及公安部门发布的涉传销案发信息中还包含了传销违法案件,故无法更为直接具体地反映传销犯罪的案情状况。本书选择以中国裁判文书网检索结果为分析对象,借助统计分析方法更加全面和细致地展现近来的全国传销犯罪案发状况。

2022年5月8日,作者在中国裁判文书网选择"刑事案件",输入关键词"组织、领导传销活动罪",案由选择"刑事案由"、文书类型选择"判决书",共检索到13,347篇判决书。从地域及法院的角度进行统计,以省级行政区划为单位,其分布状况如图5-2所示。

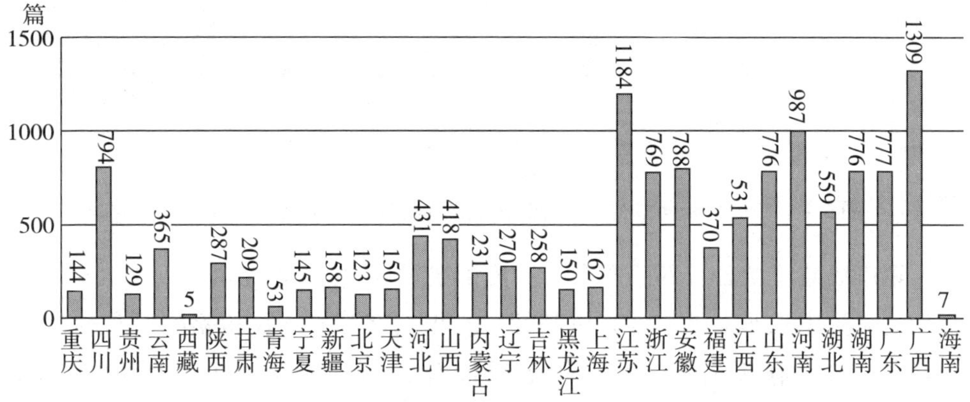


**图5-2　组织、领导传销活动判决书数量分省(自治区、直辖市)统计**

注:(1)中国裁判文书网检索结果将新疆维吾尔自治区高级人民法院与新疆维吾尔自治区高级人民法院生产建设兵团分院分列,为便于统计,将二者合并;

(2)图中的裁判文书数量,基于各省文书上网规则的执行情况不同,故与实际发生的裁判数量存在差异;

(3)基于行使管辖权、上诉、申请再审等因素影响,各省的裁判文书数量只能大致反映该省的传销犯罪活动活跃情况;

(4)基于各个裁判文书所涉及的被告人数量不同,故各省的裁判文书数量只能大致反映该省的传销犯罪活动人数情况。

① 参见《两年多审结传销、非法集资案1090件　广西法院全力守护群众"钱袋子"》,载平安广西网,http://pagx.cn/html/yaowen/202106/16-52247.html。

由图5-2可以看出,传销犯罪判决书数量在500篇以上的省份(含省、自治区、直辖市,下同)一共有11个,分别为广西(1309篇)、江苏(1184篇)、河南(987篇)、四川(794篇)、安徽(788篇)、广东(777篇)、湖南(776篇)、山东(776篇)、浙江(769篇)、湖北(559篇)、江西(531篇),其判决数量合计数为9250篇,占判决书总数13,347的69.30%,即上述11个省的传销犯罪判决书总篇数占全国的2/3以上,这些省份大多集中在中东部及南部沿海一带,人口众多,呈现与经济发达程度一定的正相关性。判决数量最多的为广西,其占全国总数的9.8%,判决数量前三的3个省份,其判决总数占全国总数的26.07%。此外,统计发现,四川、安徽、广东、湖南、山东、浙江6个省份判决数量较为相近,数量在760—800篇,可见这些省份的传销犯罪较为多发且数量相当。

2019年5月,国家市场监督管理总局发布《关于做好2019年传销重点城市、重点地区打击整治工作的通知》(已失效),南京、南昌、长沙、南宁、西安、大连、秦皇岛、防城港市被列为2019年全国整治聚集式传销重点城市,其中,南京、南昌、长沙、南宁、西安5个城市,连续两年成为传销重点整治城市,而从涉嫌网络传销的市场主体来看,其注册地主要集中在广东、北京、山东、江苏、浙江、上海。该通知披露的信息,与中国裁判文书网检索结果分省统计数据可以大致印证。

从裁判年度的角度进行统计,检索到的判决书各年度分布情况如图5-3所示。

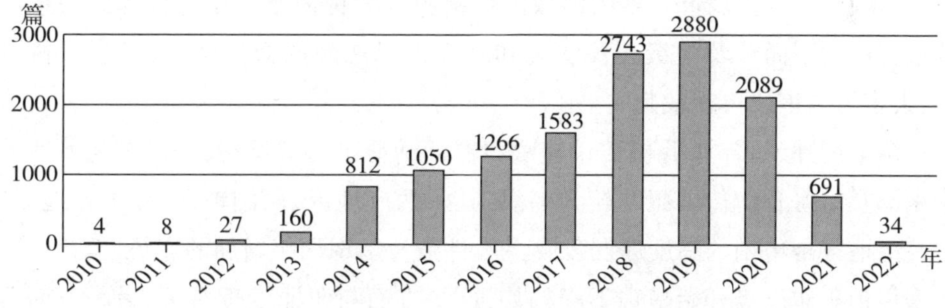


**图5-3 组织、领导传销活动判决书数量逐年变化**

注:(1)2014年以前的判决书较少,这与2013年《办理传销案件适用法律的意见》制定实施及中国裁判文书网的上线运行时间、文书上网规则执行情况等相关,并不意味着传销违法犯罪活动较少;

(2)2022年的判决文书较少,与该年度尚未结束有直接关系;

(3)图中是从判决作出年度的角度进行统计,而传销犯罪从案发到侦查、审查起诉、审判,直至作出裁判,中间会有较长的时间差,因此判决书所对应的传销犯罪行为一般都是发生在判决之前的年度,而新近所发生的传销犯罪行为还未在新近年度的判决数据中体现。

由图5－3可以看出，传销犯罪判决数量自2014年开始呈现逐年增加的态势，至2019年达到最大值（2880篇），从2019年开始呈现逐渐回落的趋势，这表明近年来传销犯罪活动逐渐得到控制，传销犯罪治理成果显著。

从作出判决的法院层级角度进行统计，检索到的判决书分布情况如图5－4所示。

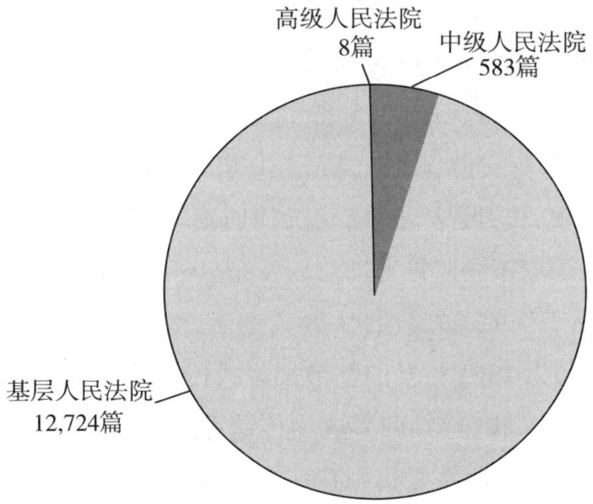


**图5－4 不同层级法院所作组织、领导传销活动判决书统计**

由图5－4可以看出，绝大多数的传销犯罪案件由基层法院作为第一审法院进行审判。而涉及中级人民法院和高级人民法院的裁判文书，经过分析发现，大多为二审或再审裁判文书。

综上所述，近年来我国传销违法犯罪活动蔓延态势迅猛，经济较为发达的中东部及沿海省份传销犯罪较为多发，其中两广地区、两湖地区、江浙赣地区、鲁皖豫地区是传销的高度爆发区域，[①]案件数量呈现逐年增加的态势，但近两三年来传销犯罪已经开始呈现下降趋势，这一方面与犯罪治理有关，另一方面可能与2020年新冠疫情发生以来的经济发展形势、社会人口流动管控等背景紧密相关。

---

① 参见湖南理曜律师事务所：《2019年度中国区“组织、领导传销活动罪”案件大数据报告》，载《知识经济》2019年第17期。

## 第二节 传销犯罪的案发原因

任何犯罪的出现均有其深刻的社会、经济、文化背景，这种背景可以视为犯罪出现的宏观原因或条件，但犯罪毕竟是由犯罪主体所实施的不法行为构成的，因此犯罪原因的讨论亦离不开对行为主体因素的考察，有鉴于此，本书将传销犯罪的案发原因划分为宏观社会经济层面和微观主体层面两个层次，分别进行讨论分析。

### 一、宏观社会经济层面原因

#### （一）宏观经济下行引发连锁反应

2015 年以来，国内外经济形势异常复杂，世界经济增长放缓，国际关系处于剧烈变动之中，当今世界正经历百年未有之大变局。在国内，经济处于转型攻坚期，产业处于更新换代状态，产量低、能耗高、污染高的产业正受到调整淘汰，因此不可避免带来失业风险。特别是 2020 年新冠疫情发生以来，我国经济受到严重影响，疫情防控之下大量第三产业纷纷关门或倒闭，房地产市场低迷，老百姓投资和消费的信心受挫，使得许多家庭失去了赖以维系生活的收入来源。严峻的经济环境下，还需要面对大学生就业这个关系千家万户的民生问题，据报道，2017—2022 年新增大学毕业生就业人口分别为 795 万、820 万、734 万、874 万、909 万和 1076 万。一边是低迷的经济环境，另一边是每年数以千万计的高校毕业生，严峻的就业形势必然导致为数不少的高校毕业生一毕业就面临失业，如果算上每年新增的非高校毕业生就业人口，那么就业问题更为严重。经济下行导致投资失败、失业、收入减少等情况大量增加，这为传销犯罪的滋生提供了“温床”，一方面许多没有正当收入来源的人迫于经济压力组织和参与传销活动，另一方面传销活动借经济转型时期人们普遍的急躁、投机心理，迅速发展蔓延，许多传销组织将自身伪装成合法企业并委托第三方网站开展招聘，人口庞大的高校毕业生和待业人员因社会经验相对缺乏，很容易被高薪招聘等虚假信息蒙蔽，从而落入传销的圈套。

（二）经济转型带来负面影响

改革开放以来，特别是全面推进建设社会主义市场经济，给了社会中相当一部分人改变自身命运的机遇，一批人通过诚实劳动和艰苦努力成为市场竞争的优胜者，享受到改革开放的巨大红利，先富起来的人在面对经济转型所带来的挑战时，会面临阵痛和失意，而更多刚刚迈过脱贫线的低收入人群未富即面临经济转型，收入的差异会导致其巨大的心理失衡。经济社会的发展对社会意识形态起到塑造作用和引导作用，国民的行为方式、消费观念和价值取向会因社会经济的发展变革而产生变化，其中既有积极的变化，也有消极的影响。不知何时，一些糟粕的思想诸如超前消费、拜金主义、享乐主义等被一些人奉为人生信条，社会上出现了严重的攀比与仇富心态。当这些负面影响作用于人时，会推动人们忽视经济规律和市场逻辑，过分追逐金钱和财富，在此背景下，传销创造财富和实现财务自由的“神话”无疑对人们有巨大的吸引力，许多人梦想通过传销一夜暴富，在这样的心理作用下，传销被骗者的悲惨境地会被选择性忽视，一方面人人都不相信自己会成为被骗的那个人，另一方面为了实现自己的财富梦想，别人的痛苦已经不重要，参与者竞相发展下线，试图将风险转嫁给他人。

（三）投资渠道匮乏

目前我国人民群众投资的主要渠道有银行储蓄、理财产品、国债、基金、股票、保险及房地产等，大多数民众偏爱比较安全的投资如银行储蓄，但由于国家采取鼓励消费和金融抑制的政策，银行储蓄利率处于较低水平，因此储蓄不是一种明智的投资选择。而五花八门的理财产品有一定的投资门槛，难以获得信任，对人们而言吸引力不大。国债、基金、股票、保险及房地产等投资，既有一定的金额准入要求，也有一定的知识背景要求，国债等投资更是机会难觅，因此人们不敢轻易投资。总体而言，现行的投资方式均不具备高回报、低风险、门槛低、易操作、易参与的特征，正是在这样的大背景下，宣扬有政府背景与政策支持，高投资、高收益、巨额提成、投资少但发展下线多也可以获得高额回报的传销进入人们的视线，其所谓投资收益远远高于传统投资方式，因此具有较大的吸引力，投资者不知不觉就落入了传销的陷阱。

### （四）发达的互联网技术为传销发展蔓延提供便利条件

得益于科技的迅猛发展，近年来互联网技术已进入高度发达的阶段，借助互联网的开放性、虚拟性和不确定性，犯罪分子利用互联网开展传销。借助互联网，既可以建立传销网站、开发传销 App，也可以通过微信、QQ、腾讯会议等方式进行联络、传播和宣讲，还可以借助网上银行实现即时转账、提现或转移资金。一些虚拟货币传销通过区块链技术发行所谓虚拟货币，按照白皮书即时产生新币，虚拟货币在网上交易所进行上市交易，上线通过分享二维码邀请的方式发展下线注册，开展投资时将资金购买成比特币、以太坊等市场较为认可的虚拟货币，获得提成或提现时也以比特币、以太坊等进行交易，可以随时变现。因此，无论是传销制度的建立、传销的宣传与发展，还是资金的调配，均可以通过互联网技术实现。可以说，现行的所有传销活动或多或少都与互联网技术的应用有关。互联网技术支持下的传销活动突破了地域的限制，一方面发展蔓延极快，另一方面为监管带来了挑战，这里面既有难以发现与控制的挑战，也有谁来监管的困惑。例如，在"善心汇"传销犯罪案中，该传销组织在短短 2 年时间内，发展会员 536 万人、涉案资金超 1000 亿元，这已不是熟人介绍模式下的传统传销所能想象的。

### （五）较低的犯罪成本与受惩罚成本的诱导

犯罪成本，可谓开展传销活动的各项开支，在互联网大背景下，该项开支主要有传销网站与 App 的开发、维护费用，服务器租赁费，网络通信费，资金转移财务费等，此外可能包括总部场地租赁费、办公费、宣讲酒店开支及出行费用等，甚至不需要聘用固定人员，传销活动的开展与运营主要由组织领导者及其他积极参加者负责，无须支付报酬。一些传销活动没有专门的网站与 App，主要通过微信公众号、朋友圈及微信群进行传播，连服务器租赁费用都可以省掉。总体而言，现行传销的创建、运营成本不高，这与动辄上亿元的传销资金相比，可谓微不足道。

受惩罚的成本与传销参与者的主观心理预期相关，具有不确定性。1992 年诺贝尔经济学奖获得者加里 · S. 贝克尔在犯罪经济学的研究中将受到惩罚的成本公式列为：受惩罚的成本 = 受惩罚的概率 × 受惩罚的严厉程度。[①] 就我国目前的立法而言，传销参与者受惩罚的严厉程度不可谓不严厉，但就受惩罚的概率而言，涉及传销活动被发现查处的概率与传销人员被查处的概率问题，一方面广泛存在的传销活动并没有被应查尽查地查禁，“2008—2016 年，全国工商和市场监管部门所查处的传销案件最后被移送到司法机关的比重很低，2016 年仅为 2.12%”[②]；另一方面工商管理部门基于《禁止传销条例》作出的行政处罚主要针对的是组织策划、介绍、诱骗、胁迫等行为，刑法传销犯罪只处罚组织者、领导者，一般参与者只是行政处罚“可以”处罚的对象，事实上即便是被查处的传销组织，动辄上万人的一般参与者也不可能全部受到处罚。因此，我国传销参与者受惩罚的概率较低，即受惩罚的确定性较低，故而受惩罚的成本也较低。一边是较低的投入成本，另一边是较低的受惩罚可能性，这极大地诱使人们积极参与传销违法犯罪活动。

### （六）高额的犯罪收益吸引

在传销活动中，组织领导者可以获得参与者缴纳的入门费、购买商品的价款及投资款等，参与人员越多，传销组织获得的资金额越大，组织领导者可以支配的犯罪收益金额就越大。2012 年至 2016 年，全国工商管理部门已查处的传销案件总案值和平均案值（见表 5－1）从侧面反映了传销案件的犯罪收益情况。

**表 5－1　全国工商管理部门已查处传销案件案值统计**

| 年份 | 总案值/万元 | 平均案值/万元 | |
|---|---|---|---|
| | 已查处传销案件 | 已查处传销案件 | 利用互联网传销案件 |
| 2012 | 43,929 | 34.54 | 35.30 |
| 2013 | 23,173 | 13.82 | 9.38 |
| 2014 | 243,644 | 87.02 | 1633.97 |

① Becker G. S. , *Crime and Punishment: An Economic Approach*, The Economic Dimensions of Crime, Palgrave Macmillan, 1968, p. 13－68. 转引自曹毅：《经济学视角下网络传销犯罪的成因分析与对策研究》，载《公安学刊（浙江警察学院学报）》2018 年第 4 期。

② 曹毅：《经济学视角下网络传销犯罪的成因分析与对策研究》，载《公安学刊（浙江警察学院学报）》2018 年第 4 期。

续表

| 年份 | 总案值/万元 | 平均案值/万元 | |
|---|---|---|---|
| | 已查处传销案件 | 已查处传销案件 | 利用互联网传销案件 |
| 2015 | 30, 534 | 16. 24 | 100. 12 |
| 2016 | 34, 674 | 93. 20 | 1230. 62 |

资料来源:历年《中国工商行政管理年鉴》。转引自曹毅:《经济学视角下网络传销犯罪的成因分析与对策研究》,载《公安学刊(浙江警察学院学报)》2018 年第 4 期。

根据统计数据,2012 年至 2016 年经工商管理部门查处的传销案件,总案值和平均案值金额不大,但利用互联网传销案件的平均案值往往是已查处传销案件的平均案值的数倍,2016 年更是达到了约 13 倍之多,这还只是行政案件,而在传销犯罪案件中,案值上千万元甚至过亿元的情况并不鲜见。与此对应,传销的犯罪成本与受惩罚成本均较低,较低的成本与较高的收益,无疑会对行为人产生极大的诱惑。

## 二、微观主体层面原因

### (一)民众抱有贪婪、侥幸的投机心理

所谓投机,是指由于个体过分自信而忽视既定规则和自身条件,获取或企图获取较大利益的行为。无知、轻信、狂热、固执、贪利和懒惰是人的通病,在市场经济中,一些失业或低收入人群面对自身不利的经济条件,往往避难就易。诚实劳动、合法经营不仅辛苦,而且财富累计过程较慢,因此他们迷恋不劳而获,选择忽视国家法律,忽视经济规律,忽视一分耕耘一分收获的常识,幻想一夜暴富,实现财富自由,相较于可能被惩处带来的法律责任,行为人更关心如何快速攫取财富,在未被追究法律责任之前,行为人大多认为自己不会被查获。正是在贪婪、侥幸的投机心理作用之下,一批又一批的人落入传销的骗局中。

### (二)学校与家庭教育的缺失

教育可以塑造人,这既包括道德情操的塑造,也包括知识素养的培育。在学校与家庭教育缺失的情况下,人往往缺乏同情心与同理心,对自己行为产生的伤害认识不到位,诚实不会被珍视,相反,欺骗和谎言不断被重复实施。同样,教育的缺失导致人很难对经济规律作出清晰的认识,有投资才会有收益,高

收益往往伴随着高风险，这些基本的经济常识往往被忽略；教育的缺失同样会导致是非观和合法非法界限认知的缺失。犯罪学家龙布罗梭认为，教育水平的高低与犯罪发生的概率大小息息相关，随着重视教育的程度提升，案发数量也在逐渐减少。较低的教育水平意味着较差的经济地位与极易被不良社会风气、错误观念影响，如果金钱成为人们追求的唯一目标，道德与法律自然被动离场。如果没有学校教育和家庭教育提供塑造和引导作用，较低程度的受教育者将成为缺乏独立思考和独立判断能力的群体，在其他因素的聚合作用下，被裹挟进入违法犯罪活动是大概率事件，即使不是传销，也会是其他违法犯罪活动。有学者通过对2010—2018年传销犯罪裁判文书的统计分析，发现我国的传销人群呈现年轻化趋势，经过科学的抽样调查，发现传销参与人员的学历大多是初中水平，高中学历以下的人员高达85%。[①] 这或许可以为教育缺失与犯罪之间的关系提供一个注解。

## 第三节　传销犯罪的惩治与预防

犯罪的惩治，是指对构成犯罪的行为依法予以判定并施以刑罚，惩处犯罪人，一般认为，惩罚是刑罚的固有属性，因此惩罚不是刑罚的目的。在我国，刑罚的目的在于预防犯罪，包括一般预防与特殊预防，前者是指通过刑罚的一般威慑功能、法制教育功能、安抚补偿功能及强化规范意识功能等实现预防尚未犯罪的人实施犯罪的目的；后者是指通过刑罚的限制、消除再犯条件的功能与个别威慑功能及教育感化功能等实现预防犯罪人重新犯罪的目的。因此，传销犯罪的惩治，其目的也在于实现犯罪预防，只不过传销犯罪的预防不仅依赖于对传销犯罪的惩治（施以刑罚），还依赖于社会治理。

---

① 参见陈海彬：《传销犯罪群体年轻化态势、原因及预防——基于2010—2018年传销犯罪裁判文书统计分析》，载《犯罪研究》2018年第4期。

## 一、加大对传销犯罪的打击力度

只有加大对传销犯罪的打击力度,使传销犯罪行为人依法被追究刑事责任,才能遏制传销犯罪快速蔓延发展的势头,实现犯罪预防的目的。

### (一)加大犯罪线索收集力度

针对现行传销犯罪大多借助互联网开展传销活动的情况,需要有针对性地开展传销信息监控与线索筛查。

1. 加强传销行为线索与资金线索的跟踪监管

传销刑事程序的启动,是以发现犯罪线索为起点的。一般情况下,传销犯罪是在资金链断裂之后由遭受损失的传销参与人报案才案发的,但也不排除由工商管理部门按照规定移送相关犯罪线索。事实上,传销犯罪从启动到最后案发,伴随传销组织的建立与传销活动的开展,会经历一个建立、发展、扩大的过程,其中既存在参与者参加传销活动的行为线索,也存在传销组织收取传销资金,发放提成及参与者提现、复投的资金线索,应当紧紧围绕这两条线索,开展信息跟踪与分析,及时有效发现案件线索。

2. 通过人工智能实现大数据精准防控,全面落实打击整治网络传销“四步工作法”

所谓“四步工作法”,是指“线上监测、线下实证、多措处置、稳妥善后”4 个监管工作步骤。因传销人员及资金流动会呈现倒金字塔状,多笔资金自下而上层层流动,经过若干层级后变成大额资金,同时自上而下会有小额资金分配与提取,可通过筛选、分析网络传销的信息流和资金流,精准识别传销的易感人群,再进行线下核实是否存在网络传销。“线下实证的主要方法有:一是与公安、金融等部门进行信息比对;二是与银监部门合作,查询对公账户及参与人员账户,分析资金交易流水;三是与 12315 投诉举报信息、政府公开信息、工商和市场监管部门日常监管档案信息等进行比对实证;四是收集分公司、关联公司注册登记情况;五是进行实地检查,实施现场查证等。”①

① 国家市场监督管理总局国市监竞争〔2018〕7 号《关于进一步加强打击传销工作的意见》。

3. 动态监测涉传信息,净化互联网环境

人工智能技术可以实现对自然语言的处理,通过对采集的数据信息进行分析挖掘,可以感知网络传销平台及传销人员,进而触发预警机制,如此便可以快速有效地发现传销平台,追踪传销人员和传销资金,快速准确查办案件,还可以对涉嫌传销的关键词信息进行屏蔽、断开连接,清理涉嫌传销的网络文章,关闭涉嫌传销的 QQ 群、微信群及传销网站等,达到事中预防和控制的目的。

4. 对接多部门信息技术,构建多维防控网

司法机关应当与工商、税务、银监、网监、人民银行等部门建立沟通衔接机制,实现监控信息交互共享,这是传销犯罪线索的重要来源。同时,大的信息技术平台也是搜集传销犯罪信息与线索的渠道之一,据媒体报道,2017 年年底,原国家工商行政管理总局与腾讯公司在广东共同建立"网络传销监测治理基地",将工商部门的"云上稽查系统"与腾讯公司的"网络传销态势感知系统"进行技术对接,开展线上监测、数据传输、调查处置等工作,共同打造无传销网络平台。这可以看作监管部门与信息技术平台企业合作的新尝试。

例如,在作者所办理的广东省深圳市赵某某组织、领导传销活动案中,较为集中地体现了大数据精准防控与线索筛查的作用,该案案发,源于中国工商银行河南省郏县支行在反洗钱监测过程中的意外发现,并及时向公安机关报送了客户可疑交易报告。该报告显示:该行在进行反洗钱数据甄别分析时发现,个人客户王某某账户从 2019 年 10 月 27 日开户至 2020 年 5 月 20 日交易异常,触发了疑似地下钱庄、非法传销模型,该账户资金往来主要采用离柜交易方式;账户资金交易频繁,快进快出,交易金额巨大,与相同交易对象资金往来异常,金额多为某个金额的倍数,过渡性特征明显,跨地区交易异常,日常交易以手机银行、跨行等非柜面方式完成,经分析判断,个人客户王某某账户涉嫌非法传销的洗钱犯罪。

具体资金交易情况为:(1)账户总体情况,该账户从 2019 年 10 月 27 日开户至 2020 年 5 月 20 日,累计发生业务 1833 笔,涉及总金额 50,487 万元,其中收入款项 1168 笔,金额 25,571 万元;支出 665 笔,金额 24,916 万元。(2)资金来源情况,该账户报告期内资金来源涉及交易对象 115 个,排名前三位的是 3 家公司。(3)资金去向,该账户下游对象涉及 132 名客户,多为跨行交易,主要交易对象为跨行客户王某甲、黄某某、王某乙等。

可疑点分析:第一,客户身份异常,系统显示客户为河北某某科技有限公司股东、财务负责人,经查看工商信息平台,该公司为 2017 年 8 月 7 日注册,注册资金 3000 万元,实收资本为 0 万元。而该公司于 2020 年 4 月 2 日已因疑似非法经营地下钱庄而被河北廊坊万庄支行上报可疑,通过内部协查,客户称现工作单位为某某直播有限公司,经查看工商信息平台无此单位信息,分析客户为有意隐瞒身份、规避监管,巨额的交易量明显与其个人身份不相符。

第二,交易对象从事的行业、职业广泛且年龄结构较宽泛,通过查询系统内工行账户,发现客户年龄跨度较大,有“60 后”“70 后”“90 后”,这些人员所从事的行业各不相同,来自不同的地区。

第三,账户过渡资金特征明显,该账户收到上游转入资金后迅速全额或拆分几笔转出,间隔时间短,账户留存余额少,资金流转速度快,账户过渡资金意图十分明显。

第四,隔断资金链意图明显,通过分析客户的资金来源,发现交易对象共 115 个,交易对象涉及多个个人客户、对公单位及第三方平台,其中跨行交易占总收入的 97%,系统内客户主要涉及河南、北京、深圳、广东、四川、湖北等地,资金来源的前三位为 3 家公司且均为跨行客户;资金去向涉及 132 名客户,主要交易对象同样多为跨行客户,占总支出金额的 97.6%,其中前三位客户王某甲、黄某某、王某乙均为跨行客户,经分析认为,可疑账户充分利用跨行、网转等非柜面交易方式集中转出资金,有意掩盖真实的资金去向,疑似为掐断资金链,逃避监管,交易目的存疑。

第五,客户王某某账户疑似涉嫌非法传销活动,并附有资金流动流程图。

第六,账户交易金额较大,多个金额为某个金额的倍数,报告期内该账户交易金额多为几十万元、几百万元整数,如 100 万元的有 144 笔,200 万元的有 11 笔,5 万元的有 94 笔等。账户出现 13,180 元金额倍数的频率较多,如 13,180 元的有 32 笔,26,360 元的有 27 笔,39,540 元的有 22 笔,52,720 元的有 16 笔,131,800 元的有 38 笔,263,600 元的有 14 笔等,符合非法传销的交易特征。

第七,交易对象疑似工具账户,经查看,该账户涉及的多个单位客户的经营范围与主体经营范围关联性不大,注册时间多集中在 2019 年、2020 年,疑似单位工具账户。

第八,通过查询账户交易附言,发现存在特定标记性注释,如 18 个订单、20

套、帮忙下20单、用于购买肖邦海界30、化妆品10套等，经分析认为，其通过购买和销售某种所谓“产品”或高额返利，引诱客户下单，从而不断发展下线。

第九，“肖邦海界”的说明，百度搜索“肖邦海界”为一品牌化妆品，但淘宝、京东搜索结果中并无此产品，通过百度了解到“肖邦海界”为“三无”杂牌化妆品，工作人员会引诱目标在指定的网站下单购买13,180元一套的“肖邦海界”化妆品，每套返700元，每周结款，每月4次就是2800元利润，每月21%的利润，而本金只有13,180元。

第十，交易时间异常，经统计，238笔交易在晚上10时至次日早上7时完成，占全部交易笔数的13%，有违一般正常账户的使用习惯，经分析认为，利用网站涉及非法传销的可能性极大。

第十一，具有家族性的特征，交易对象中相同姓氏的较多，如王姓的有19人，刘姓的有15人，黄姓的有11人，张姓的有11人，赵姓的有7人等，这与传销发展下线的行为特征相符。

结论：初步判断个人客户王某某账户在2019年10月27日至2020年5月20日的交易涉嫌人民银行反洗钱监测分析中心涉罪可疑交易行为代码表中列示的扰乱市场秩序罪，涉罪可疑交易行为代码为1101，可疑交易行为涉嫌组织、领导传销活动罪。

本书认为，该报告基于对账户客户信息、交易对手信息及姓氏特征、账户资金保留时间、资金金额特征、交易附言、交易时间等的分析，结合对附言关键词“肖邦海界”的检索分析，初步判断可疑交易行为涉嫌传销犯罪。应该说，这是一份有理有据的监测报告，其不仅及时提供了犯罪线索，也为犯罪的侦办提供了方向性的指引。

### （二）全面收集证据

惩治传销犯罪，需要以合法、充足的证据为支撑，依照我国《刑事诉讼法》的规定，可以用于证明案件事实的材料都是证据，因此需要广泛收集那些可以证明传销犯罪事实的材料。至于证据收集的要求，依照法律规定，应当满足两个方面的要求。一是证据“量”的要求，即定罪量刑的事实都有证据证明，综合全案证据，对所认定事实已排除合理怀疑；二是证据“质”的要求，即据以定案的证据均经法定程序查证属实。如此即可达到刑事证明标准的证据确实、充分。

从案件侦办与证据搜集的角度来看,应当加强以下工作。

1. 充实办案人员和经费保障

传销犯罪尤其是拥有广泛社会影响的传销犯罪案件,无论是涉案人员还是涉案财物、证据等均跨越多个省份,侦查工作量大,持续时间长,因此需要侦查机关组织精干力量,合理配置人力、财力、物力,为案件侦查提供人力、物力保障。

2. 适时提请同级人民检察院提前介入

针对重大、疑难、复杂的传销案件,可以在侦查阶段提请同级人民检察院提前介入,由检察机关根据传销犯罪的构成与特点,引导侦查机关重点收集证据,对证据收集、完善、补充和强制措施的采取等进行审核把关,夯实证据基础。

3. 注重固定电子数据

在几乎所有的网络传销案中,都存在电子数据这类证据,但这类证据因提取和固定的要求较多且高,在庭审阶段也最容易引发辩护人的质疑,因此需要特别予以关注,针对侦查阶段电子数据的收集与提取,需要注意以下几点。

其一,要保证电子数据的完整性,对此可以采取以下一种或者几种方法:(1)扣押、封存电子数据原始存储介质;(2)计算电子数据完整性校验值;(3)制作、封存电子数据备份;(4)冻结电子数据;(5)对收集、提取电子数据的相关活动进行录像;(6)其他保护电子数据完整性的方法。

其二,要保证提取人员与技术要求合法,收集、提取电子数据应当由2名以上侦查人员进行,取证方法应当符合相关技术标准。

其三,要保证扣押、封存原始存储介质,保证在不解除封存状态的情况下,无法增加、删除、修改电子数据,封存手机等具有无线通信功能的存储介质,应当采取信号屏蔽、信号阻断或者切断电源等措施。只有出现原始存储介质不便封存、提取计算机内存数据、网络传输数据等不是存储在存储介质上的电子数据、原始存储介质位于境外等法定情形,无法扣押原始存储介质的,才可以提取电子数据。

其四,要按照规定制作电子数据收集、提取笔录,记录案由、对象、内容及收集、提取电子数据的时间、地点、方法、过程,并附电子数据清单,注明类别、文件格式、完整性校验值等,由侦查人员、电子数据持有人(提供人)签名或者盖章;电子数据持有人(提供人)无法签名或者拒绝签名的,应当在笔录中注明,由见证人签名或者盖章。

其五，关于电子数据收集、提取过程的录像及见证，尽管相关司法解释未作强制规定，但为避免后续面临合法性质疑，要尽可能通过录像及见证记录整个过程。

其六，关于司法鉴定，对电子数据涉及的专门性问题难以确定的，可以由司法鉴定机构出具鉴定意见，但委托机关需要重点关注鉴定机构及鉴定人员的资质问题。

### （三）准确适用法律，贯彻宽严相济的刑事政策

强调对传销犯罪的打击，并不意味着要求突破法律的规定，对一切犯罪的查办，均要以事实为依据，以法律为准绳。为此，需要准确理解传销犯罪的法律及司法解释规定，把握几个关键问题。

其一，罪与非罪的界限。对于那些商业模式可以维持、属于“团队计酬”的经营方式，对于属于新技术应用、区块链创新的经营方式，不能随意将其认定为传销犯罪，否则不仅会制造错案，也会阻碍技术进步，对于尚未达到犯罪追诉标准，情节显著轻微，可不予以刑事处罚的，可以通过行政处罚予以规制。

其二，此罪与彼罪的界限。传销犯罪与非法经营、集资诈骗及非法吸收公众存款等罪存在竞合的情况，需要准确区分各自界限，并依照法律及司法解释的规定适用罪名。特别强调，不能因为涉传销资金需予以没收，司法机关基于自身利益而选择适用传销罪名，趋利司法将难以实现司法公正。

其三，刑罚的宽严适中。对于那些造成传销活动人员精神失常、自杀等严重后果，多次因传销犯罪被处罚，大肆挥霍传销资金等情节恶劣的行为，需要在量刑时酌定从重处罚，而对于初犯、因诱骗加入传销组织及获益不多的行为人，需要在法定范围内尽可能从轻判决，以实现当严则严，当宽则宽，刑罚适中，罚当其罪。

## 二、完善社会综合治理防控体系

### （一）加强行政监管，注重犯罪预防

2018 年 4 月 3 日，国家市场监督管理总局发布的国市监竞争〔2018〕7 号《关于进一步加强打击传销工作的意见》指出，“当前打击传销工作形势依然十

分严峻,网络传销违法犯罪活动蔓延态势迅猛,亟须采取更有力措施加以整治,异地聚集式传销活动虽总体可控,但在一些重点地区仍较为突出”,因此要求迅速组织开展网络传销集中整治和重点地区整治。该意见提出的打击整治网络传销“四步工作法”,是对近年来全国工商系统开展监测查处网络传销工作经验的总结提炼,是今后一段时期内打击整治网络传销工作的重要行动指引,具有广泛的借鉴意义。

1. 线上监测

线上监测是指运用互联网技术监测发现网络传销案源线索,重庆、浙江、泉州、深圳等市场监督管理总局网络传销监测点单位要不断丰富数据归集渠道,完善监测模型,完善风险指数,监测发现网络涉传行为及信息,准确研判;各地工商和市场监管部门要不断完善传销监测预警平台,依托系统内网监、互联网广告监测等职能,嵌入网络传销监测功能模块,借助互联网公司技术优势,增强网络传销监测发现能力。

2. 线下实证

线下实证是指案源线索及监测成果的查证和运用。各地工商和市场监管部门接到上级单位转办、外地移送的案源线索后,要建立台账,迅速开展线下实证工作,并及时向市场监督管理总局竞争执法局汇报实证结果。

3. 多措处置

多措处置是指根据线下实证结果,区分情形分类进行处置。一是对有苗头尚未实施传销行为或违法情节和社会危害程度较轻的,要灵活运用提醒、约谈、告诫、行政查处、发布风险预警提示等多种干预措施,配合运用企业登记注册、商标注册、广告监管等围栏手段,努力消灭传销苗头隐患,避免坐大成势;二是对违法情节和社会危害程度较大,但未达到刑事追诉标准的,要加强行政查处;三是对违法情节和社会危害程度严重,达到刑事追诉标准或涉嫌刑事犯罪的,要及时果断移送公安机关,协同打击。

4. 稳妥善后

稳妥善后是指在查处传销案件过程中,特别是对公安机关采取刑事措施打击的重大传销犯罪案件,各地工商和市场监管部门要积极配合公安机关做好教育遣返、维稳等后续处置工作。要加强舆情信息收集,密切关注涉稳动态,突出属地维稳责任,在党委和政府领导下会同相关部门开展善后工作,严防出现大规模群体性事件。

此外,本书认为,针对网络传销犯罪活动的特点,行政监管的着力点可以放在以下几个方面。

其一,加强上网实名制的监管,根据现有查获的传销案件,有的传销人员为规避打击,在网络上注册有多个用户账号,用于联络或宣传,由此,落实上网实名制,限制注册用户数量,既可以防范行为人利用多个用户名逃避监管,也可以快速有效地查证犯罪。

其二,加强对通信行业的监管,在严格落实手机号码实名制的基础上,加大对违法买卖手机卡、违法搭设使用伪基站等行为的取缔与查处,有效切断传销犯罪人员之间的联系,抑制传销活动的快速蔓延。

其三,加强对金融行业的监管,严厉查处买卖银行卡等违法犯罪行为,严格落实客户汇款转账差时兑付及风险提示、身份验证、人脸识别制度,加大对网上银行、微信、支付宝、财付通等网银系统的监管力度,严格落实各种支付手段使用时应得到金融管理机构批准审核制度,防止不法分子利用网银系统的便利开展传销犯罪活动。

### (二)广泛开展无传销社区创建工作

基层社区、村镇是打击聚集式传销的第一线,是无传销创建的基本单元,各地工商和市场监管部门要持续开展"无传销社区(村)"创建活动,继续调动基层组织的积极性,群防群控,齐抓共管,全力挤压传销活动生存空间。同时要大张旗鼓开展"无传销网络平台"创建工作,作为探索应对网络传销泛滥蔓延的一项重要举措,减少网络传销信息源,切断网络传销传播扩散渠道,深度净化网络空间,营造风清气正网络环境。此外,要抓住主要矛盾,通过整治传销重点城市以达到遏制传销势头的目的,对整治工作长期不见起效的城市可直接约谈党政主要领导,责令限期整改,并在一定范围内予以严肃通报批评。各省级工商和市场监管部门也可根据实际情况,确定本地区传销重点整治市(地、州)、县(区),开展督导整治。

### (三)完善部门间信息共享、协作查处工作机制

各级工商和市场监管部门要加强与公安以及银监、金融、通信管理、网信管

理、教育等部门的交流沟通，建立完善部门间信息互通会商制度，明确具体联系人，实行专人专责，定期不定期召集会议，开展分析研判，部署查处行动。对传销与集资诈骗等其他违法犯罪相交织的行为，一旦发现线索苗头，及时召集相关部门会议，研究定性，协调处置，加强联控严打。要加强对可能发生的群体性事件的分析研判和后续处置，努力消除部门壁垒，不断完善地方党委政府主导下的传销属地联防联控严打工作机制，落实联防联控严打传销的属地责任。[①]

① 参见国家市场监督管理总局国市监竞争〔2018〕7 号《关于进一步加强打击传销工作的意见》。

# 下篇

# 传销犯罪的司法实务

CHAPTER 06

# 第六章

# 传销犯罪的司法认定

## 第一节　罪与非罪的界限

### 一、传销犯罪与直销的界分

在国际上,直销业发展已有100多年历史,业务遍布世界各地,是一种可持续的商业模式。据世界直销协会联盟统计,目前直销遍布全球120多个国家和地区,全球直销行业年销售额超过1800亿美元,从业人员超过1亿人。直销业的经济效益和社会效益显而易见。经过多年发展,我国直销市场规模已超过350亿美元,成为世界第一大直销市场。一些行业龙头企业年营销额超过百亿元,除雇佣企业员工外,还为数以十万计的营销人员提供了灵活创业机会,使直销业成为适合大众创业的低门槛创业平台。①

直销的引进与快速发展,为传销活动的蔓延提供了便利条件。2018年4月23日,国家市场监督管理总局发出市监竞争〔2018〕9号《关于开展查处以直销名义和股权激励、资金盘、投资分红等形式实施传销违法行为专项行动的通知》,该通知指出,"近年来,部分直销企业为实现扩大销售业绩的

---

① 参见徐惠喜:《直销和传销,不止一字之差》,载《经济日报》2019年7月24日,第9版。

目的，同意所谓的‘直销团队、销售企业’挂靠，默认甚至指使其以直销名义或者以直销经营许可为幌子，以股权激励、资金盘、投资分红等形式从事传销违法活动，严重扰乱了直销市场秩序，损害了相关当事方和人员的合法权益，影响了社会和谐稳定”。为此，组织全国工商和市场监管部门开展查处以直销名义和股权激励、资金盘、投资分红等形式实施传销违法行为的专项执法行动。可见传销与直销相互交织发展的情况已成为社会常见现象。

区分传销犯罪与直销的意义在于，既可以准确认定传销犯罪，对那些打着直销的幌子行传销之实的犯罪行为予以打击，也可以将具备某些传销的特征但属于直销的行为予以无罪化处理，避免出现打击错误，避免因认知混乱而干扰直销企业正常的经营活动，挽救当前直销企业面临的信任危机。

《直销管理条例》对直销、直销企业、直销员等概念均有界定，对直销企业及其分支机构的设立和变更、直销员的招募和培训等事项也作出了详细规定，因此该条例既是开展直销管理的法律依据，也是认定直销行为的尺度与标准。结合《直销管理条例》的规定及传销犯罪的特征，本书认为直销与传销犯罪的区别有以下几点。

### （一）是否经合法注册并持有直销经营许可证

是否注册成立企业并不影响对传销犯罪的认定。实践中，一些传销犯罪也会借助企业的名头开展活动，但这些企业要么不存在、未实际注册成立，要么仅仅是经工商登记的一般企业。与此不同，在中国从事直销活动，必须经合法注册并持有直销经营许可证，依照《直销管理条例》第 7 条的规定，申请成为直销企业，应当具备下列条件：(1)投资者具有良好的商业信誉，在提出申请前连续 5 年没有重大违法经营记录；外国投资者还应当有 3 年以上在中国境外从事直销活动的经验。(2)实缴注册资本不低于人民币 8000 万元。(3)依照本条例规定在指定银行足额缴纳了保证金。(4)依照规定建立了信息报备和披露制度。根据《直销管理条例》第 9 条的规定，申请人应当通过所在地省、自治区、直辖市商务主管部门向国务院商务主管部门提出申请，予以批准的，由国务院商务主管部门颁发直销经营许可证。目前，在中国合法注册开展经营活动的直销企业，可以在商务部直销行业管理系统（https://zxgl.mofcom.gov.cn/front/getEnterprises）进行查询。

（二）是否依法招募直销员并开展培训

在传销犯罪中，行为人通常不是据以开展传销活动的企业的员工，在一些特殊案例中存在行为人系通过招聘而来且公司按月发放工资的情况，但这种公司员工与直销员存在根本区别。《直销管理条例》第16条规定，“直销企业及其分支机构招募直销员应当与其签订推销合同，并保证直销员只在其一个分支机构所在的省、自治区、直辖市行政区域内已设立服务网点的地区开展直销活动。未与直销企业或者其分支机构签订推销合同的人员，不得以任何方式从事直销活动”。第18条规定，“直销企业应当对拟招募的直销员进行业务培训和考试，考试合格后由直销企业颁发直销员证。未取得直销员证，任何人不得从事直销活动……直销企业以外的单位和个人，不得以任何名义组织直销员业务培训”。

（三）是否依法开展推销活动

在传销犯罪中，行为人无论是推销所谓商品还是服务，均不存在任何法律依据，具体传销活动如何开展、以何种形式开展，并不影响对传销犯罪的认定，而直销如何开展推销活动是有明确法律规定的。根据《直销管理条例》第22条的规定，“直销员向消费者推销产品，应当遵守下列规定：（一）出示直销员证和推销合同；（二）未经消费者同意，不得进入消费者住所强行推销产品，消费者要求其停止推销活动的，应当立即停止，并离开消费者住所；（三）成交前，向消费者详细介绍本企业的退货制度；（四）成交后，向消费者提供发票和由直销企业出具的含有退货制度、直销企业当地服务网点地址和电话号码等内容的售货凭证”。

（四）是否需要缴纳入门费

在传销犯罪中，要求参加者以缴纳费用或者购买商品、服务等方式获得加入资格，参加者缴纳的费用或购买商品、服务的对价，构成传销犯罪主要的获利来源。根据《直销管理条例》第14条的规定，“直销企业及其分支机构不得发布宣传直销员销售报酬的广告，不得以缴纳费用或者购买商品作为成为直销员的条件”，即禁止收取直销员的入门费，直销企业主要通过直销员推销商品赚取利润，这是一种正常的合法经营利润，与传销活动中的入门费收入存在本质区别。

### (五)是否具备完善的退换货机制

在传销犯罪中,行为人所售出的商品或服务只不过是其收取入门费的幌子,这些商品或服务是不能退换货的,受害者的合法权益得不到任何保障。根据《直销管理条例》第25条的规定,直销企业应当建立并实行完善的换货和退货制度,具体分3类情形:其一,消费者自购买直销产品之日起30日内,产品未开封的,可以凭直销企业开具的发票或者售货凭证向直销企业及其分支机构、所在地的服务网点或者推销产品的直销员办理换货和退货;其二,直销员自购买直销产品之日起30日内,产品未开封的,可以凭直销企业开具的发票或者售货凭证向直销企业及其分支机构或者所在地的服务网点办理换货和退货;其三,不属于前两种情形,消费者、直销员要求换货和退货的,直销企业及其分支机构、所在地的服务网点和直销员应当依照有关法律法规的规定或者合同的约定,办理换货和退货。

### (六)奖金计算与人头挂钩还是与产品销售额挂钩

在传销犯罪中,要求直接或者间接以发展人员的数量为计酬或者返利依据,即计酬或返利按人头计算,并无上限,事实上正是无上限的高额返利模式才不断吸引行为人继续发展他人参加。根据《直销管理条例》第24条的规定,"直销企业至少应当按月支付直销员报酬。直销企业支付给直销员的报酬只能按照直销员本人直接向消费者销售产品的收入计算,报酬总额(包括佣金、奖金、各种形式的奖励以及其他经济利益等)不得超过直销员本人直接向消费者销售产品收入的30%",即直销员的报酬是依据直销员直接向消费者销售产品的收入并按照规定的比例进行计提的,至少应当按月支付。

### (七)是否实行制度化的人员管理[①]

直销形式下,企业对工作人员的管理模式正规、科学,有健全的工会组织,

① 参见《王艳组织、领导传销活动案[第842号]——在传销案件中如何认定组织、领导传销活动主体及罪名如何适用》,载最高人民法院刑事审判第一、二、三、四、五庭主办:《刑事审判参考(总第91集)》,法律出版社2014年版,第14—19页。

充分尊重人员的自由,保障员工的合法权益。而在传销组织中,上线主要通过非法拘禁、诱骗,甚至在某种情况下采取非常暴力的手段控制下线,并以此对下线产生威慑进而使其继续发展下线,因而在传销活动中,传销人员尤其是处于底层的人员可能没有人身自由,其合法权益难以得到保障。正因如此,传销活动往往诱发其他类型的犯罪,给正常的社会秩序和公民的生命财产安全带来严重影响。

## 二、经营型传销

按照刑法理论,将传销分为诈骗型传销与经营型传销,我国刑法所规定的传销犯罪即诈骗型传销。在经营型传销中,传销的是商品,并以销售商品的数量为计酬或返利的依据,也称为原始型传销,因其系以销售商品的数量为计酬或返利的依据,故也称为"团队计酬"式传销。根据《禁止传销条例》的规定,组织者或者经营者通过发展人员,要求被发展人员发展其他人员加入,形成上下线关系,并以下线的销售业绩为依据计算和给付上线报酬,牟取非法利益的,属于传销行为,构成违法。但是,这类"团队计酬"式的传销行为并不构成传销犯罪,这一方面源自刑法未将"团队计酬"式的传销行为纳入规制范围,另一方面相关司法解释也将该类传销行为除罪化,根据《办理传销案件适用法律的意见》第5条的规定,传销活动的组织者或者领导者通过发展人员,要求传销活动的被发展人员发展其他人员加入,形成上下线关系,并以下线的销售业绩为依据计算和给付上线报酬,牟取非法利益的,是"团队计酬"式传销活动;以销售商品为目的、以销售业绩为计酬依据的单纯的"团队计酬"式传销活动,不作为犯罪处理。

对此,周光权教授认为,行政法上所反对的传销行为范围很广,经营型传销、诈骗型传销都是其严厉惩处的对象,但在刑事司法中显然并不是将前置法中的违法性判断标准直接作为刑事违法性的判断依据。"团队计酬"式传销活动不作为犯罪处理,原因在于,传销犯罪规定的落脚点在于"骗取财物",其他规定不过是围绕"骗取财物"这一目的所作的描述,因此传销犯罪需满足诈骗犯罪的构造与行为模式,即既需要有被告人的诈骗行为,也需要加入者因受诈骗参与传销组织而产生认识错误,并基于这种认识错误而交付财物。"团队计酬"式销售模式不满足诈骗犯罪的构成要件,不存在诈骗犯罪的行为构造,不属于组织、领导传销活动罪的规制范围，处于刑法上“意图性的处罚空白”之中。①

在制定法的立场上，经营型传销不属于传销犯罪是明确的，但是在法律适用上有相当的疑难与困惑，问题主要体现在《办理传销案件适用法律的意见》第5条第2款的但书规定，即“形式上采取‘团队计酬’方式，但实质上属于‘以发展人员的数量作为计酬或者返利依据’的传销活动，应当依照刑法第二百二十四条之一的规定，以组织、领导传销活动罪定罪处罚”，应该说第5条的用意和目的主要是对经营型传销作除罪化处理，但上述但书的规定为经营型传销入罪化提供了可能（详见本书第四章第三节讨论的内容）。

在立法及司法解释不作改变的情况下，如何避免将经营型传销认定为传销犯罪呢？本书认为，鉴于“以销售业绩为计酬依据”可以被“以发展人员的数量作为计酬或者返利依据”解释包含，因此区分的重点应放在“以销售商品为目的”这一要素上，经营型传销尽管属于违法范畴，其所谋取的利益为非法利益，但需要以存在真实的商品销售为前提，这也是“经营型”的根本体现，而传销犯罪要么不存在真实的商品销售，要么所销售商品的价格与商品价值存在较大差异，所销售商品为“道具商品”，也正是在这个意义上，传销犯罪行为人具有非法占有的目的。当然，如果在具体案例中，传销组织有明确的规章制度确定以销售业绩为计酬依据，且该规章制度被实际执行，此时计酬模式与以发展人员的数量为计酬或者返利依据的模式存在根本差异，难以模糊地将二者解释混同，则以销售业绩为计酬依据仍不失为认定涉案传销为经营型传销的重要根据。

## 三、刑行衔接机制

刑行衔接机制主要讨论刑事程序与行政程序如何衔接的问题，依照《禁止传销条例》的规定，传销违法行为由工商行政管理部门负责查处，在传销中以介绍工作、从事经营活动等名义欺骗他人离开居所地非法聚集并限制其人身自由的，由公安机关会同工商行政管理部门依法查处，因此对传销违法行为的行政强制措施及行政处罚主要由工商行政管理部门负责。

《禁止传销条例》第13条规定，“工商行政管理部门查处传销行为，对涉嫌

① 参见周光权：《经营性传销活动不是刑法处罚的对象》，载《法治日报》2021年4月28日，第9版。

犯罪的,应当依法移送公安机关立案侦查;公安机关立案侦查传销案件,对经侦查不构成犯罪的,应当依法移交工商行政管理部门查处”。原国家工商行政管理总局、公安部制定的工商直字〔2007〕212 号《工商行政管理机关和公安机关打击传销执法协作规定》重申了上述内容。2007 年 6 月 6 日,国务院办公厅发布国办函〔2007〕65 号《对〈禁止传销条例〉中传销查处认定部门解释的函》指出,“2005 年国务院公布了条例,确立了工商部门和公安机关共同查处传销行为的机制,并明确了工商部门和公安机关都有受理举报和向社会公开发布警示的职责,同时还规定了案件移送制度。依照条例规定,工商部门和公安机关在各自的职责范围内都应当对传销行为进行查处,并依照各自职责分别依法对传销行为予以认定。工商部门查处传销行为,对涉嫌犯罪的,应当依法移送公安机关立案侦查;公安机关立案侦查的涉嫌犯罪的传销案件,对经侦查认定不构成犯罪的,应当依法移交工商部门查处”。

依照上述规定,工商部门和公安机关均有权查处传销行为,也有权分别依法对传销行为予以认定。一方面,在不涉及传销犯罪时,工商部门和公安机关依照《禁止传销条例》的规定各自负责职责范围内传销行为的认定和查处工作;另一方面,工商部门负责查处的传销行为在涉嫌传销犯罪时,应当依法移送公安机关立案侦查,此时传销行为认定和查处的权力在于公安机关(当然,这种认定还不是最终的)。在作者所办理的传销犯罪案件中,有的确实是工商部门在查处传销违法行为过程中认为涉嫌犯罪移送公安机关侦查的,也有的是工商部门对传销违法行为作出行政处罚而未予以移送,异地工商部门认为涉嫌犯罪移送公安机关侦查从而案发的。公安机关经侦查认定不构成犯罪的(也包括人民检察院不起诉或人民法院判决无罪等情形),应当移交工商部门查处,此时传销行为认定和查处的权力在于工商部门,在此种情形下,公安机关、检察院或法院不作为犯罪处理的意见并不影响工商部门对传销行为的查处和认定。例如,在湖南省长沙市天心区人民检察院所办理的长天检诉刑不诉〔2018〕60 号朱某某组织、领导传销活动案中,该院作出不起诉决定书认定,经审查并退回补充侦查,仍然认为长沙市公安局天心分局认定的犯罪事实不清、证据不足,不符合起诉条件,故决定对朱某某不起诉,同时公安机关扣押朱某某的人民币 9450 元,根据《禁止传销条例》的规定,移送原长沙市工商行政管理局天心分局处理。

传销犯罪的认定是否以工商部门先行作出认定为前置条件呢?实务中一

些公安机关也会在传销犯罪侦查过程中向工商部门发函,请求认定涉案行为是否属于传销行为,此问题的结论应当是明确的,即传销犯罪的认定不以工商部门作出传销行为认定为前提。当然,如果工商部门作出认定,无论是移送公安机关之前作出,还是在犯罪侦查过程中应公安机关的请求作出,对于传销行为的准确定性都更有帮助。例如,在作者所办理的陕西省汉中市王某某组织、领导传销活动案中,公诉机关就涉案"中国普惠商城黑石通汇证券"是否为传销,要求侦查机关补充工商行政管理部门的认定意见,就此,侦查机关向所在地工商行政管理部门发出《关于对中国普惠商城黑石通汇证券经营行为是否构成组织、领导传销活动认定的建议函》,并附相关情况介绍及主要证据,工商行政管理部门作出回复,认为涉案行为已构成传销并涉嫌犯罪,同时指出,侦查机关可以按照《对〈禁止传销条例〉中传销查处认定部门解释的函》的相关规定予以认定。

## 第二节　传销犯罪与非法经营罪、非法吸收公众存款罪的界限

传销犯罪与非法经营罪同为扰乱市场秩序罪,且规定在《刑法》分则相邻位置,在传销犯罪确立之前,依照《打击传销和变相传销意见》及最高人民法院作出的《关于情节严重的传销或者变相传销行为如何定性问题的批复》,传销行为主要是通过非法经营罪来规制的,因此两罪可谓渊源已久。非法吸收公众存款罪尽管为破坏金融管理秩序罪,但与传销犯罪相比,二者在参与方式、人员层级及高额返利提成方面具有一定的相似特征。

从实践案例来看,传销犯罪与非法经营罪、非法吸收公众存款罪在入罪标准、刑罚设置、财产处置方面存在差异,因此在传销犯罪的辩护中也大量存在罪名辩护或称异罪辩护,即将指控的传销犯罪辩护为非法经营罪或非法吸收公众存款罪,因此在传销犯罪与非法经营罪、非法吸收公众存款罪之间作出区分,有利于正确适用法律,准确认定犯罪,打击犯罪,保障人权。

## 一、是否具备传销犯罪的行为特征

是否具备传销犯罪的行为特征,[①]不仅是认定传销犯罪的关键,还是其与非法经营罪、非法吸收公众存款罪作区分的重要因素。

### (一)传销犯罪与非法经营罪

《刑法》第225条规定,"违反国家规定,有下列非法经营行为之一,扰乱市场秩序,情节严重的,处五年以下有期徒刑或者拘役,并处或者单处违法所得一倍以上五倍以下罚金;情节特别严重的,处五年以上有期徒刑,并处违法所得一倍以上五倍以下罚金或者没收财产:(一)未经许可经营法律、行政法规规定的专营、专卖物品或者其他限制买卖的物品的;(二)买卖进出口许可证、进出口原产地证明以及其他法律、行政法规规定的经营许可证或者批准文件的;(三)未经国家有关主管部门批准非法经营证券、期货、保险业务的,或者非法从事资金支付结算业务的;(四)其他严重扰乱市场秩序的非法经营行为"。通过一系列立法和司法解释,非法买卖外汇,非法经营食盐、烟草,非法从事出版物的出版、印刷、复制、发行业务及非法经营国际电信业务或涉港澳台电信业务的,也属于非法经营罪规制的范围。在传销犯罪确立之后,具备传销犯罪行为特征的行为已被纳入传销犯罪的规制范围,因此二者的界限是清晰的,值得讨论的问题有二。

其一,近年来司法实务中出现将一些属于非法经营的活动指控、认定为传销犯罪的倾向,这一方面源于执法和司法的趋利,另一方面源于非法经营被批判作为口袋罪,因对某些领域的非法经营行为能否以该罪定罪处罚把握不准,故为避免认定为非法经营后招致批评,寻求以传销犯罪定罪处罚。在此意义上,看似守住了罪刑法定原则的底线,事实上将不符合传销犯罪构成要件的行为通过类推解释认定为传销犯罪,反而是一种明显违背罪刑法定原则的操作。上述问题属于法律适用问题,只要准确理解和适用法律,均可以避免。至于如

① 相似犯罪的相似之处,主要表现在犯罪构成的客观要件上,因此,相似犯罪的区分主要应该从客观要件着手。在客观要件中,除行为以外,还包括对象、时间、地点等。主观要件中的犯罪动机、犯罪目的,这些要件对于相似犯罪的区分也有重要意义。参见陈兴良:《刑法哲学》,中国政法大学出版社1992年版,第733—734页。

何让司法人员不趋利司法，如何让司法人员避免类推解释，已超出本书的讨论范围。

其二，经营型传销与非法经营的关系。有论者认为，经营型传销属于行政违法范畴，其既不属于传销犯罪，也不属于非法经营犯罪，通过行政处罚予以规制即可；与此对应，有论者主张，因经营型传销（原始型传销）仍为法律所禁止、仍有存在的空间、仍然具有相当的法益侵害性，故在其严重扰乱经济秩序的时候，依然应以非法经营罪论处。[①] 本书认为，既然《办理传销案件适用法律的意见》第5条明确规定，“以销售商品为目的、以销售业绩为计酬依据的单纯的‘团队计酬’式传销活动，不作为犯罪处理”，则经营型传销通常不应再以非法经营罪定罪处罚，除非从事经营型传销的行为，同时又满足了法条明确例举的非法经营情形，例如，行为人以经营型传销方式传销烟草的，此时，因为有明确的司法解释规定[②]，故该种经营型传销构成非法经营罪。罪与非罪的认定，仍然要回归刑法条文，恪守罪刑法定的基本原则，在缺乏明确的立法及司法解释的情况下，不得随意扩大解释非法经营罪中“其他严重扰乱市场秩序的非法经营行为”的范围，不得将经营型传销行为任意认定为非法经营。

### （二）传销犯罪与非法吸收公众存款罪

《刑法》第176条第1款规定，“非法吸收公众存款或者变相吸收公众存款，扰乱金融秩序的，处三年以下有期徒刑或者拘役，并处或者单处罚金；数额巨大或者有其他严重情节的，处三年以上十年以下有期徒刑，并处罚金；数额特别巨大或者有其他特别严重情节的，处十年以上有期徒刑，并处罚金”。最高人民法院《关于审理非法集资刑事案件具体应用法律若干问题的解释》（以下简称《非法集资若干问题的解释》）第2条规定，“实施下列行为之一，符合本解释第一条第一款规定的条件的，应当依照刑法第一百七十六条的规定，以非法吸收公众

---

① 参见张明楷：《传销犯罪的基本问题》，载《政治与法律》2009年第9期。

② 最高人民法院、最高人民检察院《关于办理非法生产、销售烟草专卖品等刑事案件具体应用法律若干问题的解释》第1条第5款规定，“违反国家烟草专卖管理法律法规，未经烟草专卖行政主管部门许可，无烟草专卖生产企业许可证、烟草专卖批发企业许可证、特种烟草专卖经营企业许可证、烟草专卖零售许可证等许可证明，非法经营烟草专卖品，情节严重的，依照刑法第二百二十五条的规定，以非法经营罪定罪处罚”。

存款罪定罪处罚:(一)不具有房产销售的真实内容或者不以房产销售为主要目的,以返本销售、售后包租、约定回购、销售房产份额等方式非法吸收资金的;(二)以转让林权并代为管护等方式非法吸收资金的;(三)以代种植(养殖)、租种植(养殖)、联合种植(养殖)等方式非法吸收资金的;(四)不具有销售商品、提供服务的真实内容或者不以销售商品、提供服务为主要目的,以商品回购、寄存代售等方式非法吸收资金的;(五)不具有发行股票、债券的真实内容,以虚假转让股权、发售虚构债券等方式非法吸收资金的;(六)不具有募集基金的真实内容,以假借境外基金、发售虚构基金等方式非法吸收资金的;(七)不具有销售保险的真实内容,以假冒保险公司、伪造保险单据等方式非法吸收资金的;(八)以网络借贷、投资入股、虚拟币交易等方式非法吸收资金的;(九)以委托理财、融资租赁等方式非法吸收资金的;(十)以提供'养老服务'、投资'养老项目'、销售'老年产品'等方式非法吸收资金的;(十一)利用民间'会''社'等组织非法吸收资金的;(十二)其他非法吸收资金的行为"。

由上述规定可以看出,"不具有房产销售的真实内容或者不以房产销售为主要目的""不具有销售商品、提供服务的真实内容或者不以销售商品、提供服务为主要目的""不具有发行股票、债券的真实内容""不具有募集基金的真实内容""不具有销售保险的真实内容"等表述,与传销犯罪中要求的"以推销商品、提供服务等经营活动为名"具有共性特征,即均以经营性活动为名欺骗被吸收资金的对象,且以推销商品或服务为名从被害人处收取资金,也都伴随高额提成或返利,甚至在一些非法吸收公众存款案中也存在转介绍层层获利的情况。例如,在作者所办理的周某某非法吸收公众存款案中,公诉机关指控,××集团旗下"×××商城"网上商城的运营模式是投资者以缴纳"商城保证金"的形式在"×××商城"投资网上商铺,投资1万元、5万元、10万元可以分别获得一级、二级、三级商铺会员资格,该商城按每天5‰返利给投资者,回本之后仍能返利,最多返还本金的2倍就停止返利。同时,投资者可以通过介绍他人投资该商铺来获得奖金,介绍他人的投资在21万元至100万元,按8%发放奖励金;101万元至600万元,按15%发放奖励金;601万元至3000万元,按20%发放奖励金;3001万元至9000万元,按25%发放奖金;9001万元至1.5亿元,按30%发放奖金;1.5亿元至3亿元,按33%发放资金;3亿元至5亿元,按35%发放奖金;5亿元至10亿元,按36%发放奖金;10亿元以上业绩,按37%发放奖金。

2017年10月起,该商城陆续出现不能返利的情况。该案最初立案及报检察院批准逮捕,均认定为传销犯罪,经检察院两次退回补充侦查,侦查终结时才以非法吸收公众存款移送审查起诉。由此可见,两罪的行为表现确实存在相同的地方。

尽管如此,是否具备传销犯罪的行为特征仍然是两罪重要的区分标准。首先,在人员层级上,传销犯罪要求参与者按照一定顺序组成层级,最终形成金字塔式的人员结构,非法吸收公众存款对人员层级并无要求,尽管在一些案例中参与者存在投资介绍的情况,以及以若干业务团队形式运作吸收存款,团队内部存在团队长与一般参与者的角色分配,但这些都不是传销犯罪所要求的人员层级性。其次,在计酬方式上,传销犯罪要求直接或者间接以发展人员的数量为计酬或者返利依据,而非法吸收公众存款并无此要求,尽管实务中该罪也存在介绍他人投资获得介绍费的情况,但介绍费的计算并不以人员数量为依据,而是直接以投资金额进行提点,且一般不存在层层提点的情况。

## 二、是否具备非法占有的目的

本书第二章第二节已论及,传销犯罪的成立要求行为人主观上具备非法占有目的,就机能而言,传销犯罪中非法占有的目的属于责任要件的内容,具有区分罪与非罪、此罪与彼罪的机能。

### (一)传销犯罪与非法经营罪

传销犯罪要求行为人具备非法占有的目的。一方面,组织者、领导者将所骗取的入会费、“出售”商品或服务所收取的财物等据为己有,以所有人自居,属于具备非法占有目的的体现;另一方面,组织者、领导者将所骗取的财物进行支配,如用于个人消费、购买汽车、房产等,属于对财物的使用和处分,同样属于具备非法占有目的的体现。需要指出的是,实务中有行为人及其辩护人提出,传销组织为参与者提供了高额提成或返利的机制并运行良好,且参与者利用返利进行复投或实际提现,属于参与者对相关财物的处置或支配,可证明行为人主观上没有非法占有的目的。这样的辩驳显然站不住脚,因为用于返利的金额在传销组织骗取的财物中占比小,且给予返利本来就是该犯罪的特征,即基于返利所以才称其为传销犯罪,而不是基于返利所以不属于传销犯罪,给予返利目的在于诱骗行为人投入更多资金，或引诱参与者继续发展他人参加，最终服务于组织者、领导者最大化地非法占有所骗取的财物。

非法经营罪，无论是未经许可经营法律、行政法规规定的专营、专卖物品或者其他限制买卖的物品，还是买卖进出口许可证、进出口原产地证明以及其他经营许可证或者批准文件，抑或非法经营证券、期货、保险业务或者非法从事资金支付结算业务，尽管均体现为一种经营活动，但法律并未规定需要以营利为目的才构成犯罪，更何况，以营利为目的与以非法占有为目的又存在本质区别。概言之，非法经营罪的认定，并不要求以非法占有为目的。

### （二）传销犯罪与非法吸收公众存款罪

与传销犯罪相比，非法吸收公众存款罪的刑罚规定有 3 档，吸收公众存款数额在 100 万元以上或吸收公众存款对象在 150 人以上的，才追究刑事责任，第一档刑期最高为 3 年，而传销犯罪的成立并无传销资金数额的要求，在层级及人数上也仅要求人员在 30 人以上且层级在 3 级以上，第一档刑期最高为 5 年；吸收公众存款数额在 500 万元以上或吸收公众存款对象在 500 人以上的，属于数额巨大或者有其他严重情节，其刑罚为 3 年以上 10 年以下有期徒刑，而参与传销活动人员累计达 120 人以上或参与传销活动人员缴纳的传销资金数额累计达 250 万元以上就属于情节严重，其刑罚为 5 年以上有期徒刑。由此可见，单纯从涉案资金或人数比较，非法吸收公众存款的入罪门槛相比传销犯罪较高，处罚则相对较轻。另外，两罪在涉案财物的处置上也存在区别，传销犯罪中对于涉案财物予以没收，不会退赔给参与者，而非法吸收公众存款案中，尽管未明确集资参与人的受害人身份，但实务操作是对其所遭受财产损失积极予以追缴返还。

基于以上原因，在传销犯罪的处理和辩护过程中，被告人及其辩护人、被害人（一般参与人）基于自身利益考量，都有将传销犯罪辩护为非法吸收公众存款的诉求。如果能从行为特征的角度对具体犯罪行为作出区分，自然不存在考察责任要件的必要。问题是，当犯罪行为既满足传销犯罪的客观构成要件要素，也满足非法吸收公众存款罪的客观构成要件要素时，则必须考察行为人的主观方面，非法占有目的此时即能发挥区分此罪与彼罪的机能。

非法吸收公众存款罪的成立，不仅不要求以非法占有为目的，而且绝不能存在非法占有目的，否则就极有可能构成另一重罪——集资诈骗罪（在一些常见的非法吸收公众存款案中，在大部分非法吸收的资金无法追缴、退赔到位的情况下，在认定一般责任人员非法吸收公众存款的同时，司法机关往往以发放高额提成、返现、模式难以为继、对非法吸收的资金管理和使用混乱、不负责任、肆意挥霍非法吸收的资金等理由，认定作为非法吸收公众存款发起人、操控人的主犯具有非法占有目的，从而认定其构成集资诈骗罪）。

### 三、三罪之间的关系与处理

法条竞合是指一个行为同时符合了数个法条规定的犯罪构成，但从数个法条之间的逻辑关系来看，只能适用其中一个法条，当然排除适用其他法条的情况，只有当两个法条之间存在包容关系或者交叉关系时，才能认定为法条竞合关系。[①] 依照该标准，传销犯罪与非法经营罪不属于法条竞合。依照最高人民法院《非法集资若干问题的解释》的规定，认定非法吸收公众存款，除了要求具备吸收存款的行为，还要求具备公开面向社会公众公开进行的行为，需要同时具备以下 4 个条件：(1)未经有关部门依法许可或者借用合法经营的形式吸收资金；(2)通过网络、媒体、推介会、传单、手机信息等途径向社会公开宣传；(3)承诺在一定期限内以货币、实物、股权等方式还本付息或者给付回报；(4)向社会公众即社会不特定对象吸收资金。由此可以看出，非法吸收公众存款与传销犯罪具有一些相同的行为特征：一是假借经营活动为名，非法吸收公众存款多以不真实的经营活动为名，如不具有发行股票、债券的真实内容，以虚假转让股权、发售虚构债券等方式非法吸收资金，传销犯罪的认定也要求具备"以推销商品、提供服务等经营活动为名"。二是在宣传方式上，都经常通过网络、推介会、招商会、手机信息等方式进行推广、招募宣传。三是都存在高额的返利或提成，且以货币为主。四是对社会公开进行，针对的人群具有不特定性。尽管如此，非法吸收公众存款罪与传销犯罪仍然属于性质和构成要件完全不同的两个犯罪，前者属于破坏金融管理秩序罪，不以非法占有为目的，后者属于诈骗性质犯罪，需要以非法占有为目的，二者既不属于包容关系，也不属于交叉关系，故不属于法条竞合。

---

① 参见张明楷：《刑法学》（第 4 版），法律出版社 2011 年版，第 418 页。

组织、领导传销活动，同时构成其他犯罪的，如行为人以推销商品的经营活动为名，要求参加者购买食盐、烟草等属于专营专卖范围的物品，以获得加入资格，从事传销活动的，显然既构成传销犯罪，也构成非法经营罪，因此传销犯罪与非法经营罪构成想象竞合，应当从一重罪论处。[①] 与此对应，因行为人在非法吸收公众存款时不存在非法占有目的，所以该罪与传销犯罪不属于想象竞合犯。

例如，在李某某、昌某某组织、领导传销活动案[②]中，一审法院贵阳市南明区人民法院经审理认定，国某云计算有限公司成立于2015年8月18日，公司地址在北京市某某区某某路商业楼5号楼2层，该公司法定代表人为赵某，经营范围载明为数据处理，设计、制作广告，技术开发、转让、咨询、服务，计算机系统服务，基础软件服务，应用软件服务，电脑动画设计，软件开发，软件咨询，销售自行开发后的产品。但该公司无任何经济实体，亦未从事经营范围内的经营项目。2016年年初，被告人李某某到国某云计算公司"考察"后，于2016年2月25日与田某在贵阳市花果园成立国某云计算有限公司贵州分公司（以下简称贵州国某云公司），田某担任该公司的负责人。该公司经营范围为：法律、法规、国务院决定规定禁止的不得经营；法律、法规、国务院决定规定应当许可的，经审批机关批准后凭许可文件经营；法律、法规、国务院决定规定无须许可的，市场主体自主选择经营。贵州国某云公司成立后，通过虚假宣传内容（国某云计算有限公司有中铁快运的股份，还有金矿、煤矿、石英矿等实体）诱使申购人购买公司优先股（1股1元）并成为公司员工，60天后该优先股价值变成3倍后申购人可以申请提取总价值70%的资金（其中贵州国某云公司要扣除提现总金额的5%作为平台费用，还要扣除300元的手续费），剩余资金的30%留在公司继续升值。每位公司员工均可以推荐新的申购人并获取申购人申购优先股总金额的10%作为推荐人的佣金，推荐人推荐满10人还可以获得3000元奖励。被告人李某某、田某分别以公司总业绩的3%、2%为计酬，被告人邹某、孙某、周某

① 根据最高人民法院《关于情节严重的传销或者变相传销行为如何定性问题的批复》的规定，实施上述犯罪（因实施传销行为构成非法经营罪的情形——引者注），同时构成刑法规定的其他犯罪的，依照处罚较重的规定定罪处罚。该批复现已被废止，但其重申了实施传销行为构成犯罪，同时触犯其他犯罪的处断原则，即从一重罪论处。

② 参见贵州省贵阳市中级人民法院刑事判决书，（2018）黔01刑终1046号。

某、邓某、吴某某分别担任公司管理人员，通过宣传不断发展下线的方式增加参加人数、提高公司业绩，并提取所有申购人购买“优先股”总金额的15%，以及申购人提现收取的费用作为贵州国某云公司的工资发放及运作资金。至案发时止，涉案传销人员共4307人，涉案金额达人民币17,327.45万元。7名被告人在该传销组织中各有分工、各负其责。

一审法院认为，被告人李某某、昌某某、邹某、孙某、吴某某、周某某、邓某违反国家法律规定，以出售所谓的“优先股”为名，以高额回报为诱饵，要求参加者购买“优先股”后成为员工，获得加入资格，并按照一定顺序组成层级，大量发展参加者，直接或者间接以发展人员的数量为计酬或者返利依据，引诱参加者继续发展他人不断加入，骗取财物，扰乱经济与社会秩序，其行为均已构成组织、领导传销活动罪，且直接或间接收取参与传销活动人员缴纳的传销资金数额累计达250万元以上，属情节严重，依法应处5年以上有期徒刑，并处罚金。据此，判决被告人李某某等7人犯组织、领导传销活动罪，并分别判处刑罚。

一审判决作出后，李某某等7人均提起上诉，其中李某某的辩护人提出，李某某的行为属于非法吸收公众存款。对此，二审法院贵阳市中级人民法院认为，首先，非法吸收公众存款罪侵犯的是金融管理秩序，而组织、领导传销活动罪侵犯的是公民的财产所有权、市场经济秩序和社会管理秩序；其次，组织、领导传销活动罪的核心是“骗取他人财物，非法牟取利益”，而非法吸收公众存款的目的是通过吸收公众存款的方式实现盈利，而无侵吞投资人财产、非法占有财物的目的；最后，非法吸收公众存款是为了特定生产经营用途，而向社会不特定对象吸收资金，而组织、领导传销活动中，所谓的“公司”往往是空壳公司，其所推销的商品或服务根本不存在，仅以“公司”名义实现个人敛财，实现非法占有他人财物的目的。具体到本案，经查，上诉人李某某作为贵州国某云公司的发起人、实际控制人，负责公司的运作，其具体负责该传销组织的发展事务，并监督、安排管理公司下面各总监履行职责情况，通过其女儿许某（公司财务部主任）管理公司资金往来，召开公司中高层会议，宣布有关公司经营情况和传达该传销组织的要求和规定，其与田某共同负责公司的决策及资金分配，通过虚假宣传毫无实体的公司情况来引诱参与者申购“优先股”，骗取他人财物，扰乱社会经济秩序，至案发时，其以领取工资为名从公司共领取941,192.5元的犯罪事实清楚，其行为符合组织、领导传销活动罪的构成要件，应以组织、领导传销活动罪定罪处罚。最终,贵阳市中级人民法院维持了一审法院对本案的定性,即认定成立组织、领导传销活动罪。

从该案可以看出,二审法院着重区分了传销犯罪与非法吸收公众存款罪,主要作了两点区分。一是犯罪性质,二审法院并未拘泥于传销犯罪在《刑法》中所处的位置(《刑法》分则第三章破坏社会主义市场经济秩序罪之第八节扰乱市场秩序罪),直指该罪侵犯的主要法益为公民的财产所有权,而非法吸收公众存款罪侵犯的法益为金融管理秩序;二是抓住传销犯罪属于诈骗性质犯罪的特征,直接点出传销犯罪的核心是"骗取他人财物,非法牟取利益",而非法吸收公众存款的行为人并无非法占有目的,其目的在于使用所吸收资金进行获利,至于资金如何使用,则属于行为人主观目的的客观外化。在非法吸收公众存款中,行为人吸收资金后用于特定生产经营,在传销犯罪中,生产经营是骗人的幌子,真正目的在于非法占有他人财物,行为人并无返还财物的意思。应该说,二审法院对传销犯罪与非法吸收公众存款罪的区分是准确的,尤其是抓住了是否具有非法占有目的这一核心区分要素,并结合案情进行了详细的分析和论证,使得最终的案件处理结论令人信服,该案以传销犯罪定罪处罚是适当的。

## 第三节 传销犯罪与诈骗罪、集资诈骗罪的界限

### 一、诈骗罪的一般法与特别法

《刑法》第 266 条规定,"诈骗公私财物,数额较大的,处三年以下有期徒刑、拘役或者管制,并处或者单处罚金;数额巨大或者有其他严重情节的,处三年以上十年以下有期徒刑,并处罚金;数额特别巨大或者有其他特别严重情节的,处十年以上有期徒刑或者无期徒刑,并处罚金或者没收财产。本法另有规定的,依照规定"。第 192 条第 1 款规定,"以非法占有为目的,使用诈骗方法非法集资,数额较大的,处三年以上七年以下有期徒刑,并处罚金;数额巨大或者有其他严重情节的,处七年以上有期徒刑或者无期徒刑,并处罚金或者没收财产"。

上述第 266 条规定的诈骗罪,与第 192 条第 1 款规定的集资诈骗罪,毫无疑

间存在包含关系，诈骗罪包含集资诈骗罪。细言之，诈骗罪并未规定诈骗的手段与方法，凡符合诈骗罪构成要件的行为均属于诈骗，其是一般法条，而集资诈骗罪及《刑法》分则确立的其他诈骗犯罪，如贷款诈骗罪、票据诈骗罪、金融凭证诈骗罪、信用证诈骗罪、信用卡诈骗罪、有价证券诈骗罪、保险诈骗罪、合同诈骗罪等，基于其犯罪对象、使用手段等比较特殊，刑法单独将其规定为具体的诈骗犯罪，并分别确立了刑罚，故其属于特别法条。当二者发生竞合时，依照第 266 条“本法另有规定的，依照规定”的规定，适用特别法优于一般法的法律适用原则，按照特别法规定定罪量刑（特别法规定的刑罚并非必然比一般法规定的刑罚重）。

## 二、传销犯罪与诈骗罪的竞合

本书认为，传销犯罪也属于诈骗犯罪，其与诈骗罪、集资诈骗罪是何法律关系？应如何适用法律呢？

关于传销犯罪与诈骗罪的关系，张明楷教授认为，一方面，传销犯罪中的骗取财物具有诈骗的性质，本罪的实行行为是组织、领导诈骗型传销活动的行为，另一方面，“不能认为刑法第 224 条之一与规定集资诈骗罪的第 192 条、规定普通诈骗罪的第 266 条是特别法条与普通法条的关系，进而对以传销方式实施诈骗的案件适用特别法条以组织、领导传销活动罪论处”①。其理由为，若认为传销犯罪与诈骗罪构成法条竞合，则应适用特别法条以组织、领导传销活动罪论处，而该罪的最高刑罚为 15 年有期徒刑，诈骗罪最高可判无期徒刑，如此不能体现公平正义，故应认定两者属于想象竞合，以便从一重罪处断。陈兴良教授则认为，法条竞合与想象竞合在本体上存在区分，不能因为不同犯罪的法定刑轻重设置而混淆两者之间的界限，更不赞同模糊法条竞合与想象竞合之间界限的观点，组织、领导传销活动罪作为传销诈骗罪，与诈骗罪之间显然存在特别法与普通法的竞合关系，只能按组织、领导传销活动罪处罚，尽管诈骗罪的法定最高刑高于组织、领导传销活动罪。②

本书认为，陈兴良教授的观点更为可取，其一，认定两罪存在法条竞合，可

---

① 张明楷：《传销犯罪的基本问题》，载《政治与法律》2009 年第 9 期。

② 参见陈兴良：《组织、领导传销活动罪：性质与界限》，载《政法论坛》2016 年第 2 期。

与传销犯罪的实行行为为组织、领导诈骗型传销活动的行为之观点保持逻辑一致,否则,认为传销犯罪规制的对象属于诈骗型传销,又不认可传销犯罪属于普通诈骗罪的特别法条,逻辑不自洽;其二,两罪究竟属于何种关系,应当依法条竞合与想象竞合的概念与界定标准来认定,法条竞合是法律条文的竞合,是法条的现象形态,想象竞合是犯罪行为的竞合,是犯罪的现象形态,显然,诈骗罪条文与传销犯罪条文存在包容关系,故属于法条竞合,不能根据解释者对于轻重刑罚的取舍态度来倒推两罪的关系,否则就属于以刑制罪,站在打击犯罪的角度,裁判者可能阐释二者属于想象竞合从而从一重罪处断,而站在维护人权的角度,裁判者可能阐释二者属于法条竞合从而适用传销犯罪法条作出轻缓判决,如此,想象竞合与法条竞合的区分将变得模糊与随性,这无疑会引发司法裁判的混乱。

### 三、传销犯罪与集资诈骗罪的竞合

有刑法学者将法条竞合概括为 4 种情况:一是独立竞合,指一个罪名概念的外延为另一罪名概念的外延的一部分,而犯罪行为正适合这一部分的情形,其适用原则是特别法优于普通法;二是包容竞合,指一个罪名概念的外延是另一罪名概念的外延的一部分,但犯罪构成的内容已超出外延窄的罪名概念的情形,其适用原则是全部法优于部分法;三是交叉竞合,指两个罪名概念之间各有一部分外延相互重合,其适用原则是重法优于轻法;四是偏一竞合,指两个法条交叉重合,但犯罪行为已经超出重合范围的情形,其适用原则是基本法优于补充法。[①] 交叉竞合表现为两个法条的交叉重合,而行为人的犯罪行为正适合重合部分的情形,其特点是,在形式上两个法条均可以评价这个犯罪行为。[②]

本书认为,传销犯罪与集资诈骗罪正是属于法条竞合下的交叉竞合,两罪在以下范围内交叉重合:一是在构成要件上,非特定身份行为人使用传销诈骗手段骗取财物;二是在责任要件上,行为人均为故意;三是在责任要件的目的上,行为人均以非法占有为目的。

---

① 姜伟:《犯罪形态通论》,法律出版社 1994 年版,第 414 页。

② 参见陈兴良:《法条竞合的学术演进——一个学术史的考察》,载《法律科学(西北政法大学学报)》2011 年第 4 期。

至于“以非法占有为目的”的认定，最高人民法院《非法集资若干问题的解释》第7条第2款规定，“使用诈骗方法非法集资，具有下列情形之一的，可以认定为‘以非法占有为目的’：（一）集资后不用于生产经营活动或者用于生产经营活动与筹集资金规模明显不成比例，致使集资款不能返还的；（二）肆意挥霍集资款，致使集资款不能返还的；（三）携带集资款逃匿的；（四）将集资款用于违法犯罪活动的；（五）抽逃、转移资金、隐匿财产，逃避返还资金的；（六）隐匿、销毁账目，或者搞假破产、假倒闭，逃避返还资金的；（七）拒不交代资金去向，逃避返还资金的；（八）其他可以认定非法占有目的的情形”。

依照交叉竞合的处理原则，适用重法优于轻法进行处理，因集资诈骗罪的法定最高刑为无期徒刑，故应以集资诈骗罪定罪处罚。该种处理原则，也符合《办理传销案件适用法律的意见》第6条的规定，即以非法占有为目的，组织、领导传销活动，同时构成组织、领导传销活动罪和集资诈骗罪的，依照处罚较重的规定定罪处罚。

## 四、案例分析

### （一）基本案情

在河南省灵宝市人民法院审理的陈某某、魏某某集资诈骗案[①]中，灵宝市人民法院经审理认定，2014年下半年，被告人魏某某以“深圳××软件有限公司”的名义在互联网上宣传网站开发。2014年11月，被告人陈某某让魏某某为其开发带有复利性质的结算系统网站，后魏某某联系南京××信息科技有限公司法人代表张某，按照陈某某的要求编制网站程序源代码，魏某某购买该程序源代码后在互联网上先后为陈某某开发了“万达复利”“万达3M”“中国梦”“青春188”等理财交易平台。被告人陈某某以深圳市×××实业有限公司的名义制作虚假资料，通过互联网和微信群等进行宣传，承诺投入1500元到30,000元不等的资金，即可注册成为“万达复利”等理财产品的会员或报单中心，并且每天可以得到固定比例的高额分红，会员再发展他人加入还可以得到更高比例的推荐奖和依层级顺序的见点奖等奖励（奖励和分红均为虚拟的“万达币”），购买

① 参见河南省灵宝市人民法院刑事判决书，（2017）豫1282刑初514号。

或出售虚拟“万达币”和人民币的比例是 1∶1，投资 1500 元 5 年变成 103 万元。陈某某以此为诱饵发展会员加入“万达复利”等所谓的理财交易平台并要求会员再发展下线，按照一定的顺序形成层级关系，陈某某收取下线的费用后，给下线注册成为会员或者开通报单中心，在系统上以“万达币”的形式给下线分红和奖励，向下线出售“万达币”。2016 年 2 月 1 日，原湖北省咸宁市通山县工商行政管理局因陈某某构成组织、领导传销行为，对其作出行政处罚决定，责令其停止违法行为、消除社会影响，并处没收 261.6 万元，罚款 138.4 万元。之后被告人陈某某通过手机微信、短信与魏某某商量逃避有关部门处理的方法，并指使魏某某关闭“万达复利”网站。从“万达复利”网站开通至关闭期间，被告人陈某某及下线应某某（已判刑）、江某某、刘某某、林某某、陈某甲等人在全国范围内发展了大量会员加入“万达复利”等理财交易平台，会员超过 1600 人，总层级 11 级。陈某某通过其农业银行和建设银行账户、支付宝等收取应某某、陈某甲、林某某等人转来的下线会员注册、购买“万达币”等资金共计 46,339,896.05 元。陈某某将部分款项转至其妻子曾某及女儿陈某账户用于购买房产、基金等银行理财产品，其他用于个人消费。在此过程中，被告人魏某某除了按照陈某某的要求购买网站源代码给其制作“万达复利”交易平台以外，还负责“万达复利”“万达 3M”“中国梦”“青春 188”等网络理财交易平台的清理缓存、更换服务器、增加数据盘等日常技术维护。陈某某通过魏某某使用的以黎某、林某、李某等人名义注册的支付宝账户转给魏某某报酬 2,467,065.66 元。

### （二）辩护意见

该案中，被告人陈某某及其辩护人提出，陈某某无法掌控、支配涉案资金，其不可能通过运营该平台非法占有会员资金，也不存在以虚构事实、隐瞒真相的方法骗取投资人资金的行为，平台被原湖北省咸宁市通山县工商行政管理局责令关闭后，没有更换手机，没有更换住址，没有转移资金、携款潜逃等，被告人陈某某没有非法占有会员资金的主观故意，其有正当职业收入，没有占有会员钱款的动机；被告人陈某某本质上是要求投资人以缴纳费用的方式获得加入资格，并按照一定顺序组成层级，直接或间接以发展人员的数量为计酬或者返利依据，引诱参加者继续发展他人参加，以达到获得财物的目的，符合组织、领导传销活动罪的构成要件。被告人魏某某的辩护人提出，魏某某主观上没有非法占有的故意，对涉案资金也没有支配力，不具有非法占有的可能，即便认定构成犯罪，以组织、领导传销活动罪从犯对魏某某定罪处罚，更合乎法理。

（三）法院认定

灵宝市人民法院经审理认为，被告人陈某某以非法占有为目的，开发、使用违法的“万达复利系列理财交易平台”，进行虚假宣传，诱以高额回报，操纵该平台欺骗参加者进行投资理财，以传销的方式非法集资，数额特别巨大，同时构成组织、领导传销活动罪和集资诈骗罪，依法应择一重罪处罚，故对被告人陈某某的行为应以集资诈骗罪定罪处罚。被告人魏某某为陈某某开发“万达复利系列理财交易平台”，帮助陈某某欺骗参加者以缴纳一定费用的方式获得加入资格进行投资理财，引诱参加者继续发展他人参加，骗取钱财，扰乱经济社会秩序，情节严重，其行为已构成组织、领导传销活动罪，应予惩处。公诉机关指控被告人魏某某犯集资诈骗罪的罪名不当，不予支持。被告人魏某某对陈某某的组织、领导传销活动起到了帮助作用，在共同犯罪中起辅助作用，是从犯，应当减轻处罚。最终，法院认定被告人陈某某犯集资诈骗罪，判处有期徒刑 13 年，认定被告人魏某某犯组织、领导传销活动罪，判处有期徒刑 2 年。

（四）分析评论

本案中，被告人陈某某的行为属于传销犯罪与集资诈骗罪交叉竞合的重合部分，传销犯罪法条与集资诈骗罪法条均可以评价其犯罪行为。

1. 被告人陈某某使用传销诈骗手段骗取财物

一方面，被告人陈某某以理财经营活动为名，以深圳市 × × × 实业有限公司的名义制作虚假资料，宣传投入一定数额的资金注册成为“万达复利”“万达 3M”“中国梦”“青春 188”等理财产品的会员或报单中心，可以得到固定比例的分红，并要求会员再发展下线，按照一定的顺序形成层级关系，发展他人加入可以得到更高比例的推荐奖和依层级顺序的见点奖等奖励，在系统上以“万达币”的形式给下级分红和奖励，向下级出售“万达币”，符合传销犯罪的构成要件。另一方面，被告人陈某某在未依法取得许可的情况下，制作虚假资料，通过互联网和微信群等途径向社会公开宣传委托理财，承诺投资者可以获得所投入资金固定比例的高额分红，投资 1500 元 5 年变成 103 万元，推荐他人投资可以获得更高比例的推荐奖和见点奖等奖励(奖励和分红均为虚拟的“万达币”,购买或出售虚拟“万达币”和人民币的比例是 1∶1),向社会公众吸收资金,符合集资诈骗罪的构成要件。

2. 被告人陈某某对使用传销诈骗手段骗取财物持有故意

被告人陈某某是该犯罪的组织者和策划者,理财平台的开发、虚假材料的制作、传销模式的宣传推广及所骗取资金的操控均由被告人陈某某授意或直接负责,其对骗取投资人所投入资金具有故意。

3. 被告人陈某某对投资人所投入资金具有非法占有目的

被告人陈某某通过其农业银行和建设银行账户、支付宝等收取应某某、陈某甲、林某某等人转来的下线会员注册、购买“万达币”等资金共计 46,339,896.05 元,其对所收取的资金具有支配权,其将部分款项转至其妻子曾某及女儿陈某账户用于购买房产、基金等银行理财产品,其他用于个人消费,这符合最高人民法院《非法集资若干问题的解释》第 7 条规定的“肆意挥霍集资款,致使集资款不能返还”“抽逃、转移资金、隐匿财产,逃避返还资金”等可推定具有非法占有目的的情形,可以认定其对投资人所投入资金具有非法占有目的。

基于此,被告人陈某某的行为既可以评价为传销犯罪,也可以评价为集资诈骗罪,因集资诈骗罪的处罚较重,故应依照法条交叉竞合的处理原则及《办理传销案件适用法律的意见》第 6 条的规定,依照处罚较重的集资诈骗罪定罪处罚。不过,该案裁判指出,被告人陈某某以传销的方式非法集资,数额特别巨大,同时构成组织、领导传销活动罪和集资诈骗罪,依法应择一重罪处罚,故对被告人陈某某的行为应以集资诈骗罪定罪处罚。由此可以看出,法院显然认为传销犯罪和集资诈骗罪属于想象竞合,故择一重罪处罚,其结果与认定交叉竞合的处罚结果一致。①

---

① 作者以“组织、领导传销活动”“集资诈骗”“竞合”3 个关键词在中国裁判文书网上检索,共检索到 8 份裁判文书,其中“杨某某、刘某某等组织、领导传销活动案”涉及 4 份相同的判决书,该案有 3 位辩护人的辩护意见提及行为人的犯罪行为存在法条竞合,但未阐明具体情况,法院也未对该观点进行评价;“汪某某、邱某某非法吸收公众存款案”二审裁定书、“崔某某、尹某等诈骗罪案”一审判决书并未涉及传销犯罪与集资诈骗罪的竞合问题;其余 2 份裁判文书,除已详述的陈某某、魏某某集资诈骗案之外,在剩余“王某某、杨某某、张某某集资诈骗案”二审裁定书中可见,一审、二审法院均认为,行为人同时构成集资诈骗罪和组织、领导传销活动罪,属于一行为触犯数罪名的想象竞合,应依照处罚较重的规定定罪处罚,认定为集资诈骗罪。可见,实务中倾向于将传销犯罪与集资诈骗罪认定为想象竞合。

此外,该判决采纳了魏某某辩护人的意见,认为魏某某主观上没有非法占有的故意,故认定其构成组织、领导传销活动罪,且属从犯。本书认为,此种认定存在以下疑问:一是从犯罪构成上看,传销犯罪的认定本就要求具备非法占有目的,一方面,这是传销犯罪作为一种特殊的诈骗犯罪的要求;另一方面,传销犯罪的罪状也体现了具备此一责任要素的要求。二是从案件查明的事实来看,被告人魏某某为陈某某开发"万达复利系列理财交易平台",帮助陈某某欺骗参加者以缴纳一定费用的方式获得加入资格进行投资理财,引诱参加者继续发展他人参加,骗取钱财,这就已经体现了非法占有的目的,尽管其只获得陈某某支付的所谓报酬 2,467,065.66 元,但实际获利的多少与是否具备非法占有目的是完全不同的两个概念,没有必然联系,获利较多不意味着必然具备非法占有目的,没有获利也不意味着必然不具备非法占有目的。三是魏某某对于所获报酬的处置也体现了非法占有目的,魏某某将所获得报酬资金一部分用于支付租用网站服务器、雇人清理系统缓存等费用,其余部分先转到其本人真实的支付宝账户,然后提现到自己和其亲属的银行账户或购买基金,该行为符合《非法集资若干问题的解释》第 7 条规定的"抽逃、转移资金、隐匿财产,逃避返还资金的"的情形;四是以刑制罪违反罪刑法定原则,根据法院认定的事实,案发后,被告人魏某某亲属向公安机关退缴赃款 100 万元,审理中又向法院退缴赃款 146.7065 万元,法院基于魏某某所获报酬占集资诈骗全部金额比例小及已全部退缴赃款的事实,认定其不具有非法占有目的从而以传销犯罪的轻罪定罪处罚,此种操作有以刑制罪的嫌疑,即先设定对被告人从轻判决的结果,然后寻找可以实现这一目的的犯罪构成与事实。事实上,通过认定集资诈骗,再考量从犯、获利、退赃等因素,同样可以实现对魏某某的从轻判决,如此不仅可以避免违反责任要件的质疑,也可以避免以刑制罪的质疑。当然,审判实务对于刑法理论的关注和吸收是一个长期的互动过程,司法实务真正接受传销犯罪需要具备非法占有目的,看来还有很长的路要走。

# 第四节 单位犯罪与个人犯罪的界限

## 一、组织、领导传销活动罪与单位犯罪

所谓单位犯罪，是指公司、企业、事业单位、机关、团体为本单位牟取非法利益，或者以单位名义为本单位全体成员或多数成员牟取非法利益，由单位的决策机构按照单位的决策程序决定，由直接责任人员具体实施的，且有刑法明文规定的犯罪。[①] 单位犯罪是单位本身犯罪，而不是单位各个成员之间犯罪的集合，也不是单位各个成员的共同犯罪。

《刑法》第 30 条规定，“公司、企业、事业单位、机关、团体实施的危害社会的行为，法律规定为单位犯罪的，应当负刑事责任”。第 31 条规定，“单位犯罪的，对单位判处罚金，并对其直接负责的主管人员和其他直接责任人员判处刑罚。本法分则和其他法律另有规定的，依照规定”。第 231 条规定，“单位犯本节第二百二十一条至第二百三十条规定之罪的，对单位判处罚金，并对其直接负责的主管人员和其他直接责任人员，依照本节各该条的规定处罚”。

据此，因刑法有关于单位犯组织、领导传销活动罪的明文规定，故单位实施组织、领导传销活动行为的，构成组织、领导传销活动的单位犯罪，应当负刑事责任，对单位判处罚金，并对其直接负责的主管人员和其他直接责任人员判处刑罚。

## 二、传销犯罪的单位犯罪的认定

本书认为，认定单位构成传销犯罪，应从以下几个方面进行把握。

### （一）由单位决策机构按照单位的决策程序决定，由直接责任人员实施

首先，单位犯罪体现的是单位的意志，故决策的主体应该是单位，实践中存

① 张明楷：《刑法学》（第 4 版），法律出版社 2011 年版，第 138 页。

在的实施传销犯罪的单位,大多为依法注册成立的公司,此种情况下实施的传销活动,决策者一般是公司法定代表人、董事长(执行董事)等高级管理人员中的一人或数人,既可以会议的形式作出决策,也可由享有决策权的人自行决策,因决策者可以代表单位,故其决策就是单位的决策,体现单位的意志。

其次,由犯罪主体的单位依照决策程序决定。尽管单位是单位犯罪的主体,但开展犯罪活动毕竟需要具体的人来进行决策和部署,此时,决策者、部署者依照单位的决策程序所作出的实施犯罪的决定,才能被归结为单位的决策,体现单位的意志。由依法注册成立的公司实施传销犯罪活动的,就需要根据公司章程、规章制度等规定,由股东会(股东大会)、董事会(执行董事)等决策机构作出决定。

再次,单位作出决策后,由直接责任人员实施。这里的直接责任人员,是单位犯罪中具体实施犯罪,并起较大作用的人员,其既可以是单位的经营管理人员,也可以是单位的普通职工,包括聘任、雇佣人员。在公司实施的传销犯罪中,直接责任人员可能是公司的董事、监事、总经理等高级管理人员,也可能是公司的普通员工。

最后,盗用、冒用单位实施传销犯罪,违法所得由实施传销犯罪的个人私分的,或单位内部成员未经单位决策机构决定、认可而实施的传销犯罪,因不是由单位决定实施,未体现单位意志,故不属于单位犯罪,应当依照刑法有关自然人犯罪的规定定罪处罚。

例如,在余某某、卢某组织、领导传销活动案①中,山东省潍坊市中级人民法院经审理认为,2015 年 8 月,祝某某注册成立满某公司并担任法定代表人,该公司成立之初非以传销犯罪为目的,2016 年 4 月,满某公司雇用余某某担任公司执行总裁,负责公司日常经营管理后,祝某某和余某某销售团队共同协商制定了电商会员销售模式,该经营模式体现了满某公司单位意志,包括祝某某和余某某在内的公司领导层平时也仅仅是领取固定工资报酬,销售收入分成等约定并没有实际兑现,在案证据也不能证实满某公司经营收入等收益归个人占有,应归公司占有。因此,符合单位犯罪构成要件,应认定满某公司构成组织、领导传销活动单位犯罪。

---

① 参见山东省潍坊市中级人民法院刑事判决书,(2020)鲁 07 刑终 233 号。

在该案中，满某公司成立之初并非以传销犯罪为目的，且开展传销活动的决策是由公司法定代表人与执行总裁共同商议作出的，领导层平时也仅仅是领取固定工资报酬，因此实施该犯罪体现的是公司的意志与利益。

### （二）犯罪表现为为本单位牟取非法利益，或者以单位名义为本单位全体成员或多数成员牟取非法利益的行为

具体而言，公司犯传销犯罪，需要体现为为公司牟取非法利益，这就要求，一方面相关传销活动需要以公司名义组织实施，另一方面传销犯罪所骗取的财物应当归入公司，由公司支配，而不能由公司直接负责的主管人员和其他直接责任人员占有和处分。

例如，在陈某某、钟某某、廖某某等组织、领导传销活动案①中，针对上诉人提出的本案属于单位犯罪的意见，泉州市中级人民法院经审理认为，经查，本案相关传销活动系由原审被告人陈某某及庄某某所决定发起，且传销活动的款项收支均通过个人银行账户进行，相关违法所得亦为个人所支配，本案不属单位犯罪。

又如，在高某某、李某某等组织、领导传销活动等罪案②中，针对上诉人提出的本案属于单位犯罪的意见，江苏省盐城市中级人民法院经审理认为，高某某参与 Woken 传销平台犯罪活动，并非以其经营的深圳前海××科技有限公司名义进行，高某某从传销平台获利的资金并未进入该公司账户，其提取涉案资金的大部分被高某某用于购买房产、汽车等个人消费，故不应认定为单位犯罪。

以上两个案例，法院均以传销犯罪系由个人决定发起，传销活动并非以公司名义进行及获利资金未进入公司账户且由行为人个人支配、消费为由，未认定为单位犯罪。

### （三）单位在所有制、特定职能性质等方面没有特殊条件要求

刑法所规定的单位犯罪，主体必须为公司、企业、事业单位、机关、团体等，刑法规定的某些单位犯罪，必须是特定的单位主体才能构成，如《刑法》第 327

① 参见福建省泉州市中级人民法院刑事裁定书，（2021）闽 05 刑终 202 号。

② 参见江苏省盐城市中级人民法院刑事裁定书，（2020）苏 09 刑终 419 号。

条规定的非法出售、私赠文物藏品罪，其单位主体必须是国有博物馆、图书馆等单位，就传销犯罪而言，单位主体的所有制情况并不影响定罪。此外，单位构成传销犯罪，对单位也没有特定职能性质等方面的特殊要求。

### （四）单位成立的目的不是实施传销犯罪，或者单位成立后不以实施传销犯罪为主要活动

单位成立的目的是实施传销犯罪，或者单位成立后以实施传销犯罪为主要活动的，此时单位成为行为人实施犯罪的“工具”，或者为其传销犯罪的实施提供便利，或者为掩护传销犯罪活动提供便利，或者为逃避对传销犯罪行为的打击提供便利，因此要“刺破”单位的面纱，追究利用单位实施传销犯罪的自然人的刑事责任。对此，最高人民法院法释〔1999〕14号《关于审理单位犯罪案件具体应用法律有关问题的解释》（以下简称《审理单位犯罪应用法律的解释》）第2条明确规定，“个人为进行违法犯罪活动而设立的公司、企业、事业单位实施犯罪的，或者公司、企业、事业单位设立后，以实施犯罪为主要活动的，不以单位犯罪论处”。

例如，在岑某某、莫某某组织、领导传销活动案[①]中，被告人岑某某、莫某某的辩护人均提出本案属于单位犯罪的辩护意见。湖南省绥宁县人民法院经审理认为，本案中，被告人岑某某、莫某某在深圳注册成立的“深圳市××××网络服务发展有限公司”，其法定经营范围为电子商务，商务信息咨询，企业管理咨询，计算机软、硬件的设计等。该公司设立后，并未在其法定经营范围内经营，而是实施要求注册的会员缴纳费用获得加入资格，并按照一定顺序组成层级，通过系统设置并限定会员获利规则，直接及间接以发展人数计酬及返利，引诱参加者继续发展他人参加，骗取财物，扰乱经济与社会秩序的传销活动，故本案不属于单位犯罪，对该辩护意见，该院不予采纳。

又如，在张某某、肖某某等组织、领导传销活动案[②]中，上诉人肖某某的辩护人提出“本案为单位犯罪，系公司行为，钱是公司收的，收据是公司开的，合同是公司签署的，一审判决未予查明，属定性错误”的辩护意见。德州市中级人民法

① 参见湖南省绥宁县人民法院刑事判决书，（2021）湘0527刑初69号。

② 参见山东省德州市中级人民法院刑事裁定书，（2021）鲁14刑终217号。

院经审理认为,根据在案证据,山东××××科技有限公司自成立时到2017年3月停止吸收会员期间,主要的经营活动就是以层层奖励为诱饵发展会员,从事传销犯罪活动,对本案的犯罪事实不能认定为单位犯罪,故上诉人及其辩护人所提“单位犯罪”的上诉理由与辩护意见不能成立,该院不予采纳。

以上两个案例,法院均以行为人为开展传销犯罪活动而设立公司实施犯罪或者公司设立后以实施传销犯罪为主要活动为由,未认定为单位犯罪,而直接对传销活动的组织者、领导者定罪处罚。

CHAPTER 07

# 第七章

# 传销犯罪的程序辩护

## 第一节　程序辩护的观念

### 一、程序辩护的价值

《刑事诉讼法》第 37 条规定,“辩护人的责任是根据事实和法律,提出犯罪嫌疑人、被告人无罪、罪轻或者减轻、免除其刑事责任的材料和意见,维护犯罪嫌疑人、被告人的诉讼权利和其他合法权益”。中华全国律师协会于 2017 年制定发布的律发通〔2017〕51 号《律师办理刑事案件规范》也有类似规定。据此,辩护人在刑事诉讼中的工作是围绕“提出犯罪嫌疑人、被告人无罪、罪轻或者减轻、免除其刑事责任的材料和意见”这一主线展开的,用通俗语言讲即为嫌疑人、被告人提供无罪或罪轻辩护,为实现这一目标,需要从实体与程序两个面向展开辩护,在本书看来,两个面向的辩护同等重要。程序不仅是为实体公正服务,是公正的保障,是实质正义的前提,而且程序本身具有独立价值,“程序公正本身直接体现出来的民主、法治、人权和文明的精神,它不依附于实现实体公正而存在,本身就是社会正义的一种重要内容”①。之

① 陈光中主编:《刑事诉讼法》(第 7 版),北京大学出版社、高等教育出版社 2021 年版,第 14 页。

所以强调程序的独立价值,强调程序辩护的独特地位,是因为实务中辩护人对程序辩护往往关注度不够,看轻其作用与价值。

### 二、程序辩护的功能

程序辩护在彰显程序的独立价值的同时,也在实现自身的功能,即寻求程序性制裁措施的实施,亦即通过程序辩护对侦查行为的合法性、合理性开展监督,寻求对违法侦查行为的处罚,以及宣告某些侦查行为无效,“程序性辩护实际是一种旨在寻求对官方侵权行为实施程序性制裁的辩护形态。这种辩护的直接目标就在于促使法庭宣告警察、检察官或法官的程序性违法行为无效,从而使得这些‘官方违法者’遭受某种程度的制裁”①。

有鉴于此,本书将传销犯罪辩护过程中涉及的主要程序辩护议题单独列为一章予以介绍讨论。

## 第二节 管辖辩护

### 一、地域管辖辩护

《刑事诉讼法》关于划分人民法院地域管辖的原则和标准,一般情况下应当同样适用于公安机关和检察机关。公安部制定的《公安机关办理刑事案件程序规定》(以下简称《刑事案件程序规定》)有关地域管辖的规定,基本上与《刑事诉讼法》及《刑事诉讼法司法解释》的规定保持一致,而依照《刑事诉讼法》第176条的规定,人民检察院决定起诉的案件,应当按照审判管辖的规定,向人民法院提起公诉。因此可以得出结论,刑事诉讼中有关地域管辖的争议,尽管会体现为侦查机关、人民检察院和人民法院各自的地域管辖争议,但各主管机关管辖地最终主要还是依照人民法院地域管辖的规定来确定。

① 陈瑞华:《刑事辩护的理念》,北京大学出版社2017年版,第185页。

### （一）不具有管辖权的情形

《刑事诉讼法》第25条规定，“刑事案件由犯罪地的人民法院管辖。如果由被告人居住地的人民法院审判更为适宜的，可以由被告人居住地的人民法院管辖”。《刑事诉讼法司法解释》第2条规定，“犯罪地包括犯罪行为地和犯罪结果地。针对或者主要利用计算机网络实施的犯罪，犯罪地包括用于实施犯罪行为的网络服务使用的服务器所在地，网络服务提供者所在地，被侵害的信息网络系统及其管理者所在地，犯罪过程中被告人、被害人使用的信息网络系统所在地，以及被害人被侵害时所在地和被害人财产遭受损失地等”。传销犯罪案件的地域管辖，也遵照上述规定确定，由被告人居住地人民法院管辖的情况不多见，由犯罪地人民法院管辖的情况最为常见。

按理说，《刑事诉讼法》及其司法解释对于犯罪地的规定是具体明确的，但实务中仍常有争议，比如案件由不是犯罪地的公安机关进行侦查，并移送审查起诉和审判，这类问题并非法律规定不明确导致的，而是复杂原因导致的争夺管辖权。在一些网络传销犯罪案件中，传销活动主要依赖网络进行推广和宣传，要么没有线下活动，要么线下活动在组织策划者所在城市进行，即便在异地有线下活动，也主要在较大一点的城市进行，却会出现由未开展线下活动所在地公安机关立案管辖的情况。

针对审理法院明显缺乏管辖权的案件，辩护人应当向法院提出管辖权异议，并提出由具有管辖权的具体法院进行审判的意见。对此，依照《刑事诉讼法司法解释》第228条的规定，庭前会议可以就是否对案件管辖有异议等事项向控辩双方了解情况，听取意见，因此辩护人要利用庭前会议提出管辖权意见，未召集庭前会议的，也可在开庭审理前或开庭时及时向法庭提出。

在传销犯罪案件中，针对辩护人所提出的管辖权意见（事实上也包括其他犯罪案件中辩护人所提的管辖权意见），审理法院往往会笼统地以管辖符合法律规定为由不予采纳。例如，在邹某某组织、领导传销活动案①中，针对辩护人提出的管辖权异议，重庆市云阳县人民法院认为，被告人邹某某的下线刘某某、谭某某等人在云阳县发展了“明明商”传销组织人员数十人，且邹某某从中牟

① 参见重庆市云阳县人民法院刑事判决书，(2014)云法刑初字第00346号。

利,根据《刑事诉讼法》第 25 条的规定,“刑事案件由犯罪地的人民法院管辖”,犯罪地包括犯罪行为发生地和犯罪结果发生地,云阳县为本案犯罪结果发生地,故本院对本案具有管辖权,辩护人的该意见本院不予采纳。

应该说,将属于犯罪结果发生地作为确定地域管辖的依据,在传销犯罪中较为常见。那么,这样的认定符合法律规定吗?本书认为,不能仅因存在传销活动的一般参与者,就据此将参与者所在地认定为犯罪地,原因主要有 3 点。其一,尽管《刑事诉讼法司法解释》第 2 条及《关于办理网络犯罪案件适用刑事诉讼程序若干问题的意见》(在网络传销案件中,司法机关也经常引用该规定)第 2 条均规定,被害人被侵害时所在地和被害人财产遭受损失地均为犯罪结果发生地,但目前《刑法》及司法解释均未赋予传销活动的一般参与者以被害人的地位,无论是《禁止传销条例》对其行为违法性质的定性,还是司法实务对涉传销财物一概予以没收而不是退赔给一般参与者,均表明在现行法律框架下不宜将一般参与者确定为被害人。其二,传销活动表现为策划、组织、宣讲等一系列行为,在某地没有线下活动,没有开设实体网点,仅有通过网络方式发展成为一般参与者的情况下,该地不能确定为犯罪地,因为该地未发生策划、组织和宣讲等行为,至于注入资金、提现等行为,其是所有传销活动参与者均会涉及的普遍性操作,固然属于传销活动的范畴,但不属于组织、领导行为的范畴,即应当以组织、领导行为的实施地为犯罪行为地,而不是以传销活动的发生地为犯罪行为地。其三,由于网络传销具有参与人数多、涉及地域广等特点,如果以一般参与者所在地为犯罪地确定管辖,则管辖地的认定不免过于宽泛,管辖地的确定本就是为了便于侦查及审判等活动的开展,一方面需要尽可能将与犯罪活动有关联的地点考虑进去,另一方面也需要防止管辖地确定过于宽泛,出现谁都有权管,但谁都不管或争着管的局面,如果传销活动一般参与者所在地均有管辖权,则以犯罪地为确立管辖依据的意义就不复存在了。

### (二)虽有管辖权但改变管辖更适宜的情形

在另一种情形下,即某地虽依法具有地域管辖权,但综合全案,该地与传销犯罪活动关联度小,交由其他地方管辖更为适宜的,辩护人也可以全力争取将案件交由其他地方管辖。对此,《刑事诉讼法》第 25 条和第 26 条规定了两种情形,一是由被告人居住地的人民法院审判更为适宜的,可以由被告人居住地的人民法院管辖,在该种情形下,何为“更为适宜”呢?目前尚没有具体规定,本书认为,至少包括以下两种情况,第一,管辖权不明确,例如发生在两个地区交界地带的传销犯罪行为,难以确定管辖法院的;第二,已立案管辖的司法机关在侦查、审查起诉等程序中出现违法,可能影响案件公正审判的。二是几个同级人民法院都有权管辖的案件,由最初受理的人民法院审判,在必要的时候,可以移送主要犯罪地的人民法院审判,这被分别称为优先管辖和移送管辖,同样,目前没有关于何为“必要的时候”的界定,“一般应从是否更有利于发挥审判活动的教育作用等方面来考虑确定”①,本书认同这样的观点,行为人在主要犯罪地实施犯罪行为且犯罪危害结果一般也发生在该地,犯罪的影响一般也主要聚集在该地,因此将案件移送主要犯罪地的人民法院管辖,可以起到更好的教育和警示作用,更有利于发挥刑罚的一般预防作用。在传销犯罪案件中,辩护人可以根据实际情况向法庭提出申请,要求将案件交由被告人居住地或主要犯罪地审判。

需要特别指出的是,本书认为,辩护人辩护权利的行使和辩护职责的履行,依赖于向法院等司法机关提出一系列的申请、异议等意见,其中大多需要以书面形式呈现,这就要求辩护人结合具体案情并引用法律依据,详细陈述提出申请、异议等意见的事实与理由。一方面,这是辩护权行使的主要手段和形式,是实现辩护目的的必然过程;另一方面,侦查、审查起诉和审判均由国家专门机关负责,被告人辩护权的保障与实现也依赖于这些机关对辩护人所提出的一系列申请、异议等意见的审查与采信。从这个意义上讲,不向法庭提交任何书面意见的辩护人,难以达到为被告人有效辩护的目的。“任何一项诉讼权利,都只有经过激活,才能转化为现实的利益。律师作为帮助委托人行使诉讼权利的辩护人,更是需要通过积极有效的申请,保证委托人的各项诉讼权利落到实处,从而推动刑事诉讼的进程,影响刑事诉讼的结局。”②有的辩护人担心,即使提交书面意见也不起作用,法庭不会采纳,应该说,这样的心理在辩护实务中是普遍存在的。对此,本书认为,提交书面意见固然可能不会被采纳,但不提一定不会被采纳,且辩护人要珍惜每一次与法庭沟通的机会,即便意见不被采纳,但若所提意见确有合理性且被反复提及,那么至少会引起法庭对该问题的关注,最终影响

① 陈光中主编:《刑事诉讼法》(第7版),北京大学出版社、高等教育出版社2021年版,第130页。

② 陈瑞华:《刑事辩护的艺术》,北京大学出版社2018年版,第5页。

法庭的判断。总之,辩护目的的实现需要经历一个反复商讨、沟通、质疑和对抗的过程,不“辩”,则无“护”。

作者曾在陕西省汉中市办理过一起组织、领导传销活动案,该案是一起借助微信群及朋友圈推广虚构证券的网络传销案,该案的组织、策划及线下办公场所主要在云南省昆明市某区,被指控发起、策划、操控整个传销活动及资金的两名主犯王某某与李某某系夫妻,也常住昆明市某区,因此作者作为被告人王某某的辩护人,在庭前会议阶段向法庭提交了书面管辖权异议申请书,认为组织、领导行为的发生地,网站建立者、管理者所在地,组织者、领导者的经常居住地,收款银行卡办理及资金操控地,主要财产所在地,均在昆明市某区,该案交由昆明市某区法院审理更为适宜,如此不仅可以起到更好的教育警示作用,还有利于涉案财产的后续处置。在庭审阶段,辩护人结合相关侦查行为违法的情况,再次要求改变审判管辖。尽管该意见最终没有被法庭采纳,但其中相关违法侦查事实的反复陈述最终影响了法庭对案件当事人的量刑,实现了量刑轻缓的辩护目标。

## 二、级别管辖辩护

依照《刑事诉讼法》第 21 条的规定,危害国家安全、恐怖活动案件及可能判处无期徒刑、死刑的案件,其第一审由中级人民法院管辖,因传销犯罪的法定最高刑罚为 15 年有期徒刑,故一般而言传销案件由基层人民法院担任第一审法院,不存在级别管辖的争议。

就实务而言,目前存在将传销犯罪的主犯指控为集资诈骗而将从犯指控为传销犯罪的操作,抛开指控逻辑不论,在此情况下,因集资诈骗的法定最高刑为无期徒刑,此时这类案件应当由中级人民法院管辖,案件由基层人民法院审理的,辩护人应当在庭前会议或开庭审理阶段向法庭提出管辖权异议,申请将案件移送中级人民法院审理。如此操作的原因在于,相较而言,中级人民法院对法律的理解和把握更为准确、全面,对诉讼参与人的权利保障会更加坚定和充分,也能更好地超脱地方利益等因素进行公正审判。

就此操作,目前是有争议的,争议源于对“可能判处无期徒刑的案件”存在不同理解,即可能判处无期徒刑究竟是指某罪的量刑幅度内含有无期徒刑,还是指司法机关结合具体案情预先判断可能判处无期徒刑(宣告刑),目前尚无明文规定。支持第一种理解的人认为,根据字面解释,只要量刑幅度内含有无期徒刑，就有可能判处无期徒刑，因此在起诉时直接起诉至中级人民法院即可，该种观点操作起来简单易行，缺点是刑法规定可判处无期徒刑的罪名较多且刑罚横跨幅度大（如《刑法》第193条规定的贷款诈骗罪，刑罚包括拘役、有期徒刑和无期徒刑），若一概由中级人民法院审理，其审判工作量不免过大，这有违级别管辖制度设置初衷之嫌。支持第二种理解的人认为，是否属于可能判处无期徒刑的案件，应当由司法机关事先结合案情进行预判，不需要判处无期徒刑的，起诉至基层人民法院即可，该种观点与《刑事诉讼法司法解释》第14条"人民检察院认为可能判处无期徒刑、死刑，向中级人民法院提起公诉的案件，中级人民法院受理后，认为不需要判处无期徒刑、死刑的，应当依法审判，不再交基层人民法院审判"及第17条第1款"基层人民法院对可能判处无期徒刑、死刑的第一审刑事案件，应当移送中级人民法院审判"的规定可以相互印证，也是目前司法实务中的惯常操作。

即便如此，依照上述《刑事诉讼法司法解释》的规定，因案件是否可能判处无期徒刑的判断主体是人民检察院和基层人民法院，其判断方法为结合法律的规定、具体案情（影响量刑的事实与情节）预判可能的宣告刑，故辩护人可以在审查起诉阶段或审判阶段向检察院或法院陈述意见，提出申请，从而影响其判断。以下3个理由，可以在申请时着重予以考虑和阐述。一是案件属于重大、复杂案件或新类型的疑难案件，或是在法律适用上具有普遍指导意义的案件（《刑事诉讼法司法解释》第17条第2款），可以请求移送中级人民法院审判。二是案件即便由基层法院审理，在发现案件可能判处无期徒刑时，仍然需要移送中级人民法院审判，因此在一开始就移送中级人民法院审判，可以避免开展无效审判工作。三是案件尚在审查起诉阶段，检察院向中级人民法院起诉后，后者受理后认为不需要判处无期徒刑的，应当依法审判，不再交基层人民法院审判，即只要检察院向中级人民法院起诉，无论是否需要判处无期徒刑，都不会招致不被中级人民法院接受的结果。辩护人可以根据传销犯罪案件的具体案情和辩护需要①，争取将案件交由中级人民法院审判。

---

① 例如，出现审判人员先入为主、随意限制、打断辩护人发言、对应当排除的非法证据不予排除等情形，预计推进审判对被告人极为不利，则适时有理有据地提出级别管辖异议，一方面可以争取改变审判法院，另一方面可以起到把控庭审节奏的作用。

## 三、对指定管辖的异议

《刑事诉讼法》第 27 条规定,“上级人民法院可以指定下级人民法院审判管辖不明的案件,也可以指定下级人民法院将案件移送其他人民法院审判”。这在理论上被称为指定管辖,是相对法定管辖而言的。根据规定,指定管辖主要适用于两类刑事案件。

一是地域管辖不明的刑事案件,例如发生在两个或多个地区的交界处,犯罪地属于哪个法院管辖的地域不明确,在此情况下,由上级人民法院指定下级人民法院审判,可以有效避免无人管辖或因管辖争议而延误案件的及时处理。例如,最高人民法院于 2022 年 2 月 7 日作出(2022)最高法刑辖 269 号指定管辖决定书,其内容为:重庆市渝北区人民检察院指控被告人谢某某等人犯组织、领导传销活动罪一案,本院经审查,依照《刑事诉讼法》第 27 条的规定,决定如下:指定重庆市渝北区人民法院依照刑事第一审程序对该案进行审判。该案应当就属于地域管辖不明的刑事案件,最终由最高人民法院指定管辖。

二是由于特殊原因,原来有管辖权的法院不适宜或不能继续审判的刑事案件。例如行为人与某法院曾存在任职关系,为保证对行为人进行公正审判,上级人民法院可以指定将案件移送其他人民法院审判,对此,《刑事诉讼法司法解释》第 18 条有针对性规定,“有管辖权的人民法院因案件涉及本院院长需要回避或者其他原因,不宜行使管辖权的,可以请求移送上一级人民法院管辖。上一级人民法院可以管辖,也可以指定与提出请求的人民法院同级的其他人民法院管辖”。

在传销犯罪实务中,常见一些司法机关为避免管辖争议,证明其管辖的合法性,往往会在立案之初由上级公安机关指定管辖,进入审判程序后,由上级法院再次指定管辖。

例如,在陈某某等组织、领导传销活动案[①]中,关于立案与管辖的证据有常德市公安局指定管辖决定书、公安部经济犯罪侦查局 2015 年 8 月 24 日关于将 48 起涉众型经济犯罪案件列为部督案件的通知、湖南省常德市人民检察院交办案件通知书、湖南省常德市中级人民法院指定管辖决定书、常德市公安局关于

① 参见湖南省常德市中级人民法院刑事判决书,(2016)湘 07 刑终 260 号。

抽调有关通知组建“华夏国际”网络传销案专案组的通知等。该案上诉过程中，陈某某等人及其辩护人均提出，本案侦查机关常德市公安局直属分局及对应的检察机关、审判机关对本案均无管辖权。对此，常德市中级人民法院经审理认为，根据《刑事诉讼法》等相关法律规定，刑事案件由犯罪地（犯罪行为发生地、犯罪结果发生地）公安机关管辖；多个公安机关均有管辖权的案件，由最初立案的公安机关管辖。本案中，华夏国际会员唐某某等人在常德筹建华夏国际代表处，且发展会员达几百人，常德也是本案犯罪行为与结果的发生地。本案由常德市公安局直属分局最初立案侦查，公安部于 2015 年 8 月 24 日以督办号〔2015〕218 号通知将该案列为涉众型经济犯罪部督案件，也明确常德市公安机关为该案侦办单位，常德市公安局直属分局对本案侦查终结后将本案移送常德市人民检察院审查起诉，常德市人民检察院指定桃源县人民检察院对本案审查起诉，之后，桃源县人民法院依据常德市中级人民法院的（2015）常法刑辖字第 41 号指定管辖决定书受理并审理本案，且各办案机关在办理该案的过程中，均严格按照《刑事诉讼法》及其司法解释的相关规定依法履行各自的职责，并无不当，故对相关被告人及其辩护人关于管辖权的辩护意见不予采纳。

本书认为，在这种指定管辖的操作中，可能既有本就具备管辖权的情形，也有就是否具有管辖权存在争议的情形，因之，辩护人不能依据是否有指定管辖的决定文件而判断案件管辖是否符合规定，判断标准仍应是法律规定。依照现行法律的规定，指定管辖是针对管辖不明、因回避等不宜管辖及由犯罪地、被告人居住地以外的人民法院审判更为适宜等情形，在本无管辖权的情况下，并不能依据上级法院（公安机关）的指定而获得合法管辖权。因此，案件指定管辖确有错误，管辖法院（公安机关）没有管辖权的，辩护人仍然需要按照法律有关地域管辖、级别管辖等的规定，及时提出管辖权异议。

## 第三节　申 请 回 避

回避，是指与案件有某种利害关系或者其他特殊关系的审判人员，检察人员和侦查人员等，不得参与该案诉讼活动的制度，“任何人不得做自己案件的法官”。回避的目的在于确保相关司法工作人员中立,中立是司法公正的保障。鉴于法律对于回避范围、理由、种类、程序等已有明确规定,故本节主要围绕几个有争议的问题展开讨论,这些问题广泛存在于刑事辩护全过程之中,属于共性问题,当然也存在于传销犯罪案件的辩护中。

## 一、有利害关系或其他关系包括的情形

《刑事诉讼法》第29条规定,“审判人员、检察人员、侦查人员有下列情形之一的,应当自行回避,当事人及其法定代理人也有权要求他们回避:(一)本案的当事人或者是当事人的近亲属的;(二)本人或者他的近亲属和本案有利害关系的;(三)担任过本案的证人、鉴定人、辩护人、诉讼代理人的;(四)与本案当事人有其他关系,可能影响公正处理案件的”。上述规定相对明确,但对于何为“利害关系”“其他关系”,规定较为模糊,导致实践中常常出现争议,为应当回避的情形留下了解释空间,那么,利害关系或其他关系包括哪些情形呢?

### (一)与本案的辩护人、诉讼代理人有近亲属关系的

该情形规定在《刑事诉讼法司法解释》第27条第4项,最高人民法院法释〔2011〕第12号《关于审判人员在诉讼活动中执行回避制度若干问题的规定》(以下简称《执行回避制度的规定》)第1条第1款第4项对此有更加明确的规定,即与本案的诉讼代理人、辩护人有夫妻、父母、子女或者兄弟姐妹关系的,应当自行回避,当事人及其法定代理人有权以口头或者书面形式申请其回避。《刑事诉讼法司法解释》并未明确近亲属的范围,若参照《执行回避制度的规定》第1条第2款规定的理解,则近亲属的范围包括与审判人员有夫妻、直系血亲、三代以内旁系血亲及近姻亲关系的亲属,如此一来,《刑事诉讼法司法解释》第27条第4项规定回避的范围,要比《执行回避制度的规定》第1条第1款第4项更为广泛。

### (二)被告人及其家属与司法工作人员存在控告与被控告的关系

实践中辩护人以《刑事诉讼法》第29条第4项规定的其他关系申请回避的,通常会被法庭直接驳回。

本书认为,既然法律规定了该兜底条款,就存在解释的空间,不能一味地予

以驳回,“与本案当事人有其他关系,可能影响公正处理案件的”,不仅强调特定人员之间存在其他关系,更突出这种关系可能影响公正处理案件,这种影响不要求已经发生或大概率发生,只需要“可能”发生即可。回避制度通过司法工作人员回避以避嫌的方式,确保程序正当、司法公正,该制度对于当事人和回避人员而言,都是一种保护,因此对回避的情形应当从宽理解,换言之,特定关系只要有可能影响公正处理案件,就应当回避。

例如,在王成忠、张大庆涉嫌民事枉法裁判案中,该案二审开庭审理时,王成忠及辩护人当庭以王成忠系辽源市中级人民法院原庭长为由,提出辽源市中级人民法院合议庭法官应回避,否则会出现刑庭庭长审民庭庭长的局面,法庭遂宣布休庭。2018 年 11 月 12 日,辽源市中级人民法院书面报请吉林省高级人民法院,请求将王成忠、张大庆涉嫌民事枉法裁判案指定其他法院审理,2018 年 11 月 22 日,吉林省高级人民法院作出决定,将王成忠、张大庆涉嫌民事枉法裁判案指定通化市中级人民法院依照刑事第二审程序审判。对此,吉林省高级人民法院立案庭负责人接受媒体采访时指出,“司法公正是人民法院审判工作的核心价值追求,它包括程序公正和实体公正两个方面。程序公正是维护当事人合法权益的基本要求,也是实现实体公正的前提和保障。王成忠原系辽源市中级人民法院法官,由其昔日的同事审理该案,有违程序公正的现代司法理念。我们相信,吉林省高级人民法院决定案件异地管辖,指定通化市中级人民法院审理,这样作出的判决将更具有司法公信力。”①

当刑事程序中出现违法情形时,有的被告人及其家属会采取举报、控告审判人员、检察人员、侦查人员的方式维权,如此形成控告与被控告的关系,这种关系应当被认定为有利害关系或其他关系,当这种关系可能影响公正处理案件时,则可以构成回避的理由。原因在于,若举报、控告经查证属实,则说明相关人员在案件中存在不当行为,可能影响案件公正处理;如举报、控告经查证不属实,往往也伴随双方关系的严重对立,因而有可能影响公正处理案件,则相关人员还是回避为宜。

① 《吉林高院决定将王成忠、张大庆涉嫌民事枉法裁判案指定通化中院审理》,载 http://www.mzyfz.com/cms/yifaxingzheng/fazhigongzuo/fazhiyanjiu/html/1460/2018 - 12 - 03/content - 1375315.html,最后访问日期:2023 年 7 月 26 日。

## 二、有其他不正当行为包括的情形

《刑事诉讼法》第 30 条规定,“审判人员、检察人员、侦查人员不得接受当事人及其委托的人的请客送礼,不得违反规定会见当事人及其委托的人。审判人员、检察人员、侦查人员违反前款规定的,应当依法追究法律责任。当事人及其法定代理人有权要求他们回避”。《刑事诉讼法司法解释》第 28 条规定,“审判人员具有下列情形之一的,当事人及其法定代理人有权申请其回避:(一)违反规定会见本案当事人、辩护人、诉讼代理人的;(二)为本案当事人推荐、介绍辩护人、诉讼代理人,或者为律师、其他人员介绍办理本案的;(三)索取、接受本案当事人及其委托的人的财物或者其他利益的;(四)接受本案当事人及其委托的人的宴请,或者参加由其支付费用的活动的;(五)向本案当事人及其委托的人借用款物的;(六)有其他不正当行为,可能影响公正审判的”。

上述规定基于审判人员存在特定行为,可能影响公正审判,所以规定当事人及其法定代理人有权申请回避,问题在于,“有其他不正当行为,可能影响公正审判的”包括哪些情形?

### (一)存在要求报销费用或借用款物的行为

除《刑事诉讼法司法解释》第 28 条的规定外,《执行回避制度的规定》第 2 条还规定了其他需要回避的情形:要求当事人及其受托人报销费用,向本案当事人及其受托人借款,借用交通工具、通信工具或者其他物品,或者索取、接受当事人及其受托人在购买商品、装修住房以及其他方面给予的好处的,等等。

### (二)曾参与本案相关工作后调至人民法院工作

《刑事诉讼法司法解释》第 29 条第 1 款规定,“参与过本案调查、侦查、审查起诉工作的监察、侦查、检察人员,调至人民法院工作的,不得担任本案的审判人员”。如此规定是为了避免参与过本案调查、侦查、审查起诉工作的监察、侦查、检察人员基于先前的工作所形成的认识和判断成为影响案件公正裁判的因素,避免其先入为主,听不进被告人及其辩护人的举证、质证及辩护意见,导致错误裁判。

### （三）违规履职、不正当履职

所谓违规履职、不正当履职，是指侦查人员、检察人员、审判人员在侦查、起诉及审判过程中，存在违反法律程序、职业道德准则等行为，当该种行为可能影响公正审判时，基于与存在“利害关系”“其他关系”相同的法理，应当从宽认定“有其他不正当行为”，因此只要违规履职、不正当履职的行为可能影响公正审判，就构成回避的理由。

本书认为，实践中审判人员若有如下行为，可以考虑申请其回避：(1)被告人受到刑讯逼供，应当验伤不验伤；(2)存在客观证据，应当调取不调取，不让辩护人举证；(3)违反《法官行为规范》，与被告人、辩护人就某一问题发生激烈辩论，失去中立立场；(4)庭前庭审庭后，不断动员被告人认罪，甚至威胁被告人；(5)无视被告人的身体状况，强硬推进庭审；(6)不让被告人、辩护人发言，剥夺被告人和辩护人的辩护权；(7)违反《法官行为规范》的规定，频繁打断被告人、辩护人发言，明显偏向检察人员等。因为审判人员的这些不正当行为不仅可能影响公正审判，而且已经表现出明显的不公正，故辩护人可以审判人员“有其他不正当行为”为由申请其回避。

基于相同的理由，检察人员若有如下行为，辩护人也可提出回避申请：(1)批捕和审查起诉阶段，犯罪嫌疑人提出受到刑讯逼供，不予记录，不同意验伤；(2)不履行《人民检察院刑事诉讼规则》第330条规定的13项审查起诉职能；(3)应当讯问犯罪嫌疑人，听取辩护人、被害人及其诉讼代理人意见而未讯问或听取；(4)有被告人无罪或罪轻的证据，不移交法院，或者反对辩护人的调取申请，或者不服从法院移交证据的决定，拒绝移交证据；(5)当庭提出对法官进行法律监督等。[①]

例如，在郑某某走私、贩卖、运输、制造毒品案[②]中，被告人郑某某的辩护律师在二审程序中提出，原审法院违反法定程序，侵害了被告人的合法辩护权，对此，二审法院经审理认为，经查，一审期间，原审被告人因自认为原审公诉人对

---

① 参见徐昕、肖之娥：《庭前会议指引——法理、规则与案例》，法律出版社2020年版，第86—87页。

② 参见山东省泰安市中级人民法院刑事裁定书，(2021)鲁09刑终116号。

其态度不好而提出回避申请，不属于刑事诉讼法规定的应当回避的情形，原审合议庭当庭作出裁决，并未限制或者剥夺被告人的辩护权利，不属于违反法定程序，辩护意见不能成立，不予采纳。从该案可以反映出，被告人郑某某曾经在一审程序中因公诉人对其态度不好而提出回避申请，但未被一审法院所准许。应该说，仅以检察人员态度不好为由申请回避，而不能证明检察人员具有具体违规履职、不正当履职行为的，的确不宜准许回避，否则回避的条件会失之过宽。

### 三、审判委员会委员的回避

依照《刑事诉讼法》及《刑事诉讼法司法解释》的规定，回避的人员包括：审判人员、检察人员、侦查人员、检察长、公安机关负责人、法官助理、书记员、翻译人员、鉴定人。其中审判人员包括人民法院院长、副院长、审判委员会委员、庭长、副庭长、审判员、助理审判员和人民陪审员。由此可知，审判委员会委员属于回避的对象，《执行回避制度的规定》第 4 条及第 13 条的规定也有体现。

有疑问的是，在何种情况下可以申请审判委员会委员回避呢？

最高人民法院法发〔2010〕3 号《关于改革和完善人民法院审判委员会制度的实施意见》第 7 条规定："人民法院审判工作中的重大问题和疑难、复杂、重大案件以及合议庭难以作出裁决的案件，应当由审判委员会讨论或者审理后作出决定……"

最高人民法院法发〔2019〕20 号《关于健全完善人民法院审判委员会工作机制的意见》第 8 条第 1 款规定，"各级人民法院审理的下列案件，应当提交审判委员会讨论决定：(1)涉及国家安全、外交、社会稳定等敏感案件和重大、疑难、复杂案件；(2)本院已经发生法律效力的判决、裁定、调解书等确有错误需要再审的案件；(3)同级人民检察院依照审判监督程序提出抗诉的刑事案件；(4)法律适用规则不明的新类型案件；(5)拟宣告被告人无罪的案件；(6)拟在法定刑以下判处刑罚或者免予刑事处罚的案件"。

最高人民法院《司法公开示范法院标准》第 7 条规定，"依法提请审判委员会讨论的案件，应当向当事人宣布审判委员会委员名单，并询问当事人是否对审判委员会委员申请回避"。

由此可知，疑难、复杂、重大案件及合议庭难以作出裁决的案件（包括案件的程序性决策），应当由审判委员会讨论决定，因此，在传销犯罪案件辩护过程中，尤其是在重大、复杂案件或到底属于市场机制创新还是传销犯罪难有定论的疑难案件中，辩护人应随时关注和了解案件是否提交审判委员会，要求法庭公布审判委员会委员名单，并根据案情需要决定是否申请审判委员会委员回避。

## 四、申请回避的时间

最高人民法院《人民法院办理刑事案件庭前会议规程（试行）》（以下简称《庭前会议规程》）第 10 条规定，庭前会议中，主持人可以就是否申请有关人员回避等事项向控辩双方了解情况，听取意见。最高人民法院《人民法院办理刑事案件第一审普通程序法庭调查规程（试行）》（以下简称《法庭调查规程》）第 5 条第 1 款规定，法庭宣布开庭后，应当告知当事人在法庭审理过程中依法享有的诉讼权利。可见，被告人及其辩护人可以在庭前会议之前或会议召开时提出回避申请，未召开庭前会议的，也可以在开庭前或开庭时的诉讼权利义务告知阶段申请回避。

有疑问的是，在开庭之后，还能否申请回避呢？本书认为，回避主要针对两种情况，一是相关司法工作人员与案件处理存在利害关系，二是其作出某些行为如违规接受当事人请客送礼，从而可能影响公正审判，而庭审程序由宣读起诉书、讯问、举证、质证、发表公诉意见、自行辩护、辩论及最后陈述等多个环节组成，许多案件需要经历多次开庭，即便一次完成开庭，庭审结束之后到作出判决一般也需要经历一段时间，因此在判决作出之前，只要被告人及其辩护人发现相关司法工作人员存在这种利害关系或特定行为，就都可以申请回避，不论这种利害关系或特定行为发生于庭审之前，还是庭审时或庭审后，均不影响回避申请的提出。只要这种利害关系或特定行为属实，相关人员就应当依法回避，如此才符合回避制度设置的初衷。

## 五、审查回避申请是否需要休庭

《刑事诉讼法司法解释》第 33 条规定，“当事人及其法定代理人依照刑事诉讼法第三十条和本解释第二十八条的规定申请回避的，应当提供证明材料”。第 36 条规定，“当事人及其法定代理人申请出庭的检察人员回避的，人民法院应当区分情况作出处理:(一)属于刑事诉讼法第二十九条、第三十条规定情形的回避申请,应当决定休庭,并通知人民检察院尽快作出决定;(二)不属于刑事诉讼法第二十九条、第三十条规定情形的回避申请,应当当庭驳回,并不得申请复议”。可见,即便未申请检察人员回避,在基于审判人员等存在不正当行为申请回避时,因需要对证明材料进行调查核实,故辩护人为慎重起见,应当建议法庭休庭,待调查核实且作出处理后,再推进庭审程序。

对此,司发〔2015〕14 号《关于依法保障律师执业权利的规定》第 38 条第 1 款规定,“法庭审理过程中,律师就回避,案件管辖,非法证据排除,申请通知证人、鉴定人、有专门知识的人出庭,申请通知新的证人到庭,调取新的证据,申请重新鉴定、勘验等问题当庭提出申请,或者对法庭审理程序提出异议的,法庭原则上应当休庭进行审查,依照法定程序作出决定。其他律师有相同异议的,应一并提出,法庭一并休庭审查。法庭决定驳回申请或者异议的,律师可当庭提出复议。经复议后,律师应当尊重法庭的决定,服从法庭的安排”。依照该规定,不论是何种情形,辩护人提出回避申请的,法庭原则上应当休庭进行审查,辩护人应当充分利用该规定。

### 六、面对法庭当庭驳回应如何处理

《刑事诉讼法司法解释》第 35 条第 2 款规定,“当事人及其法定代理人申请回避被驳回的,可以在接到决定时申请复议一次。不属于刑事诉讼法第二十九条、第三十条规定情形的回避申请,由法庭当庭驳回,并不得申请复议”。《刑事诉讼法司法解释》第 36 条针对检察人员回避如何处理的规定也体现了上述规则。就此,且不论该规定的合法性与合理性,站在解释论与法律适用的立场,既然“有其他不正当行为,可能影响公正审判的”属于可申请回避的情形,就一定还存在法律未予以明确但的确需要回避的情形,这需要结合具体案情及事实、证据材料予以判断,故面对辩护人提出的回避申请,法庭不能一概以不属于《刑事诉讼法》第 29 条、第 30 条规定的情形为由予以驳回,否则《刑事诉讼法》的回避条款有可能成为具文。

面对法庭以不属于《刑事诉讼法》第 29 条、第 30 条规定的情形为由予以驳回回避申请并不得申请复议的情况,辩护人可以引用前述《关于依法保障律师执业权利的规定》第 38 条第 1 款的规定要求复议。复议被驳回,或法庭不允许复议的，辩护人应当依照《关于依法保障律师执业权利的规定》第 38 条第 2 款的规定，即"律师不服法庭决定保留意见的内容应当详细记入法庭笔录，可以作为上诉理由，或者向同级或者上一级人民检察院申诉、控告"，要求将不服法庭决定保留意见的内容详细记入法庭笔录，未来可以作为上诉理由，或者向同级或者上一级人民检察院申诉、控告。

作者在从事传销犯罪及其他犯罪案件的辩护过程中，针对管辖权异议及审判人员回避等问题，曾多次引用《关于依法保障律师执业权利的规定》的规定要求休庭调查或复议，有的法院很好地遵守了这一规定，充分尊重辩护人的执业权利，有的法院则直接引用《刑事诉讼法司法解释》的规定予以驳回。无论法庭是否休庭或允许复议，即便最终驳回辩护人复议申请，只要辩护人不服该结果，均可要求法庭详细地将整个事情的原委记入笔录。

## 第四节　审判公开与公开开庭

### 一、审判公开

我国《宪法》第 130 条规定，"人民法院审理案件，除法律规定的特别情况外，一律公开进行。被告人有权获得辩护"。《刑事诉讼法》第 11 条规定，"人民法院审判案件，除本法另有规定的以外，一律公开进行。被告人有权获得辩护，人民法院有义务保证被告人获得辩护"。据此，审判公开被列为刑事诉讼法的一条基本原则，它是指人民法院审理案件和宣告判决都必须公开进行，既要允许公民到法庭旁听，又要允许记者采访和报道，但是审判公开原则有其例外情况。[①] 例外情况是指《刑事诉讼法》第 188 条"人民法院审判第一审案件应当公开进行。但是有关国家秘密或者个人隐私的案件，不公开审理；涉及商业秘密的案件，当事人申请不公开审理的，可以不公开审理。不公开审理的案件，应当当庭宣布不公开审理的理由"及第 285 条"审判的时候被告人不满十八周岁的

① 陈光中主编：《刑事诉讼法》（第 7 版），北京大学出版社、高等教育出版社 2021 年版，第 109 页。

案件，不公开审理。但是，经未成年被告人及其法定代理人同意，未成年被告人所在学校和未成年人保护组织可以派代表到场”规定的情形。

最高人民法院于2007年6月4日发布法发〔2007〕20号《关于加强人民法院审判公开工作的若干意见》（以下简称《审判公开若干意见》）指出，司法公正应当是“看得见的公正”，司法高效应当是“能感受的高效”，司法权威应当是“被认同的权威”。《审判公开若干意见》对审判公开的基本原则和基本要求作出了明确而详细的规定，其中与刑事辩护直接相关的内容如下：

“5.全面公开。要按照法律规定，在案件审理过程中做到公开开庭，公开举证、质证，公开宣判；根据审判工作需要，公开与保护当事人权利有关的人民法院审判工作各重要环节的有效信息。”

“9.当事人及其诉讼代理人请求人民法院调查取证的，应当提出书面申请。人民法院决定调查收集证据的，应当及时告知申请人及其他当事人。决定不调查收集证据的，应当制作书面通知，说明不调查收集证据的理由，并及时送达申请人。”

“11.人民法院必须严格执行《中华人民共和国刑事诉讼法》……及相关司法解释关于公开审理的案件范围的规定，应当公开审理的，必须公开审理。当事人提出案件涉及个人隐私或者商业秘密的，人民法院应当综合当事人意见、社会一般理性认识等因素，必要时征询专家意见，在合理判断基础上作出决定。”

“12.审理刑事二审案件，应当积极创造条件，逐步实现开庭审理；被告人一审被判处死刑的上诉案件和检察机关提出抗诉的案件，应当开庭审理……”

“13.刑事二审案件不开庭审理的，人民法院应当在全面审查案卷材料和证据基础上讯问被告人，听取辩护人、代理人的意见，核实证据，查清事实……”

“15.依法公开审理的案件，我国公民可以持有效证件旁听，人民法院应当妥善安排好旁听工作。因审判场所、安全保卫等客观因素所限发放旁听证的，应当作出必要的说明和解释。”

“16.对群众广泛关注、有较大社会影响或者有利于社会主义法治宣传教育的案件，可以有计划地通过相关组织安排群众旁听，邀请人大代表、政协委员旁听，增进广大群众、人大代表、政协委员了解法院审判工作，方便对审判工作的监督。”

“27. 人民法院应当向社会公开审判、执行工作纪律规范，公开违法审判、违法执行的投诉办法，便于当事人及社会监督。”

刑事程序所体现的公正，不仅体现为结果的公正，也体现为程序的公正，而庭审公开正是程序公正的重要体现，没有庭审公开就一定没有程序公正，缺乏程序公正的保障，结果的正义也很难实现。因此，就刑事诉讼程序中各项辩护权利的行使，辩护人一方面需要按照该权利本身的具体规定予以主张，引用具体规定提出各项申请及异议等意见，如关于申请回避的权利之行使，就需要辩护人结合《刑事诉讼法》及其司法解释、《执行回避制度的规定》等的规定阐述申请回避的事实与理由；另一方面，各项辩护权利的保障基本上都属于审判公开的内在要求，如公开开庭、公开举证、公开质证、申请调查取证、二审开庭审理等，都属于审判公开的内容，因此辩护人还可以结合审判公开的法理与具体规定，阐述据以主张辩护权利的各项事实与理由。

《刑事诉讼法》第 238 条规定：“第二审人民法院发现第一审人民法院的审理有下列违反法律规定的诉讼程序的情形之一的，应当裁定撤销原判，发回原审人民法院重新审判：(一)违反本法有关公开审判的规定的……”最高人民法院法发〔1999〕3 号《关于严格执行公开审判制度的若干规定》(以下简称《公开审判若干规定》)第 7 条规定，“凡应当依法公开审理的案件没有公开审理的，应当按下列规定处理：(一)当事人提起上诉或者人民检察院对刑事案件的判决、裁定提起抗诉的，第二审人民法院应当裁定撤销原判决，发回重审；(二)当事人申请再审的，人民法院可以决定再审；人民检察院按照审判监督程序提起抗诉的，人民法院应当决定再审。上述发回重审或者决定再审的案件应当依法公开审理”。

据此，一方面，辩护人在行使涉及审判公开的各项辩护权利时，可以结合违反审判公开的规定可能会导致案件被撤销原判决发回重审的内容进行阐述，尽可能促使法庭保障审判公开的具体落实；另一方面，审判公开作为刑事诉讼法的一项基本原则，相关司法工作人员故意违反审判公开规定的，辩护人可以依法提出投诉和控告，并注意收集和保留相关证据材料，以作为上诉和申诉控告的依据。

## 二、公开开庭

本书认为，无论是从审判公开的定义还是从《审判公开若干意见》对于审判公开工作的基本原则和基本要求的规定来看，公开开庭都是审判公开的核心内容之一。公开开庭的意义首先在于满足诉讼的民主性，即通过公开增加诉讼透明度，引入社会监督、媒体监督和舆论监督，避免司法擅断，防止造成冤假错案；其次在于实现法制教育目的，即通过公开相关案情、公正审判和正确适用法律，起到法制宣传和教育目的，在惩治犯罪的同时预防犯罪，提高社会公众的法治意识。

而认定是否属于公开开庭，可以从以下几个维度进行把握：一是是否将开庭的信息向社会公开，开庭的信息包括涉嫌的罪名、被告人姓名、开庭时间等，向社会公开，既可以通过张贴开庭公告的方式予以公开，也可以通过法院门口的电子显示屏等方式予以公开；二是是否允许包括被告人家属、被害人在内的公民自由旁听；三是是否允许媒体记者有序参与采访和报道；[①]四是发放旁听证时是否对被告人家属、被害人等特定人员作出不合理限制；五是是否存在安排专人占座旁听从而以限流为由拒绝公民自由旁听的情形；六是是否采取庭审直播、录播等方式公开庭审情况。

实践中，对于一些管辖有争议、侦查程序的合法性受到质疑、涉案人数众多、疑难、复杂、重大的传销犯罪案件，司法机关对公开开庭往往抱有戒备心态，一般不会通过张贴开庭公告等方式提前公开庭审信息，对于被告人家属及一般传销参与者等与案件处理存在关联的人员，司法机关往往谨小慎微，要么拒绝其进入旁听，要么采取推举代表的方式限制旁听人数，对于记者采访报道及庭审直播等诉求，往往直接予以拒绝。

如前所述，审判公开、公开开庭是诉讼民主的要求，对于涉及人数多、疑难复杂等案件，妥善处理矛盾和问题的正确方式显然不是控制旁听人数和限制旁听人员范围，不是通过人为制造模糊和不透明来实现案件稳妥处理，相反，应当

① 有观点认为，新闻机构与法院之间存在两层关系，一方面，为了保障公正审判，法院可能具备有限权力去限制媒体在审判前报道案情；另一方面，法院有义务向媒体公开，这涉及新闻机构从政府获取信息的权利，新闻机构有权参与法院的公开审讯。

以一种开放的心态处理此类案件,通过公开开庭来回应社会的关切和质疑,有则改之,无则加勉。一方面通过社会监督促进案件更加公正地审判,另一方面对于社会而言也是一次难得的法治教育机会,可以起到更好的教育与警示作用。

## 三、新冠疫情与公开开庭

自2020年年初我国发生新冠疫情以来,为实现及时、快速识别和控制疫情,法院等司法机关采取了一系列防控措施,如进出法院需持核酸阴性证明、对被告人采取不出看守所远程视频开庭等,这些措施在一定程度上确有必要,但也有法庭以疫情防控为由,直接拒绝被告人家属、一般传销参与者旁听,这种行为有的并非真正出自防控疫情,而是相关司法工作人员想以此来规避社会监督,此种操作显然是违反审判公开基本要求的。辩护人面对这样的情况,应当提前与案件承办人员沟通,做好被告人家属旁听或记者采访报道的协调工作,必要的时候提交书面申请,以最终服务于实现公正审判的辩护目的。

以作者作为辩护人办理的陕西省汉中市王某某等组织、领导传销活动案为例,在接到案件将于2020年12月开庭的通知后,考虑到本案将作无罪辩护,该案管辖、侦查措施等均存在合法性质疑,且涉及的被告人人数较多,许多家属不能到场旁听,但当时疫情形势的确复杂难料,故为保障庭审的公开与公正,辩护人在开庭前向法庭提交了网络庭审直播申请书,希望法庭开通网络庭审直播,以下为申请书的内容:

### 网络庭审直播申请书

申请人:胡聪,泰和泰(深圳)律师事务所执业律师,系被告人王某某的辩护人

申请事项:对王某某等组织、领导传销活动案进行网络庭审直播

事实与理由:王某某涉嫌组织、领导传销活动罪案,涉及的人数多、地域广、影响较大,在云南、湖北、黑龙江、陕西等地区有重要影响。辩护人认为本案依法应当进行庭审直播,故特向贵院提出网络庭审直播申请,理由如下:

1. 庭审网络直播是公开审判的重要体现,违法不公开审判的,构成二审改判或再审的重要理由。《刑事诉讼法》第188条、最高人民法院《刑事诉讼法司

法解释》第222条等均规定,审判案件应当公开进行;最高人民法院《公开审判若干规定》第1、2条规定,人民法院进行审判活动,必须坚持依法公开审判制度,做到公开开庭,公开举证、质证,公开审判。《刑事诉讼法》第238条等规定,违反有关公开审判规定的,构成二审改判或再审的重要理由。

2. 本案属于适宜网络庭审直播的范围。依照最高人民法院《关于人民法院直播录播庭审活动的规定》第2条的规定,公众关注度较高、社会影响较大、具有法制宣传教育意义的案件可以进行庭审直播。本案涉及的犯罪人数多、资金庞大、受害人众多、地域广、教训深刻,庭审直播的法制宣传教育效果较好。

3. 庭审直播是疫情期间司法公开、审判公开、庭审公开、便于诉讼参与人参加诉讼的重要举措。本案涉及的一般传销参与者(受害人)众多,指控的会员账户达到17万元之多,分布在陕西、云南、湖北、黑龙江等数十个省份,一般传销参与者对案件相关情况较为关心,但因疫情管控原因,政府不建议人员聚集,因此对本案进行网络直播,既契合了司法公开、庭审公开的基本法律原则,也符合本案自身特点,是司法为民、司法便民的集中重要体现。

4. 所谓敏感,不属于不进行网络直播的理由。最高人民法院《关于人民法院直播录播庭审活动的规定》第2条规定的不得直播案件范围不包含敏感案件。所有的刑事案件均涉及人身或财产,都有一定的关注人群,一定程度上都是敏感的,因此敏感不是判断的标准。当前一些法院往往以敏感、关注度高为由不公开开庭、不进行网络直播,规避公众监督,这是极不明智的,因为,司法公开既可以助推法治建设,也可以保障司法人员的安全。

综上所述,本案自身的特点及疫情防控的现实情况,均表明本案有进行网络直播的必要。有罪无罪,均要通过公开开庭予以定论,是非曲直,难抵悠悠众口。

以上申请,恳请贵院予以审查并准许!

此致

汉中市××县人民法院

申请人:胡　聪

二〇二〇年十月三十一日

CHAPTER 08

# 第八章

# 传销犯罪中的证据审查与质证(上)

## 第一节 质证概述

### 一、以质证为核心的辩护之倡导

依照《刑事诉讼法》的规定,办理刑事案件必须以事实为根据,以法律为准绳,而无论是公安机关侦查终结后移送人民检察院审查起诉,还是人民检察院经审查后决定起诉,均需以“犯罪事实清楚,证据确实、充分”为前提条件,人民法院作出有罪判决,也必须以“案件事实清楚,证据确实、充分”为前提。依照《刑事诉讼法》第55条第2款的规定,“证据确实、充分,应当符合以下条件:(一)定罪量刑的事实都有证据证明;(二)据以定案的证据均经法定程序查证属实;(三)综合全案证据,对所认定事实已排除合理怀疑”。

由此可见,刑事诉讼以追究行为人刑事责任为主线,而无论是侦查、审查起诉还是审判,均要以客观事实为依据,因客观事实无论从理论上还是侦查手段上均无法做到绝对回溯和查清,故刑事诉讼引入犯罪事实的概念,即用证据予以证明呈现的与犯罪行为有关的事实,犯罪事实无限逼近客观事实却无法等同于客观事实。那么,用以定罪的犯罪事实需要达到何种程度呢?这是一个价值选择问题,犯罪事实越偏离客观事实,则越节省诉讼成本、提高诉讼效率,但越可能偏离公正;反之,犯罪事实越趋近客观事实,则越可能实现公正,却要以高额的诉讼成本和迟缓的诉讼效率为代价。因此,刑事诉讼法规定,要做到"犯罪事实清楚,证据确实、充分",这一标准的重点在于"证据确实、充分",因为事实的认定和判断是以证据为基础的,只要"证据确实、充分"就可以满足"犯罪事实清楚"。在这个意义上,"证据确实、充分"成为判断罪与非罪、此罪与彼罪、判处刑罚轻重的核心与关键,此一判断工作贯穿于刑事诉讼的始终,其中又以审判程序中的判断和认定最为关键,此一过程包括举证、质证和认证等环节,对辩护人而言,尽管其可以举证,也可以就证据的认证(采信)发表意见,但其核心工作还是应当聚焦于针对公诉方举证之质证。全面、严格、周密的质证可以为辩论环节打下坚实的基础。本书作者反对不研读起诉证据,不认真对待质证工作,在质证环节不发表意见或不针对具体证据发表质证意见(而是一概发表所谓综合性质证意见,将辩护主张提前引入质证意见)的辩护做法。不通过严格周密的质证,无法推翻起诉证据,更无法撼动公诉方的证据链条,因此也就不可能在辩论环节实现辩护目的,因为这种辩护偏离证据与案件事实,终究是无源之水、无本之木。"控辩双方很容易提出相应的命题或主张,并且对己方的命题或主张提出一大堆道理。但是,单纯地提出命题或者主张,并不等于就能发现事实,有人甚至说一斤理论比不上半斤事实。没有证据支撑的单纯论理之辩,从司法证明角度看是没有实际意义的。法庭上的事实辩论,应当是以证据为基础的循证之辩。"①

## 二、抓住主要矛盾、聚焦关键证据

《刑事诉讼法》第 115 条规定:"公安机关对已经立案的刑事案件,应当进行侦查,收集、调取犯罪嫌疑人有罪或者无罪、罪轻或者罪重的证据材料……"第 51 条规定:"公诉案件中被告人有罪的举证责任由人民检察院承担,自诉案件中被告人有罪的举证责任由自诉人承担。"第 5 条规定:"人民法院依照法律规定独立行使审判权,人民检察院依照法律规定独立行使检察权,不受行政机关、社会团体和个人的干涉。"

可见,刑事诉讼是以侦查机关全面收集证据,人民检察院承担指控犯罪成

---

① 刘静坤:《证据审查规则与分析方法——原理·规范·实例》,法律出版社 2018 年版,第 10 页。

立的举证责任，人民法院居中裁判为操作模式的，在此过程中，辩护人的责任在于提出被告人无罪、罪轻或者减轻、免除其刑事责任的材料和意见，法庭综合控方的指控内容与证据，结合被告人及其辩护人的辩护意见，若认为指控内容不能做到事实清楚，证据确实、充分的，则应当对相关指控内容不予认定，宣告被告人无罪或作出从轻认定，如此，就算是取得有效辩护。因此，辩护人的主要辩护精力应当放在动摇、推翻指控的案件事实上，而要达到此一目的，既可以通过对控方证据的质证来实现，也可以通过举证来实现，对此，《刑事诉讼法》第43条赋予辩护人调查取证权、申请调查取证权及申请证人出庭作证权，以此来保障被告人辩护权的实现。

本书认为，除案情特殊，被告人及其辩护人可以提出有力证据证明无罪或罪轻外，在大多数案件中，动摇、推翻指控的案件事实要通过质证来实现，这一方面源于侦查机关负有全面收集、调取犯罪嫌疑人、被告人有罪或者无罪、罪轻或者罪重的证据材料的职责，一般情况下与犯罪有关的证据侦查机关已收集、调取完毕，辩护人只需要对这些证据材料作出甄别与审查，提出相应质证意见即可，另一方面源于目前刑辩实务界不善于、畏惧于调查取证的实际情况。

对于控方证据的质证，本书主张抓住主要矛盾、聚焦关键证据，理由如下：

其一，刑事举证责任由公诉方承担及指控需达到“案件事实清楚，证据确实、充分”的制度设计决定了被告人及其辩护人不需要承担无罪或罪轻的举证责任，而针对公诉方的指控可以通过否定证据，尤其是关键证据，使得对应的重要案件事实不能认定，打破公诉方的证据链条，以此实现辩护目的。

其二，诉讼程序推进到审判阶段，在此之前已经经过侦查及审查起诉两个程序的审查与把关，尽管侦查机关及审查起诉机关的主要目的在于追究犯罪嫌疑人的刑事责任，因此不可避免地带有主观预断，但认定犯罪的标准是法定的，司法工作人员与辩护人也拥有几乎相同的知识背景和法律素养，所以公诉机关在审判阶段的指控是具备一定以证据为支撑的事实基础的，被告人及其辩护人不能也绝无必要否定一切。例如，在故意杀人案的辩护中，对于公诉机关指控的被害人死亡的事实，除死亡者身份存在疑问外，被告人及其辩护人完全没有必要质疑用以证明存在人员死亡的相关证据。在这个意义上，辩护人的质证应当是有选择、有重点的。

其三,基于案件辩点(命题)的有限性及对于辩点的选择,辩护不是通过否定一切来实现的,而需要在承认相关案件事实的基础上寻找可以突破的辩点,质证,就是辩点证成的过程。基于特定犯罪构成要件的法定性及法定、酌定量刑情节的有限性,刑事案件的辩点是有限的,且辩点之间可能是矛盾与冲突的,因此需要以当事人利益最大化为目标选择辩点,最终确定的辩点可以是一个或多个,但不宜过多。

其四,准备时间具有有限性,尤其是在一些大案要案中,被告人或被害人人数众多(如组织、领导传销活动案)、时间跨度大、卷宗多,有的办案机关故意刁难辩护人,迟迟不让辩护人阅卷,进入审判程序后则快速推进庭审,因此辩护人需要在有限的时间内完成开庭准备,这就必然要有选择、有重点地开展质证工作与辩护工作。

## 三、协调举证质证方式、适时展开辩论

就公诉方的举证方式而言,并无明确法律规定,其既可以单个证据逐一出示,也可以按照证明目的分组出示,还可以打包统一出示。对于公诉方而言,其希冀采取打包统一出示然后再由被告人及其辩护人质证的方式,因为该方式简单方便,公诉人只需要按照事先准备好的举证目录明细出示即可。问题在于,这样的举证质证方式对于辩护方而言是不可轻易接受的。原因在于,一是在重大复杂案件中证据较多,若打包统一出示,即便辩护人事先准备充分,也难以在有限的时间内记清控方举证顺序及内容,容易出现错漏;二是举证质证的目的在于查清案件事实,打包统一出示及统一质证失去了控辩双方围绕证据的辩论意味,既不方便明确控辩双方的证据争议,也不方便法庭了解控辩双方意见,而如果采取一证一质或分组出示分组质证的方式,将辩护人对证据的质证意见及控方的回应意见记载在相应证据之后,就非常便于法庭了解和查看双方围绕证据的争议焦点;三是有违直接言词原则,在实务操作中,控方往往事先将举证内容以电子版的形式提交法庭,并由书记员直接复制到庭审笔录中,公诉人出示证据时往往有选择地摘要阅读且速度较快,而有的案件承办法官会以证据较多、时间有限为由要求辩护人事先提交质证意见,庭审中要求辩护人简要陈述质证意见,以上做法均是违背直接言词原则的,法官必须在法庭上亲自听取公诉人、被告人及其辩护人、证人及其他诉讼参与人的口头陈述,案件事实和证据

必须由控辩双方当庭口头提出并以口头辩论和质证的方式进行调查，如此才便于查清案件事实，否则庭审就会沦为形式。

法发〔2016〕18号《关于推进以审判为中心的刑事诉讼制度改革的意见》（以下简称《刑事诉讼制度改革意见》）第11条提出，“规范法庭调查程序，确保诉讼证据出示在法庭、案件事实查明在法庭。证明被告人有罪或者无罪、罪轻或者罪重的证据，都应当在法庭上出示，依法保障控辩双方的质证权利。对定罪量刑的证据，控辩双方存在争议的，应当单独质证；对庭前会议中控辩双方没有异议的证据，可以简化举证、质证”。以审判为中心，其抓手在于以庭审实质化为核心，强调庭审调查、举证质证都以庭审为中心展开，所有证据都在庭审中出示，关键证据一证一质，侦查人员、鉴定人、证人也分别出庭作证，接受交叉询问，最大限度释放法庭审判功能，法庭充分听取公诉方和辩护方意见，真正实现诉讼证据举证在庭上、质证在庭上、案件事实查明在庭上、诉辩意见发表在庭上、裁判理由形成在庭上、判决结果宣判在庭上，确保案件公正审理。

《刑事诉讼法司法解释》第268条第4款规定，“根据案件和庭审情况，法庭可以对控辩双方的举证、质证方式进行必要的指引”。《庭前会议规程》第20条第2款规定，“人民法院可以组织控辩双方协商确定庭审的举证顺序、方式等事项，明确法庭调查的方式和重点。协商不成的事项，由人民法院确定”。《法庭调查规程》第31条规定，“对于可能影响定罪量刑的关键证据和控辩双方存在争议的证据，一般应当单独举证、质证，充分听取质证意见。对于控辩双方无异议的非关键性证据，举证方可以仅就证据的名称及其证明的事项作出说明，对方可以发表质证意见。召开庭前会议的案件，举证、质证可以按照庭前会议确定的方式进行。根据案件审理需要，法庭可以对控辩双方的举证、质证方式进行必要的提示”。

有鉴于此，本书认为，围绕举证方式，辩护人应当做到以下几点：

第一，尽可能在庭前会议时与控方协商举证方式，围绕争议焦点，建议控方针对不同的被告人、不同的犯罪分别分组出示证据，关键证据单独出示，无异议事实简化出示，并要求控方提供详细的举证目录。

第二，对于庭前会议上未协商一致或未召开庭前会议的案件，辩护人应当继续与控方保持沟通，并及时向法庭提出辩方要求，引起法庭注意，在开庭之前或庭审开始之后,继续争取法庭采取有利于展开质证的举证方式。

第三,对于未协商一致及法庭未采纳辩护人要求的案件,在控方举证时,可以在其出示完一组或某项关键证据之后,要求先行质证,将质证意见记载于所出示证据的笔录之后,也可以在控方举证完毕之后,根据举证顺序详细质证,视情况引用《刑事诉讼法司法解释》第268条第1款的规定,即"对可能影响定罪量刑的关键证据和控辩双方存在争议的证据,一般应当单独举证、质证,充分听取质证意见",以及《刑事诉讼制度改革意见》第13条、《法庭调查规程》第31条第1款等规定,要求对关键证据和控辩双方存在争议的证据进行单独质证。

对于关键证据和控辩双方存在争议的证据,若采用单独举证、质证,可谓控辩双方已就证据采信及证明内容等开展了辩论,即便控方对该类证据没有单独出示,也不影响辩护人采取单独质证的方式发表质证意见,因此也可以视为展开辩论。而控方能否在质证环节针对辩护人的质证意见发表质证回应意见呢?辩护人能否申请法庭组织控辩双方就关键证据展开辩论呢?本书认为,没有任何法律限制在质证环节开展辩论,也没有法律规定辩论只能在控方发表公诉意见之后进行。《刑事诉讼法》第198条第1、2款规定,"法庭审理过程中,对与定罪、量刑有关的事实、证据都应当进行调查、辩论。经审判长许可,公诉人、当事人和辩护人、诉讼代理人可以对证据和案件情况发表意见并且可以互相辩论"。由此可见,对证据是可以展开辩论的,而将针对证据采信及证明内容等的辩论置于质证环节,也是合理正当的。因此,辩护人应当根据控辩双方举证质证情况,适时与控方展开辩论。

本书聚焦于传销犯罪研究与律师实务,因此无意长篇累牍而没有针对性地阐述质证的重要性及如何质证,而将主要篇幅聚焦于传销犯罪中各类常见证据之质证应重点关注的问题,即如何在传销犯罪辩护中有重点地进行证据审查与发表质证意见。就此,本书依照刑事诉讼法规定的证据种类与顺序,逐一展开讨论。

## 第二节 传销犯罪中物证的审查与质证

### 一、物证的内容与特点

#### (一)物证的概念与内容

物证,是指以外部特征、存在状态、物质属性等来证明有关案件事实的实物和痕迹。① 刑事诉讼法将其规定为第一种证据,可见其在刑事诉讼中的地位与作用,其是用以查明案件事实真相的重要客体。一般而言,物证包括供犯罪使用的工具,如车辆、钥匙、凶器等,也包括犯罪行为所侵犯的客体物,如窃取的机密文件、被害人的尸体、通过诈骗犯罪骗取的财物等,还包括犯罪现场留下的物品,如衣服、烟头、纸屑等,而作为痕迹的物证通常体现为与犯罪有关的物质痕迹,如指纹、脚印、体液以及因作案而留下的各种痕迹。

在传销犯罪中,常见的物证包括组织者、领导者使用的手机、电脑、U 盘、光盘、移动硬盘等;传销组织给各级代理授予的匾牌、参与者所购买的商品、传销组织所注册公司的印章;传销活动所骗取的财物,如银行卡、存折、房产证、行驶证、古董字画、名烟名酒、名包名表等;此外,在一些特殊情况下还包括指纹等物质痕迹。

#### (二)物证的特点

第一,物证系以其外部特征、存在状态、物质属性等来证明案件真实情况,因而具有较强的客观性,即形成后不易发生改变,被称为“哑巴证据”。

第二,与书证系以其内容证明案件真实情况不同,物证对案件真实情况的揭示是通过外部特征、存在状态、物质属性等实现的,因此对物证内容的揭示离不开人为的作用,物证的收集和固定既需要依赖人工操作科技设备,其内容也需要借助检验或鉴定加以揭示。

---

① 参见陈光中主编:《证据法学》(第 3 版),法律出版社 2015 年版,第 159 页。

第三,“实物证据虽然客观性、稳定性较强,但在收集、固定、保存、鉴定等环节也存在失真风险,此外还存在较高的误读风险”①,诚如保罗·科克明所言,“物证并不会因为人证的存在而缺席,物证是确凿的证据,物证不会存在错误,物证不会作伪证,物证不会完全缺席,只有物证的解释可能存在错误”。

## 二、物证的审查与质证

本书认为,可以从以下 6 个方面,有重点地对物证进行审查和质证。

### (一)是否为原物

依照《刑事诉讼法司法解释》第 82 条、第 83 条的规定,据以定案的物证应当是原物,应当审查物证是否为原物。强调应当是原物是物证的特点所决定的,即物证以其外部特征、存在状态、物质属性等来证明案件真实情况,离开原物,物证所揭示的外部特征、存在状态、物质属性等就必然发生改变,这势必影响物证的证据资格和证明效果。例如,在网络传销犯罪中,侦查机关从组织者、领导者使用的手机、电脑上提取指纹痕迹,用以证明组织者、领导者是该物品的使用人,在不能保证作为物证的手机、电脑是原物的情况下,就无法保证作为检材的指纹痕迹未受到污染,更无法保证检材提取自作为物证的手机、电脑,因而无法在物证与案件事实、证明目的之间建立起联系,故不能提供原物的物证一般情况下不得被采纳作为定案证据。

### (二)物证的照片、录像、复制品制作是否合法合规

《刑事诉讼法司法解释》第 83 条第 1 款规定,“据以定案的物证应当是原物。原物不便搬运、不易保存、依法应当返还或者依法应当由有关部门保管、处理的,可以拍摄、制作足以反映原物外形和特征的照片、录像、复制品。必要时,审判人员可以前往保管场所查看原物”。据此,在特定情况下,可以出示原物的照片、录像、复制品以替代原物的出示。在此情况下,必须做到两个确保:

一是确保物证的照片、录像、复制品制作程序合法合规。物证的照片、录像、复制品应当由 2 人以上制作,需要有制作人关于制作过程以及原物存放于

① 刘静坤:《证据审查规则与分析方法——原理·规范·实例》,法律出版社 2018 年版,第 34 页。

何处的文字说明和签名;未注明与原物核对无异,无复制时间,或者无被收集、调取人签名的,以及没有制作人关于制作过程和原物存放地点的说明,或者说明中无签名的,如果不能补正或作出合理解释,不得作为定案的根据,经补正或者作出合理解释的,可以采用;物证的照片、录像、复制品,经与原物核对无误、经鉴定或者以其他方式确认真实的,可以作为定案的根据。

二是确保物证的照片、录像、复制品能够反映原物的外形和特征。目的是保证物证的照片、录像、复制品可以全面、充分地揭示物证的外部特征、存在状态、物质属性,若不能反映原物的外形和特征,则起不到替代原物的作用,不得作为定案的根据。

### (三)是否依法收集、提取和保管

物证的收集,应当由侦查人员依照法定程序进行,法律对收集方式有明确规定的,还应当按照规定的收集方式进行。经勘验、检查、搜查提取、扣押的物证,应当附有相关笔录、清单,且笔录、清单需经调查人员或者侦查人员、物品持有人、见证人签名,没有签名的,需要注明原因,物品的名称、特征、数量、质量等需要注明清楚。依照《刑事诉讼法司法解释》第 86 条的规定,在勘验、检查、搜查过程中提取、扣押的物证,未附笔录或者清单,不能证明物证来源的,不得作为定案的根据;勘验、检查、搜查、提取笔录或者扣押清单上没有调查人员或者侦查人员、物品持有人、见证人签名,或者对物品的名称、特征、数量、质量等注明不详的,如果不能补正或作出合理解释,不得作为定案的根据,经补正或者作出合理解释的,可以采信。

物证在收集、保管和鉴定过程中受损或发生改变的,需要审查受损或改变是否影响物证的外形和特征,以及受损或改变对证明待证事实影响的大小。

### (四)是否全面收集

与案件事实有关联的物证应当全面收集,依照《刑事诉讼法司法解释》第 85 条的规定,"对与案件事实可能有关联的血迹、体液、毛发、人体组织、指纹、足迹、字迹等生物样本、痕迹和物品,应当提取而没有提取,应当鉴定而没有鉴定,应当移送鉴定意见而没有移送,导致案件事实存疑的,人民法院应当通知人民检察院依法补充收集、调取、移送证据"。辩护律师应当审查在案物证收集及移送情况,及时向法院提出补充收集、补充鉴定及移送鉴定意见等各类申请。

### (五)是否正确揭示案件事实

物证属于间接证据,即其与案件事实的关联性不是显在的、一目了然的,需要由人加以揭示,也因此,物证的误读风险一直存在,误读风险也是该类证据最大的风险。对于许多物证而言,其往往只是案发现场的一个物品、样本或痕迹,本身并不能直接证明案件事实,借助科学技术手段进行解析之后,其与犯罪事实、犯罪嫌疑人的关联性才显现出来。对与案件事实可能有关的血迹、体液、毛发、人体组织、指纹、足迹、字迹等生物样本、痕迹或物品这些物证,应当在提取之后,及时利用科学技术手段进行解析鉴定,并与被告人或者被害人的相应生物特征、物品等进行比对,否则这些物证很难与案件事实关联起来,会导致案件事实存疑。[①] 而解析的结果是否正确,以及与案件事实是否存在关联,这就涉及鉴定意见的审查问题。当然,并非所有的物证均需要通过鉴定进行解析,如传销犯罪中查获的传销活动所骗取的现金、银行卡等,通过点钞计算出具体金额或查询银行卡余额,就可以揭示其与传销犯罪事实之间的联系(当然,所查获的资金是否属于传销资金,还需要证据予以证明)。

### (六)与其他证据是否存在矛盾

对物证进行质证时,不应局限于审查来源及保管链条本身,还应当回归物证本来的属性特征,根据物证的外观特点、质地属性,结合案情,找出其不合理的疑点或矛盾之处。因物证属于间接证据,且其多揭示局部事实,通常不能单独证明主要事实,所以还应当将其与其他证据进行比对,看是否能相互印证,或审查证据之间是否存在矛盾。例如,对于传销犯罪中查获的传销组织颁发给行为人的代理匾牌,其本身无法充分证实行为人在传销活动中的地位与作用,尤其是在行为人否认担任代理匾牌对应的职务时,可以结合当事犯罪嫌疑人及其他犯罪嫌疑人的供述、证人证言、其出席相关会议的介绍或照片、其获得提成的银行流水等证据来考察,若授予的代理匾牌表明其是省级代理,而其他犯罪嫌疑人及一般参与者证实该省的传销活动不是由其负责组织,相关宣传会议、人

---

① 参见赖建东:《全方位质证——思路指引与办案技巧》,法律出版社2022年版,第61—62页。

员配置不由其决定，或相关会议的海报、显示屏介绍或照片显示其未使用该身份，或其获得传销组织发给的相应提成收入与省级代理待遇不符，则表明省级代理匾牌这一物证不能与其他证据相互印证，证据之间存在矛盾且不能作出合理解释，因此该物证不能被采信。

## 第三节　传销犯罪中书证的审查与质证

### 一、书证的内容与特点

#### （一）书证的概念与内容

书证，是指以文字、符号、图画等表达的思想或记载的内容来证明有关案件事实的书面文件或其他物品。书证的范围十分广泛，包括载有文字、符号、数字、图画、印章或其他具有表情达意功能的实物材料，例如出生证、工作证、身份证、护照、营业执照、户口本、账册、账单、票据、收据、合同、车船票、飞机票、日记、信件等。①

在传销犯罪案件中，常见的书证包括供宣讲会现场派发的宣传单、宣传册，宣讲会现场展出的海报，传销组织（公司）的账册，传销组织为开发传销网站、小程序或租赁服务器所签署的合同及发票，参与者为购买商品或服务与传销组织签署的各类合同及发票、付款凭证，传销组织所注册公司的营业执照、公司章程、股东会决议，传销组织向参与者颁发的各类代理授权文件、传销组织向参与者签发的会员资格文件，行政机关认定传销行为的文件、对传销行为作出处罚的文件、异地司法机关侦办关联案件的案卷材料等。

#### （二）书证的特点

书证系以其表达的思想或记载的内容来证明案件事实，这是书证的本质特征，而要使书证表达的思想或记载的内容有助于揭示案件事实，就必须确保书

① 参见陈光中主编：《证据法学》（第3版），法律出版社2015年版，第163页。

证表达的思想或记载的内容能够为人所认识和理解,若其不表达思想,或记载的内容无法为人所理解,则很难将其与待证事实建立起联系,也就不能作为书证使用。

此外,不能将书证局限于载有文字的书面文件。因为不仅书证的表现形式是多样的,既可能是文字、图形,也可能是符号;书证的形成方式也是多样的,既可能是书写形成,也可能是雕刻、印刷形成,书证可能载于纸张之上,也可能载于土、木、布料、石头或其他材料之上。

## 二、书证的审查与质证

本书认为,可以从以下 8 个方面,有重点地对书证进行审查和质证。

### (一)是否为原件

依照《刑事诉讼法司法解释》第 84 条的规定,据以定案的书证应当是原件,应当审查书证是否为原件。强调应当是原件是为了确保书证所载的文字、符号、图画等不发生改变,确保书证所表达的思想或记载的内容准确无误,从而更好地揭示案件事实。例如,在传销犯罪案件中,公诉机关出示了记载传销模式的宣传单、宣传册,用以证明存在特定的传销行为,因该证据属于直接证据,对认定案件事实非常关键,而如果不能提供原件供核对,则该证据的来源存疑,不排除存在伪造等情况,所以在采信时需要特别慎重。

### (二)书证的副本、复制件制作是否合法合规

《刑事诉讼法司法解释》第 84 条规定,取得原件确有困难的,可以使用副本、复制件。据此,在特定情况下,可以出示原件的副本、复制件以替代出示原件。在此情况下,必须做到 3 个确保:

一是确保只有在取得原件确有困难时,才使用副本、复制件。例如,在传销犯罪案件中,侦查机关从异地司法机关调取相关案卷材料时,因原件由办案机关保管,故只能取得副本,此时可以使用副本替代原件。而如果取得原件并无困难,则必须坚持取得并出示原件。

二是确保书证的副本、复制件制作程序合法合规。书证的副本、复制件应当由 2 人以上制作,需要有制作人关于制作过程以及原件存放于何处的文字说

明和签名;未注明与原件核对无异,无复制时间,或者无被收集、调取人签名的,没有制作人关于制作过程和原件存放地点的说明,或者说明中无签名的,如果不能补正或作出合理解释,不得作为定案的根据,经补正或者作出合理解释的,可以采信。书证的副本、复制件经与原件核对无误、经鉴定或者以其他方式确认真实的,可以作为定案的根据。

三是确保书证的副本、复制件能够反映原件及其内容,使其表达的思想或记载的内容得以全面反映与揭示,否则起不到替代原件的作用,不得作为定案的根据。

### (三)是否依法收集和保管

书证的收集,应当由侦查人员依照法定程序进行,法律对收集方式有明确规定的,还应当按照规定的收集方式进行。经勘验、检查、搜查提取、扣押的书证,应当附有相关笔录、清单,且笔录、清单需经调查人员或者侦查人员、物品持有人、见证人签名,没有签名的,需要注明原因,物品的名称、特征、数量、质量等需要注明清楚。依照《刑事诉讼法司法解释》第 86 条的规定,在勘验、检查、搜查过程中提取、扣押的书证,未附笔录或者清单,不能证明书证来源的,不得作为定案的根据;勘验、检查、搜查、提取笔录或者扣押清单上没有调查人员或者侦查人员、物品持有人、见证人签名,或者对物品的名称、特征、数量、质量等注明不详的,如果不能补正或作出合理解释,不得作为定案的根据,经补正或者作出合理解释的,可以采信。

书证在收集、保管和鉴定过程中受损或发生改变的,需要审查受损或改变是否影响书证表达的思想或记载的内容。对书证的更改或者更改迹象不能作出合理解释的,不得作为定案的根据。

### (四)书证是否全面收集

《刑事诉讼法》第 52 条规定:“审判人员、检察人员、侦查人员必须依照法定程序,收集能够证实犯罪嫌疑人、被告人有罪或者无罪、犯罪情节轻重的各种证据……”依照该规定,应当全面收集能够证实犯罪嫌疑人、被告人有罪或者无罪、犯罪情节轻重的各种证据,而鉴于公安、检察机关等肩负着查明犯罪、指控犯罪的责任,故不可避免地可能存在有意或无意地对证明犯罪嫌疑人、被告人无罪或罪轻的证据视而不见、应当收集而未收集的情况,而书证是刑事案件中最常见的证据类型之一,实务中经常出现应当收集的书证未收集或未全面收集的情况,犯罪嫌疑人就同一事项签署有不同版本合同文件的,或后续有签署补充协议的,侦查机关往往只调取一个版本,或未调取补充协议,这就需要辩护律师予以审查并及时提出意见。例如,在传销犯罪案件中,各地行政机关对涉案传销模式是否属于传销行为存在不同认定的,或异地司法机关对涉案传销模式是否构成组织、领导传销活动罪存在不同认定的,则既需要调取认定的书证,又需要调取不予认定、改变定性、判决无罪的书证,如此才符合全面收集证据的法律规定。

(五)书证的有效性与完整性

书证以其表达的思想或记载的内容来证明案件事实,因此,相对于从形式上审查书证,辩护律师对书证内容的审查显得更为重要,在审查质证时,需要结合书证表达的内容、与待证事实的关系、是否存在有利于犯罪嫌疑人的内容等方面进行解读。常见书证以书面化的文件如合同、授权、判决书等为代表,在审查质证时,需要关注书证的有效性与完整性。

所谓有效性,是指该书证符合法律的规定,合法有效,对相关人员具备法律约束力。例如,在一些敲诈勒索案件中,公诉机关会出示犯罪嫌疑人与被害人之间所签署的补偿协议或人民法院就双方争议事项作出的民事调解协议,被害人往往陈述签署补偿协议或接受法院调解,系受到犯罪嫌疑人的恐吓、威胁,不是其真实意思表示,尽管如此,补偿协议、法院的调解协议一经签署或送达当事人后即发生法律效力,对当事人具有法律约束力,该类书证已将当事人的意思表示予以固定,仅凭受害人陈述系受到恐吓、威胁才签署,不足以推翻补偿协议、调解协议的法律效力。又如,在一些传销犯罪案件中,侦查机关往往将用于传销的小程序或网站的开发者也列入追诉范围,而传销组织往往与之签署有委托开发的合同,辩护律师在面对这类书证时,就应当审查其法律效力,并结合合同中关于开发需求、费用支付、系统维护等的具体约定,针对犯罪嫌疑人就小程序或网站用于传销犯罪是否知情、对传销活动的参与程度、获利情况等方面开展质证。

所谓完整性,是指该书证齐全完整,不存在遗漏,例如作为书证的合同未缺页,合同附件已完整收集,对合同进行补充、变更、修改等的文件已完整收集。书证内容不完整的,会影响其所表达思想或记载内容的完整性,在不能完整收集的情况下,需要分析欠缺的部分对书证证据资格及证明力的影响。

例如,在王某某等组织、领导传销活动案中,公诉机关出示了由侦查机关出具的对涉案微信进行技术侦控的说明材料,用于证明在被告人王某某的妻子离开某市期间,涉案微信的登录活动基站未离开某市,由此确认涉案微信系由王某某使用(该案组织者、领导者系利用该微信开展组织和领导活动,其他传销活动的参与者从未见过该微信的使用者,故公诉机关用侦查机关出具的说明证明王某某就是该微信的使用者),但辩护律师在审查该书证时,发现该书证由侦查机关采取侦控措施1年之后才出具,且该书证未附有任何批准文件,而依照该书证的记载,侦查机关系采取了技术侦查措施。最高人民法院、最高人民检察院、公安部等《关于实施刑事诉讼法若干问题的规定》第20条规定,“刑事诉讼法第一百四十九条中规定:‘批准决定应当根据侦查犯罪的需要,确定采取技术侦查措施的种类和适用对象。’采取技术侦查措施收集的材料作为证据使用的,批准采取技术侦查措施的法律文书应当附卷,辩护律师可以依法查阅、摘抄、复制,在审判过程中可以向法庭出示”。故辩护律师提出,在欠缺批准采取技术侦查措施的法律文书的情况下,仅有采取技术侦查措施收集的材料是不完整的,无法判断侦查机关对微信采取侦控措施是否履行了批准手续,且传销犯罪不属于《刑事诉讼法》第150条规定的可以采取技术侦查措施的案件范围,故该书证不完整,其合法性存在严重疑问,极有可能存在违法侦查的情况,故不得作为证据使用。

### (六)书证内容的全面解析

在书证内容较多的情况下,其传达的信息是多样而丰富的,公诉机关可能只是从某个角度或截取某些内容用以证实案件事实,既没有顾及同一份书证中某些对案件事实增添合理怀疑的内容,也没有全面地对书证作出综合评价,因此辩护律师需要在质证时对书证内容进行全面解析。

例如在周某某组织、领导传销活动案中,公诉机关指控被告人利用其担任跨境电商分会会长的职务开展传销招商活动,主要证据是一份其在杭州参加商业活动的新闻报道,辩护律师通过查找该报道原文出处,了解到所谓跨境电商分会会长,是被告人所在公司系深圳市某省份商会跨境电商分会会长单位,被告人既非公司负责人,在杭州参会期间也没有从事传销宣传活动,为此,辩护律师通过被告人的配偶,调取到了深圳市某省份商会颁发给被告人所在公司的聘书并将其作为证据向法庭提交,以证明被告人不存在利用跨境电商分会会长职务开展传销活动的事实。

(七)与其他证据是否存在矛盾

证据确实、充分的标准之一,是综合全案证据对所认定事实已排除合理怀疑,而所谓已排除合理怀疑,是指存在合理怀疑之处能得到合理解释。据此,在对包括书证在内的所有证据进行审查质证时,应当审查证据之间是否存在矛盾,这种矛盾是否影响对案件事实作出唯一性的结论,这种矛盾是否合理、是否能得到合理解释。

例如,在赵某某组织、领导传销活动案中,公诉机关出示了一份被告人与传销活动组织者签署的网站开发合同,用以证实被告人参与了网站开发且对网站用于传销是知情的,辩护律师审查该书证后,未见其中有任何关于传销的约定,开发费定价也合理,而被告人始终供述其不知道所开发网站系用于传销,其以往所开发网站没有出现被用于传销的情况,传销活动组织者则供述被告人知悉所开发网站系用于传销,如此,书证及被告人的供述与传销活动组织者的供述存在矛盾之处,这种矛盾是极其不合理的,故需要辩护律师通过发问、质证等环节分析这种矛盾,质疑传销活动组织者供述的真实性,引导法庭认定被告人对所开发网站用于传销不知情这一重要事实。

(八)情况说明的审查与质证

情况说明在刑事诉讼中较为常见,此处特指侦查机关或侦查人员针对案件侦查、调查取证等事宜作出的书面说明。《刑事诉讼法》第 59 条规定:“在对证据收集的合法性进行法庭调查的过程中,人民检察院应当对证据收集的合法性加以证明。现有证据材料不能证明证据收集的合法性的,人民检察院可以提请人民法院通知有关侦查人员或者其他人员出庭说明情况……”据此,此类针对调查取证过程的说明,并非“用于证明案件事实的材料”,也并非在犯罪行为实施过程中所形成的材料,而是进入刑事诉讼程序之后对调查取证过程作出的书面记录、解释，故不属于证据范畴，但属于用于证明程序事项或证明证据资格的材料，因其多以书面文字形式出现，故在书证质证中一并讨论。

其一，针对侦查机关或侦查人员出具的该类情况说明，辩护律师应当向法庭申请侦查人员出庭说明情况，这是刑事诉讼法明确规定的。因为侦查人员或者其他人员出庭的，应当向法庭说明证据收集过程，并就相关情况接受发问，而仅出具书面说明材料，起不到出庭说明情况所起的查明证据收集合法性的作用，故不得以出具情况说明替代出庭说明情况。

其二，在取证程序存在瑕疵等情况下，经勘验、检查、搜查提取、扣押的书证缺乏物品持有人、见证人签名又未注明原因，侦查机关出具情况说明，对瑕疵作出解释说明，解释合理的，辩护律师可以接受此种解释方式。

其三，针对说明情况本身，需要审查是否仅有侦查人员签名，而无单位盖章，或仅有盖章，而无 2 人以上侦查人员签名，签字是否存在非手写或代签情况等。

此外，在非法证据排除的场合，不能以出具情况说明替代出庭，也不能仅以一份情况说明材料来认定证据收集具备合法性，因为其达不到排除存在非法取证情况的证明程度，对此，《关于办理刑事案件严格排除非法证据若干问题的规定》(以下简称《严格排除非法证据规定》)第 34 条规定，法庭根据相关线索或者材料对证据收集的合法性有疑问，而人民检察院未提供证据或者提供的证据不能证明证据收集的合法性，不能排除存在该规定所规定的以非法方法收集证据情形的，对有关证据应当予以排除。

## 第四节　传销犯罪中证人证言的审查与质证

### 一、证人证言的内容与特点

#### (一)证人证言的概念与内容

证人证言，是指当事人以外了解有关案件事实情况的人，就其感知的有关案件事实,向公安司法机关所作的与案件有关事实情况的陈述。[①] 这里的证人,是指对犯罪事实的全部或部分有所感知并向公安司法机关陈述该事实的犯罪嫌疑人之外的第三人。在国外的刑事司法实践中,存在事实证人与专家证人的区分,前者是指就其感知的案件事实进行陈述的证人,后者是指根据其掌握的专业知识而就案件涉及的专门性问题向法庭提出意见的专业人士,也称意见证人,显然,意见证人属于广义的证人范畴。[②] 而我国刑事诉讼法所称的证人,显然仅指事实证人,属于狭义的证人范畴。

在传销犯罪中,常见的证人包括入职传销企业但不从事传销活动的工作人员、曾接触或了解传销模式但并未实际参加的人员、在现场为传销宣传活动提供过会务或餐饮服务的酒店宾馆工作人员,也包括为传销活动提供代言、广告服务的人员,以及为传销活动提供摄影摄像、宣传材料印制、授权牌照制作、场地租赁等服务的人员。对于虽参与传销活动,但不属于组织者、领导者的一般传销活动参与者,其所作陈述在实务中多被公安司法机关归类为证人证言,但本书秉持现行传销犯罪属于诈骗型传销的观点,认为一般传销活动参与者属于被害人,故其陈述应当被归类为被害人陈述,因此本节不对一般传销活动参与者的陈述进行讨论。

### (二)证人证言的特点

因证人证言属于言词证据,故具有生动、形象、具体、丰富等特点,与物证、书证等需要进行解析进而与待证事实建立联系不同,证言通过询问人员与证人一问一答的方式作出,具备直接、具体的特征,与待证事实的联系较为明显,便于诉讼参与人通过它了解案件事实的经过和全貌。

此外,因受证人的某些主客观因素影响,证人证言容易含有虚假成分,有些证人与被告人有亲情或友情关系,为掩盖不利于被告人的事实而作伪证;有些证人对作证存在顾虑,不敢或不愿如实陈述案件事实而作虚伪陈述;有些证人人品不良,为了满足某种卑劣目的而提供伪证;有些证人为了陷害别人,虚构或

① 参见陈光中主编:《证据法学》(第3版),法律出版社2015年版,第167页。

② 广义的证人包括侦查人员、调查人员、案涉的其他行政执法人员、见证人、被害人的家属、有专门知识的人等。

者夸大事实；有些证人可能被贿买而作伪证；有些证人为了迎合公安司法人员、当事人等，按照他们的意愿提供伪证。由于受到感知、记忆和表达能力的制约，有的证人虽然本着良心作证，但仍然有可能提供虚假的陈述。[①]

## 二、证人证言的审查与质证

本书认为，可以从以下 9 个方面，有重点地对证人证言进行审查和质证。

### （一）是否具备证人主体资格

《刑事诉讼法》第 62 条规定，“凡是知道案件情况的人，都有作证的义务。生理上、精神上有缺陷或者年幼，不能辨别是非、不能正确表达的人，不能作证人”。据此，具备证人主体资格，需要满足以下条件：一是知道案件情况，未感知案件事实的人不是证人；二是具备辨别是非的能力，即对是否存在事实、状态如何、行为如何实施及性质为何等具有正确认识和辨别的能力；三是具备正确表达的能力，即对自己所能认识和辨别的是否存在事实、状态如何、行为如何实施及性质为何等内容能够正确描述、陈述。生理上、精神上有缺陷或者年幼的人并非绝对不能作为证人，只要其满足以上 3 个条件，就仍可以作为适格证人。

需要特别指出的是，法律并未对“年幼”的具体年龄作出规定，本书认为，可以参照《民法典》关于限制民事行为能力人的规定，将年幼界定为不满 8 周岁的未成年人。对于正处于醉酒、麻醉品中毒或精神药物麻醉状态的人，其辨别是非和正确表达的能力会受到削弱，若其陈述系在神志不清的状态下作出，则该陈述不具备证据资格。辩护律师可以结合证人的出生日期、作证时间、地点、表达是否流畅及同步录音录像等审查作证的人是否具备证人主体资格。

### （二）是否告知权利义务及保障证人权利

依照《刑事诉讼法》的规定，证人享有相应的权利义务，以一份传销犯罪案件中的证人诉讼权利义务告知书为例，其记载的证人权利义务如下：

“1. 不通晓当地通用的语言文字时有权要求配备翻译人员，有权用本民族

---

① 参见陈光中主编：《刑事诉讼法》（第 7 版），北京大学出版社、高等教育出版社 2021 年版，第 221 页。

语言文字进行诉讼。2. 对于公安机关及其侦查人员侵犯其诉讼权利或者进行人身侮辱的行为,有权提出申诉或者控告。3. 因在诉讼中作证,人身安全面临危险的,可以向公安机关请求对本人或其近亲属予以保护。4. 有权核对询问笔录。如果记载有遗漏或者差错,有权提出补充或者改正,经核对无误后,应当在询问笔录上逐页签名、捺指印。有权自行书写亲笔证词。5. 未满 18 周岁的证人在接受讯问时有权要求通知其法定代理人到场。6. 知道案件情况的有作证的义务。7. 应当如实地提供证据、证言,有意作伪证或者隐匿罪证应负相应的法律责任。"

侦查人员应当在取证之前告知证人相关权利义务,通常情况下,会让证人签署证人诉讼权利义务告知书,以确保告知的过程以书面形式记载并有据可查,通常,已签署的证人诉讼权利义务告知书会装订在证人证言的前面,辩护律师应当审查证人诉讼权利义务告知书的签署时间及是否系本人签名,若未发现已签署的证人诉讼权利义务告知书,则可以未告知证人权利义务为由,质疑证人取证程序的合法性,要求补正或者作出合理解释,否则对应证人证言不得被采信。

而对于证人的权利保障,辩护律师应当重点审查应当配备翻译人员的是否配备,是否存在对证人进行威胁、恐吓或侮辱的情况,是否允许核对、修改笔录,未满 18 周岁的证人接受询问时是否有监护人在场等,这些内容与取证程序合法性、证人证言真实性密切相关。《刑事诉讼法司法解释》第 89 条规定,书面证言没有经证人核对确认的,询问聋、哑人,应当提供通晓聋、哑手势的人员而未提供的,询问不通晓当地通用语言、文字的证人,应当提供翻译人员而未提供的,证人证言不得作为定案的根据。第 90 条规定,询问笔录没有记录告知证人有关权利义务和法律责任的,询问未成年人,其法定代理人或者合适成年人不在场的,经补正或者作出合理解释的,可以采用;不能补正或者作出合理解释的,不得作为定案的根据。而若存在对证人进行威胁、恐吓或侮辱等非法方法收集证人证言的情形,则应当作为非法证据予以排除。

### (三)取证地点是否合法

《刑事诉讼法》第 124 条第 1 款规定:"侦查人员询问证人,可以在现场进行,也可以到证人所在单位、住处或者证人提出的地点进行,在必要的时候,可以通知证人到人民检察院或者公安机关提供证言……”据此,询问证人只能在上述5个地方进行,法律对询问地点作出限制性规定的主要考量是便于证人并保证其自愿、如实、安全地提供证言。

在实务中,常常会出现侦查人员出差到异地,并在入住的酒店对证人开展询问的情形,面对质疑,公诉机关多将此解释为在酒店接受询问系由证人主动提出,而事实上,通常情况下证人不会主动要求去不受自己控制的酒店等场所接受询问。面对在酒店等非法律明确规定的地点接受询问的情况,辩护律师应当结合证人职业、有无固定工作单位及住所、询问时间是否为工作日、工作时间、证人性别等角度进行审查,质疑询问地点的合法性,要求公诉机关作出合理解释。依照《刑事诉讼法司法解释》第90条的规定,询问地点不符合规定的,经补正或者作出合理解释的,可以采用;不能补正或者作出合理解释的,不得作为定案的根据。

### (四)询问证人是否单独进行

询问证人应当单独进行,这是询问证人时的一条基本原则,目的是避免证人之间相互影响,也便于证人证言之间相互印证,否则,证人证言的真实性会面临质疑。辩护律师可以结合证言笔录记载的内容进行审查,查看是否存在相同的侦查人员在同一时间或同一地点询问多人的情况。依照《刑事诉讼法司法解释》第89条的规定,询问证人没有个别进行的,证人证言不得作为定案的根据;第90条规定,询问笔录反映出在同一时段,同一询问人员询问不同证人的,经补正或者作出合理解释的,可以采用;不能补正或者作出合理解释的,不得作为定案的根据。

### (五)是否受到询问人员的诱导

《刑事诉讼法司法解释》第87条规定,对证人证言应当着重审查有无以暴力、威胁等非法方法收集证人证言的情形,若存在,则应当以非法证据予以排除。近年来,随着非法证据排除规则及相应的责任追究机制愈加具体明确,直接以暴力、威胁等非法方法收集证人证言的情形有所减少,相对而言,以诱导的方式影响证人作证的情形更频发、更隐蔽,需要辩护律师予以特别注意。

例如,在周某某组织、领导传销活动案中,公安机关询问了曾参加现场招商会的证人朱某某,侦查人员问:“周某某在推介会上所说的是否只是 POS 机的事情?”朱某某答:“不是,没怎么说 POS 机的事情,主要描述××公司的投资前景及回报,希望我们投资×××商城,用于投资其说的九大产业,其实就是给我们洗脑。”显然,侦查人员询问被告人在推介会上是否只推介不属于传销产品的 POS 机,目的是诱导证人回答被告人在推介会上还推介了传销公司的前景、商城及九大产业。对于存在讯问人员诱导提问的情形,辩护律师应当分析证人证言前后是否矛盾,与其他人的证言及其他证据是否矛盾,证言内容是否符合逻辑、常识和情理,分析判别其真伪。

### (六)证言是否存在猜测性内容

证人只能就其感知的有关案件事实提供证言,与案件无关的内容不应当成为证言,证言不包含证人个人推测或分析判断意见。依照《刑事诉讼法司法解释》第 87 条的规定,证言的内容是否为证人直接感知,属于应当着重审查的内容,《刑事诉讼法司法解释》第 88 条第 2 款规定,“证人的猜测性、评论性、推断性的证言,不得作为证据使用,但根据一般生活经验判断符合事实的除外”。

例如,在张某某组织、领导传销活动案中,张某某因为传销组织开发传销软件而被指控犯罪,该案中张某某否认其所开发软件系用于传销活动,就此,侦查人员对张某某公司的员工进行了询问。侦查人员问:“张某某知不知道他开发的软件是用于传销的?”员工答:“我不知道他是否知道,但我觉得他可能是知道的,因为老板接这个单之后找的是两个和他比较密切的员工一起开发的,没有告诉我们普通员工。”就此,员工关于张某某对所开发软件用于传销可能知情的陈述,属于猜测性内容,且其猜测的根据不符合一般生活经验,故不得作为证据使用。

### (七)证人与案件当事人、案件处理结果有无利害关系

凡是知道案件情况的人,都有作证的义务,就此而言,是否属于证人是一个事实判断。证人与案件当事人、案件处理结果有利害关系,并不影响其作为证人的资格,也并不必然导致其证言失去真实性。但是,证人与案件当事人、案件处理结果有利害关系,更容易导致其违背事实提供证言,“证人的可信程度应该

随着他与犯罪间存在仇恨、友谊和其他密切关系而降低"①。例如,在被告人家属作为证人的场合,证人可能因希望被告人不受法律追究或获得较轻处罚,从而提供虚假证言,而在证人与被告人曾经结怨的情况下,证人可能希望被告人被从快从重处罚,故违背事实提供虚假证言。因此,在证人与案件当事人、案件处理结果有利害关系的场合,辩护律师应重点关注其证言与其他证人证言、其他证据之间是否存在矛盾、矛盾是否存在合理解释、证据之间是否能相互印证。

### (八)证言是否存在矛盾

证言是否存在矛盾,既包括同一次证言前后矛盾,也包括前后几次证言之间矛盾,当庭作出的证言与庭前证言矛盾,还包括证言与其他人的证言、证言与其他证据之间存在矛盾。依照《刑事诉讼法司法解释》第 87 条的规定,证言之间以及与其他证据之间能否相互印证,有无矛盾,存在矛盾的,能否得到合理解释,属于应当着重审查的内容。

例如,在周某某组织、领导传销活动案中,证人朱某某经侦查人员诱导,陈述被告人周某某在推介会上推介了传销公司的前景、商城及九大产业,而该证言与周某某的供述、公司执行董事长的供述、异地服刑人员出具的证言等都存在矛盾,而且证人朱某某在作出上述证言一年多之前,在接受侦查机关询问的时候,其介绍公司情况及其主要经营管理人员时并未提及被告人周某某,其主动提交给侦查机关的涉案公司经营管理人员名单也未包含周某某,这表明朱某某的证言前后存在矛盾,不符合常理,其很有可能是在周某某到案后应侦查机关的引导或暗示指认周某某,结合侦查人员对证人进行诱导性提问的情况,可以判断朱某某证言的真实性存在严重疑问。

### (九)申请证人出庭作证

申请证人出庭作证是被告人及其辩护人的重要权利。通过法庭及辩护人等向出庭证人发问,有助于发现案件事实真相,更为直接地,证人出庭有利于澄清对于取证程序合法性及证言内容真实性的质疑,在这个意义上,证人出庭属于对证人证言进行审查与质证的重要环节,属于对证人证言进行查证的重要手

① [意]切萨雷·贝卡里亚:《论犯罪与刑法》,黄风译,北京大学出版社 2008 年版,第 30 页。

段。故此辩护律师可以根据案件需要,及时向法庭提出通知证人出庭作证的申请,理由的陈述重点应放在取证程序的合法性,证言的真实性存在疑问,证言与其他证据之间不能相互印证、存在矛盾且不能得到合理解释等问题上。

例如,在周某某组织、领导传销活动案中,考虑到只有证人朱某某等3人的证言指向周某某参加了相关公开推介会,而3人的证言不仅在不同程度上受到侦查人员的诱导,多份证言前后存在矛盾,且与多位被告人的供述存在冲突,因该3人的证言直接涉及案件的定罪量刑,必须予以查清,故该3人确有必要出庭作证,以查清案件事实,回应对取证程序合法性及证言内容真实性的质疑,据此,辩护律师在该案一审及发回重审后均向法庭申请通知该3名证人出庭作证。

而对于证人出庭提供的证言如何采信及经法院通知证人未出庭时证言的采信问题,《刑事诉讼法司法解释》第91条有明确规定,即"证人当庭作出的证言,经控辩双方质证、法庭查证属实的,应当作为定案的根据。证人当庭作出的证言与其庭前证言矛盾,证人能够作出合理解释,并有其他证据印证的,应当采信其庭审证言;不能作出合理解释,而其庭前证言有其他证据印证的,可以采信其庭前证言。经人民法院通知,证人没有正当理由拒绝出庭或者出庭后拒绝作证,法庭对其证言的真实性无法确认的,该证人证言不得作为定案的根据"。

## 第五节 传销犯罪中被害人陈述的审查与质证

### 一、被害人陈述的内容与特点

#### (一)被害人陈述的概念与内容

被害人陈述,是指犯罪行为直接侵害的人就其所了解的有关案件的事实向公安司法机关所作的陈述。[1] 此处所谓被害人,是指其合法权益遭受犯罪行为直接侵害的人,既包括自然人被害人,也包括单位被害人。在刑事诉讼中,存在

① 参见陈光中主编:《证据法学》(第3版),法律出版社2015年版,第174页。

被害人究竟是指刑事实体法意义上的被害人，还是指刑事程序法意义上的被害人的争论，前者是指实际遭受犯罪行为侵害的人，后者是指在刑事程序中作为遭受犯罪行为侵害的人，而实际是否遭受侵害，需要经过诉讼证明程序最终由法院予以认定。本书认为，被害人陈述所称的被害人，无疑是指程序法意义上的被害人，原因在于，如此认定符合刑事诉讼运行的规律，即是否成立犯罪的判断建立在已归类证据的基础之上，对证据的归类先于是否成立犯罪的认定，如果事先过分强调被害人认定的准确性，必然导致侦查人员束手束脚，无所作为。

### （二）被害人陈述的特点

被害人因其自身的经济、物质、精神或名誉等遭到犯罪行为的直接侵害，其可能是犯罪行为直接指向的对象，也有可能在犯罪现场，目睹了犯罪行为的实施过程，因此其对被害经过能够进行比较充分的揭露和陈述，证明效果直接、具体和真切。

与此同时，因被害人与被告人及案件处理结果存在直接的利害关系，故其作出虚假陈述的可能性较大。被害人虚假陈述的原因大致有以下几类：一是记忆模糊导致陈述偏差；二是出于仇恨心理而故意作出歪曲、夸大陈述；三是为掩盖自身过错而虚假陈述；四是为顾及自身或家庭、子女的经济利益、名誉等而虚假陈述；五是遭受威胁、恐吓、欺骗而虚假陈述。明确被害人虚假陈述的原因，能有针对性地展开证据审查与质证。

## 二、一般传销活动参与者的陈述

在当前的刑事诉讼实务中，公安司法机关往往将传销犯罪案件中参与传销活动，但不属于组织者、领导者，不属于刑事追诉范围的一般传销活动参与者视为证人，将其所作陈述归类为证人证言，而非归类为被害人陈述，这既与《禁止传销条例》将一般传销活动参与者规定为行政违法者有关，也与国家严厉打击传销活动的刑事政策有关。

但本书认为，应当将一般传销活动参与者的陈述归类为被害人陈述，理由如下：

其一，证据的归类应取决于证据自身的特点，而非自身特点之外的因素，被害人陈述属于广义上的证人证言，二者区分的关键在于陈述主体是否受犯罪行为的直接侵害,受犯罪行为直接侵害的属于被害人,未受犯罪行为直接侵害的属于证人。传销犯罪虽被定位为扰乱市场秩序罪,但犯罪侵害的法益与侵害对象不完全对应与等同,从传销犯罪的罪状描述来看,其侵害的主要法益固然为社会管理秩序,但侵害的对象为一般传销活动参与者,故那些不受刑法追诉的传销活动参与者属于被害人。

其二,就传销犯罪的性质而言,其属于诈骗型传销,因此,那些受传销诈骗失去财物的一般传销活动参与者,属于诈骗犯罪直接侵害的受害人。

其三,《禁止传销条例》将一般传销活动参与者确定为违法者并予以行政处罚,并不能改变参与者属于受害人的性质,因为被害人受害与行为违法并非不能共存。例如,甲、乙两人在互殴中分别受轻伤,这显然分别构成故意伤害,但同时分别是对方故意伤害行为的受害人,不能基于甲行为违法而否定其受害人身份,也不能基于甲的受害人身份而否定其行为违法。基于此,本书将一般传销活动参与者的陈述列入被害人陈述章节进行讨论。

## 三、被害人陈述的审查与质证

本书认为,可以从以下 6 个方面,有重点地对被害人陈述进行审查和质证。

### (一)陈述的内容是否为被害人直接感知

就被害人陈述的内容而言,大致可以分为 3 类:一是对案件事实的陈述,二是自身对案件事实的分析判断,三是作为被害人提出诉讼主张或表达诉求。与证人证言强调必须是证人直接感知的内容一致,作为证据的被害人陈述也必须是被害人直接感知的内容,即仅限于上述第一部分的内容。当然,被害人直接感知之外的内容并非没有价值,只不过不具有证据价值。

在王某某组织、领导传销活动案中,涉案传销活动最终的组织者、领导者平时系以两个微信号对外进行联络指挥,因此谁是两个微信号的实际使用者成为公安机关侦查的重点,就此,公安机关对传销微信群中的传销活动参与者进行了询问。侦查人员问:“你认为谁在使用这两个微信号?为什么?”传销活动参与者答:“我感觉是王某某夫妇,因为我和微信群内的大多数群友私下都有来往,大家都挺熟悉,经常一起交流××××证券的投资问题,群友中只有王某某夫妇平日神神秘秘的,不怎么和大家交流,还有就是,王某某夫妇不喜欢别人与他们打微信语音电话或视频通话，这一点与两个微信号对外要求任何人不得和他们进行语音、视频通话比较像。”由此可以看出，侦查人员是让受害人发表猜测推断的意见，从受害人回答的内容来看，其也是基于王某某夫妇的行事风格和使用微信的习惯来推测判断，其回答内容不属于直接感知的内容，也不符合一般生活经验判断，故不得作为证据使用。

(二)被害人陈述时的年龄，认知、记忆和表达能力，生理和精神状态是否影响陈述

被害人陈述时若存在年龄过高、认知能力不足或发生减退、记忆和表达能力衰退、生理和精神状态较差等因素，显然对陈述有直接影响，这种影响会使被害人在非故意的情况下作出虚假陈述，偏离案件事实，这种偏离可能是部分偏离，也可能是全部偏离。在许多传销犯罪案件中，受害人多为老年人群，随着年龄的增加，老年人的认知、记忆和表达能力都会发生不同程度的减退，其受骗之后面临较差的经济状况，有的甚至无家可归，因之生理和精神状态也会有所影响，因此，辩护律师要结合影响因素的具体情况，分析其对被害人陈述的影响程度。

(三)被害人与案件当事人、案件处理结果有无利害关系

毫无疑问，受害人大多希望被告人被绳之以法，遭受的损失通过案件处理得以挽回，因此被害人与案件当事人、案件处理结果存在利害关系。就传销犯罪案件而言，受害人的心态各异：有的受害人及时醒悟，希望犯罪嫌疑人、被告人受到法律的严惩；有的受害人被严重洗脑，案发时仍未意识到自己卷入了传销骗局，因此不希望犯罪嫌疑人、被告人受到追诉，不希望涉案财产被没收处置。因此，辩护律师应具体地分析受害人与案件当事人、案件处理结果的利害关系及对陈述真实性的影响程度。

(四)询问被害人是否单独进行

与询问证人应单独进行相一致，对受害人的询问也应遵循单独进行的原则，目的也是避免受害人之间相互影响，也便于受害人陈述之间的相互印证。在传销犯罪案件中，通常存在统一的传销模式和制度，因此通过询问不同的一

般传销活动参与者,将其陈述进行比较对照,更能起到相互印证的效果。辩护律师应结合受害人笔录记载的内容进行审查,查看是否存在相同的侦查人员在同一时间或同一地点询问多人的情况。《刑事诉讼法司法解释》第89条规定,询问证人没有个别进行的,证人证言不得作为定案的根据;第90条规定,询问笔录反映出在同一时段,同一询问人员询问不同证人的,经补正或者作出合理解释的,可以采用;不能补正或者作出合理解释的,不得作为定案的根据。以上规则同样适用于对被害人陈述的审查、质证与采证。

#### (五)有无以暴力、威胁等非法方法收集被害人陈述的情形

如前所述,传销犯罪案件中一些一般参与者可能存在被严重洗脑的情况,其不认为自己卷入了传销骗局,一些一般参与者对取回所投入款项存在幻想,不希望揭露传销骗局,在此情况下,为取得被害人陈述,侦查人员可能采取暴力、威胁等非法方法收集被害人陈述。

实务中常见的情况是,侦查人员以不配合取证就追究其刑事或行政责任相威胁,或以配合取证将来可以退回被骗取的款项为由进行欺骗,非法收集被害人陈述。显然,以非法方法收集的被害人陈述应当予以排除,不得作为认定案件事实的根据。

#### (六)被害人陈述之间以及与其他证据之间能否相互印证,有无矛盾

鉴于传销犯罪案件中被害人与被告人及案件处理结果存在直接的利害关系,其行为具有违法性,因而更容易受到威胁和欺骗,故其作出虚假陈述的可能性较大,或其陈述中可能含有较多的虚假成分,因此辩护律师应当更加关注被害人陈述之间及与其他证据之间的印证关系,分析证据之间是否存在矛盾,对矛盾能否作出合理解释,并根据分析结论对证据的采信与否提出明确意见。

CHAPTER 09

# 第 九 章

# 传销犯罪中的证据审查与质证(下)

## 第一节 传销犯罪中犯罪嫌疑人、被告人供述和辩解的审查与质证

### 一、犯罪嫌疑人、被告人供述和辩解的内容与特点

#### (一)犯罪嫌疑人、被告人供述和辩解的概念与内容

犯罪嫌疑人、被告人供述和辩解,又称“口供”“自白”,是指犯罪嫌疑人、被告人就其被指控的犯罪事实和其他有关情况,向公安司法机关所作的陈述。通常包括3种情形:一是供述,即犯罪嫌疑人、被告人对犯罪事实表示承认,并如实陈述其实施犯罪的全部事实和情节;二是辩解,即犯罪嫌疑人、被告人否认自己实施了犯罪行为,或者虽承认自己犯罪,但辩称依法不应当追究刑事责任或应当从轻、减轻、免除处罚等;三是攀供,即犯罪嫌疑人、被告人揭发、检举同案其他犯罪嫌疑人、被告人的犯罪行为,若检举、揭发的内容与自己的犯罪行为有关,则可以作为本案证据使用。[①] 若检举、揭发的内容与自己的犯罪行为无关,涉及其他犯罪嫌疑人、被告人的其他犯罪,则属于立功材料,可以作为其他犯罪案件中

---

① 参见陈光中主编:《证据法学》(第3版),法律出版社2015年版,第176页。

的证人证言来使用。传销犯罪中的犯罪嫌疑人、被告人供述和辩解,其内容与上述3种情形一致。

### (二)犯罪嫌疑人、被告人供述和辩解的特点

一方面,犯罪嫌疑人、被告人如实供述的,可以全面、直接揭示案件事实,因为其对是否实施犯罪行为、如何实施及犯罪时的主观心态,知道得最为清楚,可以全面揭示犯罪的时间、地点、手段、结果、目的等事实情况。

另一方面,自己是刑事追诉的对象,如何供述和辩解关系到自己是否承担刑事责任及刑罚的轻重,因此犯罪嫌疑人、被告人有可能编造谎言以掩盖事实真相,故其供述和辩解虚假的可能性较大。

此外,随着刑事诉讼程序的推进,随着犯罪嫌疑人、被告人了解到的涉案信息增多,其主观心态可能发生起伏变化,其供述和辩解可能随之发生变化,即其供述和辩解存在反复、不稳定的特征。

## 二、犯罪嫌疑人、被告人供述和辩解的审查与质证

本书认为,可以从以下9个方面,有重点地对犯罪嫌疑人、被告人供述和辩解进行审查和质证。

### (一)讯问的时间、地点,讯问人的身份、人数以及讯问方式等是否合法合规

关于讯问的时间,依照刑事诉讼法的规定,公安机关对被拘留的人,应当在拘留后的24小时以内进行讯问;人民法院、人民检察院对于各自决定逮捕的人,公安机关对于经人民检察院批准逮捕的人,都必须在逮捕后的24小时以内进行讯问;传唤、拘传持续的时间不得超过12小时,案情特别重大、复杂,需要采取拘留、逮捕措施的,传唤、拘传持续的时间不得超过24小时,不得以连续传唤、拘传的形式变相拘禁犯罪嫌疑人。

关于讯问的地点,依照刑事诉讼法的规定,犯罪嫌疑人被送交看守所羁押以后,侦查人员对其进行讯问,应当在看守所内进行;对不需要逮捕、拘留的犯罪嫌疑人,可以传唤到犯罪嫌疑人所在市、县内的指定地点或者到他的住处进行讯问。公安部制定的《刑事案件程序规定》第198条第1款规定,“讯问犯罪嫌疑人,除下列情形以外,应当在公安机关执法办案场所的讯问室进行:(一)紧

急情况下在现场进行讯问的;(二)对有严重伤病或者残疾、行动不便的,以及正在怀孕的犯罪嫌疑人,在其住处或者就诊的医疗机构进行讯问的”。

关于讯问人的身份、人数,依照刑事诉讼法的规定,讯问犯罪嫌疑人必须由人民检察院或者公安机关的侦查人员负责进行。讯问的时候,侦查人员不得少于2人。

关于讯问方式,依照刑事诉讼法的规定,侦查人员在讯问犯罪嫌疑人的时候,应当首先讯问犯罪嫌疑人是否有犯罪行为,让他陈述有罪的情节或者无罪的辩解,然后向他提出问题。犯罪嫌疑人对侦查人员的提问,应当如实回答,但是对与本案无关的问题,有拒绝回答的权利。

据此,辩护律师应当结合讯问笔录,听取犯罪嫌疑人、被告人的意见,查看录音或者录像等,审查讯问过程中是否存在违反上述规定的情形。依照《刑事诉讼法司法解释》第95条的规定,如果存在未在拘留、逮捕后规定的时间内讯问,超出传唤、拘传时间讯问或讯问笔录未注明讯问起止时间,或违法将犯罪嫌疑人、被告人带出看守所讯问,讯问笔录未注明讯问地点,或安排非侦查人员参与讯问,讯问人只有一人或同一讯问人在相同的时间出现在不同的讯问现场等情况,经补正或者作出合理解释的,讯问笔录可以采用,不能补正或者作出合理解释的,不得作为定案的根据。

### (二)是否告知诉讼权利及保障诉讼权利

关于诉讼权利告知,依照《刑事诉讼法》的规定,侦查人员在讯问犯罪嫌疑人的时候,应当告知犯罪嫌疑人享有的诉讼权利及如实供述自己罪行可以从宽处理和认罪认罚的法律规定。最高人民法院、最高人民检察院、公安部、国家安全部、司法部《关于适用认罪认罚从宽制度的指导意见》(以下简称《认罪认罚指导意见》)第22条第1款规定,“权利告知和听取意见。公安机关在侦查过程中,应当告知犯罪嫌疑人享有的诉讼权利、如实供述罪行可以从宽处理和认罪认罚的法律规定,听取犯罪嫌疑人及其辩护人或者值班律师的意见,记录在案并随案移送”。

关于诉讼权利保障,依照刑事诉讼法的规定,讯问聋、哑的犯罪嫌疑人,应当有通晓聋、哑手势的人参加,并且将这种情况记明笔录。人民法院、人民检察院和公安机关对于不通晓当地通用的语言文字的诉讼参与人,应当为他们翻译。对于未成年人刑事案件,在讯问和审判的时候,应当通知未成年犯罪嫌疑人、被告人的法定代理人到场。无法通知、法定代理人不能到场或者法定代理人是共犯的,也可以通知未成年犯罪嫌疑人、被告人的其他成年亲属,所在学校、单位、居住地基层组织或者未成年人保护组织的代表到场,并将有关情况记录在案。

据此,辩护律师应当结合讯问笔录,听取犯罪嫌疑人、被告人的意见,查看录音或者录像等,审查讯问过程中是否存在违反上述规定的情形。依照《刑事诉讼法司法解释》第95条的规定,首次讯问笔录没有记录告知被讯问人有关权利和法律规定的,经补正或者作出合理解释的,可以采用,不能补正或者作出合理解释的,不得作为定案的根据。依照《刑事诉讼法司法解释》第94条的规定,若存在应当提供通晓聋、哑手势的人员而未提供,或应当提供翻译人员而未提供,或讯问未成年人,其法定代理人或者合适成年人不在场等情况,则讯问笔录不得作为定案的根据。

### (三)讯问笔录的制作、修改等是否合法合规

关于讯问笔录的制作、修改、核对确认,依照刑事诉讼法的规定,讯问笔录应当交犯罪嫌疑人核对,对于没有阅读能力的,应当向他宣读。如果记载有遗漏或者差错,犯罪嫌疑人可以提出补充或者改正。犯罪嫌疑人承认笔录没有错误后,应当签名或者盖章,侦查人员也应当在笔录上签名。

据此,辩护律师应当结合讯问笔录,听取犯罪嫌疑人、被告人的意见,查看录音或者录像等,审查讯问过程中是否存在违反上述规定的情形。依照《刑事诉讼法司法解释》第95条的规定,讯问笔录缺少侦查人员签名,经补正或者作出合理解释的,讯问笔录可以采用,不能补正或者作出合理解释的,不得作为定案的根据。

若存在没有阅读能力的犯罪嫌疑人,讯问笔录未向其宣读,或不允许犯罪嫌疑人、被告人对讯问笔录进行补充或者改正,或讯问笔录缺少犯罪嫌疑人、被告人的签名或者盖章等情况,则需要核实讯问笔录的内容是否如实反映了被讯问对象的意见,若无,则讯问笔录不得作为定案的根据。侦查人员直接不允许犯罪嫌疑人、被告人对讯问笔录进行补充或者改正的情况较为少见,实务中较为常见的情况是侦查人员以涉案行为情节不严重、配合签署笔录可以尽快获得

自由等为幌子相欺骗，让犯罪嫌疑人、被告人无须修改、核对笔录而直接签署，或者在犯罪嫌疑人、被告人修改、核对笔录时极不耐烦，以时间紧为由反复催促，要求立即签署，出现此种情况，若讯问笔录未反映被讯问对象的真实意见，则讯问笔录不得作为定案的根据。

### （四）有无以刑讯逼供等非法方法收集犯罪嫌疑人、被告人供述的情形

依照《刑事诉讼法》的规定，严禁刑讯逼供和以威胁、引诱、欺骗以及其他非法方法收集证据，采用刑讯逼供等非法方法收集的犯罪嫌疑人、被告人供述，应当予以排除。

辩护律师可以结合现场执法音视频记录、讯问录音录像、被告人进出看守所的健康检查记录、笔录等，对被告人的供述和辩解是否系以非法方法收集进行审查。依照《严格排除非法证据规定》等的规定，被告人及其辩护人申请排除非法证据，应当提供涉嫌非法取证的人员、时间、地点、方式、内容等相关线索或者材料，故此只要辩护律师通过阅卷、会见及调查取证获取了非法取证的相关线索或者材料，就应当及时向人民检察院或人民法院提出非法证据排除申请。

考虑到实务中启动排除非法证据程序较为困难，辩护律师可以根据办理案件实际情况，先期启动代理犯罪嫌疑人、被告人对刑讯逼供、非法取证等提出申诉、控告的工作，一来可以对尚在侦查阶段中的非法取证起到遏制作用，二来可以形成非法取证的线索和材料，固定证据，供日后申请排除非法证据使用。

### （五）犯罪嫌疑人、被告人的供述是否前后一致，有无反复以及出现反复的原因

供述前后不一致，是指犯罪嫌疑人、被告人就同一涉案事实，前后供述存在差异，既有可能先承认某个事实，后改变供述内容不再承认，也有可能前期不承认某个事实，后改变供述内容转为承认。供述反复，是指犯罪嫌疑人、被告人就同一涉案事实，反复多次改变供述的内容。对于供述前后不一致及出现反复，侦查人员通常会在其改变供述时讯问其原因并记载在讯问笔录中，因此辩护律师应当根据讯问笔录记载的内容，在会见时与犯罪嫌疑人、被告人核实其改变供述的原因，寻求合理解释。一般而言，犯罪嫌疑人、被告人供述前后不一致及出现反复，主要原因涉及被刑讯逼供，以威胁、引诱及欺骗等非法方法取证，犯

罪嫌疑人、被告人心存侥幸或真诚悔悟等,这些原因也可能交叉并存。

例如,在陈某某组织、领导传销活动案中,其前三次接受讯问时,对主要案件事实采取避重就轻的态度,辩解其只是一般投资人,没有获利,与其他涉案犯罪嫌疑人之间是普通朋友关系,从第四次讯问开始,其转而供述与其他犯罪嫌疑人共同出资、策划传销活动,并主要负责与境外技术团队磋商、虚拟货币在网上交易所上市及网络宣传等工作,并获得多次分红收入。对于改变供述的原因,其解释一开始被拘留时以为公安机关未掌握其犯罪证据,故抱有侥幸心态,但随着其他犯罪嫌疑人被抓捕归案,料想自己已被供出,故为争取宽大处理,选择如实供述,此一解释合情合理,且其从第四次开始的稳定供述与其他被告人的供述可以印证。

又如,在李某某组织、领导传销活动案中,对于其与丈夫是否为涉案负责组织、领导传销活动的微信号的实际使用者,其供述出现反复,一开始接受讯问时予以否认,只承认参与了传销投资且亏损严重,在之后的讯问中,其转而承认自己和丈夫组织、策划了该起传销活动,并作了详细供述,但在人民检察院审查起诉阶段,其再次推翻有罪供述,不承认组织领导传销活动,不承认是负责组织、领导传销活动的微信号的实际使用者,其不清楚相关案情。对于为何出现供述反复,其回答称,是考虑家中 3 个孩子还小,希望早日恢复自由,所以选择认罪,但后来经过考虑,觉得自己应该实事求是,没做的就绝不能认,所以再次推翻供述。对于李某某所作的解释,本书认为不合理,其有罪供述较为详尽,且与其他被告人的供述、证人证言可以相互印证,故应采信其有罪供述。

### (六)犯罪嫌疑人、被告人的供述和辩解是否全部随案移送

《刑事诉讼法》第 52 条规定:“审判人员、检察人员、侦查人员必须依照法定程序,收集能够证实犯罪嫌疑人、被告人有罪或者无罪、犯罪情节轻重的各种证据……”但是,即便侦查人员收集了证实犯罪嫌疑人、被告人无罪、犯罪情节较轻的证据,其也有可能未全部随案移送。因此,经审查在案卷宗发现有未移送的证据,尤其是对犯罪嫌疑人、被告人有利证据的,如犯罪嫌疑人、被告人不认罪的辩解笔录、在供述中提及曾遭受刑讯逼供的笔录等,辩护律师有权申请法院调取,经法院通知,检察院未移送的,法院应当根据在案证据对案件事实作出认定。

### （七）犯罪嫌疑人、被告人的辩解内容是否符合案情和常理，有无矛盾

犯罪嫌疑人、被告人的辩解是认定案件事实的重要证据，也是辩护律师寻找辩护突破口的关注点之一。犯罪嫌疑人、被告人的辩解包括无罪的辩解，如未参与传销活动，不属于发起、策划、操纵人员，不属于承担管理、协调、宣传、培训等职责的人员，涉案传销模式不构成犯罪等；也包括罪轻的辩解，如不构成“情节严重”，本人获利不多或未获利，构成自首、立功及属于认罪认罚等。若被告人的辩解内容符合案情和常理，不存在矛盾，则应当采信。

例如，在赵某某组织、领导传销活动案中，公诉机关指控其参加由王某某策划实施的传销活动，具体由王某某指定不同的人到新成立的公司任职，再以公司招聘的名义发展会员，欲加入公司需购买一定数量的指定化妆品（前期有实物，后期无实物），总经理、经理、员工完成规定销售量后可以获得相应提成，以此引诱员工不断下单和发展更多会员，骗取化妆品购买款，赵某某于2020年6月到深圳市×××文化传播有限公司担任总经理，2020年8月17日至31日公司累计下单6995单，下单本金92,194,100元。辩护律师经阅卷，注意到其对下单数量和下单本金作出辩解称，因公司发放“工资”和提成的前提是完成规定数量的销售量，而销售量是以7天为一个周期进行考核的，为完成考核，其反复多次以亲属的名义转单复投，也存在一人以其他多人名义挂名代投的情形，故后台数据中所显示的会员人数、累计下单量及下单本金均远超实际数量，实际危害性并没有那么大。经辩护律师审查，赵某某的辩解与在案书证、证人证言、其他被告人的供述和辩解等相互印证，符合该案传销模式的运行情况，故质证指出应采信其辩解内容。

### （八）犯罪嫌疑人、被告人的供述和辩解之间以及与其他证据能否相互印证，有无矛盾，矛盾能否得到合理解释

《刑事诉讼法》第55条第1款规定，“对一切案件的判处都要重证据，重调查研究，不轻信口供。只有被告人供述，没有其他证据的，不能认定被告人有罪和处以刑罚；没有被告人供述，证据确实、充分的，可以认定被告人有罪和处以刑罚”。强调只有被告人供述不能定罪的原因之一就是被告人供述极易取得而又极易失真，仅以被告人供述定罪容易导致冤案发生。因此，对被告人供述和

辩解的审查质证特别强调证据之间的相互印证,审查被告人供述和辩解,应当结合控辩双方提供的所有证据以及被告人的全部供述和辩解进行。

例如,在周某某组织、领导传销活动案中,公诉机关指控其于2014年入职深圳市××投资控股集团有限公司,担任旗下深圳市×××××科技有限公司行政副总裁,对于该指控,被告人周某某始终予以否认,其提出,任职的公司是深圳市××××支付有限公司,在公司主要从事POS机的销售及维护业务,所谓行政副总裁,是集团负责人王某某在未征得其同意的情况下安排员工印刷宣传海报时加上去的,其不承认担任过该职务。辩护律师经阅卷发现,在案书证显示深圳市××××支付有限公司的营业范围包含POS机销售业务,在案多名被告人均供述,周某某主要负责POS机业务,尤其是集团行政总裁翟某某供述,周某某是做技术的,没有听说过其在深圳区域宣传传销商城及拉客户,之后辩护律师在周某某配偶的配合下调取了周某某在深圳市××××支付有限公司缴纳社保的记录及每月工资收入记录(每月不足10,000元)作为证据提交。综合以上情况,辩护律师提出,周某某的供述和辩解可以与在案书证、其他被告人的供述相互印证,其辩解合情合理,故周某某入职的是深圳市××××支付有限公司,其主要负责该公司经营范围内的POS机业务,其从未承认和使用过行政副总裁的职务,该职务既没有对应的职权,也没有对应的工资待遇,故相应指控不能认定。

### (九)发问与质证

《刑事诉讼法》规定的发问,既包括起诉书宣读之后辩护律师对(各)被告人的发问,也包括辩护律师对出庭的证人、鉴定人的发问,对于前者,其作用与功能是多样的,其中之一即揭露证据矛盾,为后续质证做好铺垫,即将在案证据中存在矛盾之处通过发问形式予以揭示,让法庭关注到问题的重要性与严重性;对于后者,对出庭证人、鉴定人的发问本身就属于证据审查与质证的内容,通过发问,可以揭示证据及证据之间存在的矛盾或印证关系,为证据的采信与否提供依据。发问与质证密切相关,在刑事辩护中具有重要作用,其实务操作需要注意的问题较多,其中最为重要的是充分的准备与周密的庭前辅导,强调发有备而来之问,由于涉及的问题较多,故本书不再展开讨论。

## 第二节　传销犯罪中鉴定意见的审查与质证

### 一、鉴定意见的内容与特点

#### (一)鉴定意见的概念

鉴定意见,是指公安司法机关或者当事人为了查明案情,就案件中的专门性问题,指派或者聘请具有专门知识的人进行鉴定后作出的判断性意见。此处所称的"专门性问题",一是指案件证明对象范围内的事实;二是指需要专门知识和技能或者借助特定技术设备才能加以认识或说明的问题;三是指不是司法工作人员可以直接作出肯定或否定回答的常识性问题或一般性法律问题;四是指该问题的正式说明和认定权限被赋予特定机构或者个人。这些问题主要包括:属于科学、技术或者艺术领域的专门问题,涉及国家或者行业标准的专门问题,国家授权给某些机构使之有排他性认定资格的专门问题等。[①] 实务中,不仅公安司法机关有权指派或者聘请具有专门知识的人开展鉴定,当事人也可以就案件中的专门性问题聘请鉴定人开展鉴定,无论是何种情形,鉴定所形成的意见均需要经过质证才能作为定案的根据。

#### (二)鉴定意见的特点

刑事诉讼中的鉴定意见,具有以下特点:

一是由鉴定人依据专门的知识和技能出具。鉴定人的产生既可以是公安司法机关指派或聘请,也可以是当事人自行聘请,与证人、被害人、犯罪嫌疑人、被告人等诉讼参与人亲自感知犯罪或经历权利遭受犯罪直接侵害并据此作出陈述不同,鉴定人开展鉴定的依据是专业知识、专业技能,其出具的鉴定意见属于意见性证据,而非对事实的描述。

二是鉴定人具备一定的专业知识、专业技能,具有可替代性,即犯罪嫌疑

---

① 参见陈光中主编:《证据法学》(第3版),法律出版社2015年版,第188页。

人、被告人具有不可替代性。证人、被害人通常情况下不可替代,存在多个证人或被害人时,公安司法机关对向谁取证可能存在选择,但也是在亲自感知犯罪或经历权利遭受犯罪直接侵害的人范围内选择,因此可谓无替代性,但鉴定人不同,其既未感知犯罪,权利也未遭受犯罪直接侵害,其只要具备鉴定所需的专业知识、专业技能即可,故可以被替代,指派方或聘请方可以在满足条件的机构中进行选择。

三是鉴定意见形成于案发之后,通常是在侦查过程中依据指派或聘请开展并出具,而其他证据,无论是物证、书证,还是作为言辞证据的证人证言,被害人陈述,犯罪嫌疑人、被告人供述和辩解,要么形成于犯罪之时,要么是对犯罪过程的陈述,时间上均早于鉴定意见形成之时。

## 二、司法鉴定的分类与司法会计鉴定类意见的法律性质

### (一)司法鉴定的分类

依照全国人大常委会《关于司法鉴定管理问题的决定》的规定,司法鉴定存在如下分类:

一是法医类鉴定,包括法医病理鉴定、法医临床鉴定、法医精神病鉴定、法医物证鉴定和法医毒物鉴定。

二是物证类鉴定,包括文书鉴定、痕迹鉴定和微量鉴定。

三是声像资料鉴定,包括对录音带、录像带、磁盘、光盘、图片等载体上记录的声音、图像信息的真实性、完整性及其所反映的情况过程进行的鉴定和对记录的声音、图像中的语言、人体、物体作出种类或者同一认定。

此外,依照司发通〔2015〕117 号《关于将环境损害司法鉴定纳入统一登记管理范围的通知》及司法部、生态环境部司发通〔2019〕56 号《关于印发〈环境损害司法鉴定执业分类规定〉的通知》的规定,新增环境损害司法鉴定,包括污染物性质鉴定、地表水与沉积物环境损害鉴定、空气污染环境损害鉴定、土壤与地下水环境损害鉴定、近岸海洋与海岸带环境损害鉴定、生态系统环境损害鉴定、其他环境损害鉴定等 7 大鉴定事项 47 个鉴定子项。

（二）司法会计鉴定类意见的法律性质

1. 传销犯罪中常见的鉴定意见类型

传销犯罪中，常见的鉴定意见有两类。一是声像资料鉴定，主要涉及传销后台数据的提取、固定与鉴定，具体包括传销平台数据、交易平台数据等的提取与固定，对数据中用户是否存在上下级关系、层级模式进行鉴定，对数据中用户的订单记录进行提取与鉴定，对数据中用户的交易流水进行提取与鉴定，对数据中用户奖励模式进行鉴定，对数据中特定用户的会员信息和交易数据进行提取与固定，对特定钱包地址的用户数据进行提取与鉴定等，涉及对交易数据中会员账号数、会员级别、推荐关系、安置关系、充值、提现等内容的统计分析。二是会计类"鉴定意见"，通常以"专项审计报告""司法审计报告""审计鉴证意见书""司法鉴定意见书""会计鉴证报告"等形式出现，主要涉及对传销案件中的参与者人数、涉及资金总额、特定人员涉及的传销资金金额等的分析，对特定账户的资金往来汇总分析及对传销资金转移（去向）汇总分析等内容。

2. 司法会计鉴定类意见的法律性质

本书认为，对于会计类"鉴定意见"，应当一分为二地看待。

一方面，依照《关于司法鉴定管理问题的决定》及《关于将环境损害司法鉴定纳入统一登记管理范围的通知》等的规定，会计鉴定不属于依法纳入登记管理范围内的鉴定类型，依照司法部司发〔2017〕11 号《关于严格准入严格监管提高司法鉴定质量和公信力的意见》的规定，"司法行政机关审核登记管理范围为从事法医类、物证类、声像资料，以及根据诉讼需要由国务院司法行政部门商最高人民法院、最高人民检察院确定的其他应当实行登记管理的鉴定事项（环境损害司法鉴定）的鉴定机构和鉴定人。对没有法律、法规依据的，一律不予准入登记"。会计鉴定属于没有法律、法规依据不予准入登记的鉴定类型。因之，辩护律师在面对该类"鉴定意见"时，首先应考虑质疑其合法性。另一方面，需要根据案件实际，对实务中存在的各类"鉴定意见"进行具体分析。

（1）对于"专项审计报告""司法审计报告"等各类审计报告而言，通常其列示的审计依据为《注册会计师法》《企业会计准则》《中国注册会计师独立审计准则》等法律及规范性文件，而《注册会计师法》第 14 条规定，"注册会计师承办下列审计业务：（一）审查企业会计报表，出具审计报告；（二）验证企业资本，出具验资报告;(三)办理企业合并、分立、清算事宜中的审计业务,出具有关的报告;(四)法律、行政法规规定的其他审计业务。注册会计师依法执行审计业务出具的报告,具有证明效力”。据此,根据公安司法机关委托或指派,依据涉案财务数据、讯问笔录等作出的“专项审计报告”“司法审计报告”等审计报告缺乏法律依据,不属于依法执行审计业务出具的报告,故而不具有证明效力,且其显然不属于刑事诉讼法规定的鉴定意见,不属于法定的证据类型。至于《企业会计准则》《中国注册会计师独立审计准则》等规范性文件,早已失效,不再适用。

(2)对于“审计鉴证意见书”“会计鉴证报告”等各类鉴证意见而言,其存在的法律依据仍然为《注册会计师法》,财政部依据《注册会计师法》所制定的《中国注册会计师鉴证业务基本准则》(已失效)第5条规定,鉴证业务是指注册会计师对鉴证对象信息提出结论,以增强除责任方之外的预期使用者对鉴证对象信息信任程度的业务,包括历史财务信息审计业务、历史财务信息审阅业务和其他鉴证业务。就此而言,鉴证业务包含审计业务,鉴证业务活动的内容是对鉴证对象信息(或鉴证对象)进行评价或计量并提出结论,本质上是对经济活动或其所涉及的某方面进行评价,其作用是增强鉴证对象信息的可信度,所提供的是一种附加保证,鉴证业务的报告格式则适用《中国注册会计师审计准则》的相关规定,报告为标准格式,包括无保留意见、保留意见、否定意见、无法表示意见4种类型,其构成包括引言段、范围段、说明段、意见段。而司法会计鉴定是指运用司法会计学的原理和方法,通过检查、计算、验证和鉴证对会计凭证、会计账簿、会计报表和其他会计资料等财务状况进行鉴定,对需要解决的财务会计问题进行鉴别判断,并提供意见的一项活动,其属于鉴定业务,其作用是通过对会计证据资料的检查、验证、鉴别、判断从而证明案件事实,具备相应的法律效力,其报告格式适用司法部《关于印发司法鉴定文书格式的通知》的规定,“基本情况”,应当简要说明委托人、委托事项、受理日期、鉴定材料等情况;“资料摘要”,应当摘录与鉴定事项有关的鉴定资料,如法医鉴定的病史摘要等;“鉴定过程”,应当客观、翔实、有条理地描述鉴定活动发生的过程,包括人员、时间、地点、内容、方法,鉴定材料的选取、使用,采用的技术标准、技术规范或者技术方法,检查、检验、检测所使用的仪器设备、方法和主要结果等;“分析说明”,应当详细阐明鉴定人根据有关科学理论知识,通过对鉴定材料,检查、检验、检测结果，鉴定标准，专家意见等进行鉴别、判断、综合分析、逻辑推理，得出鉴定意见的过程。要求有良好的科学性、逻辑性。因此，鉴证意见同样不属于鉴定意见，二者在法律依据、针对的对象、获取证据的方法、资质要求及证据要求上都不相同，故其不属于法定的证据类型，不能作为鉴定意见出示、质证和采信。

(3)对于"司法鉴定意见书"等鉴定意见而言，尽管其不属于依照《关于司法鉴定管理问题的决定》依法纳入登记管理范围内的鉴定类型，但因司法工作中确有需要，一些省市的司法行政管理部门依据本省的司法鉴定条例，将司法会计鉴定人和鉴定机构纳入登记范围，并向具有注册会计师、会计师等资格的司法会计人员颁发了司法鉴定人执业证，在一些地方形成了将司法会计鉴定机构和司法会计鉴定人纳入统一登记管理范围的既定事实。《关于司法鉴定管理问题的决定》颁布之后，我国检察系统保留了服务于系统内部的司法鉴定机构，最高人民检察院于2006年11月发布了高检发办字〔2006〕33号《人民检察院鉴定机构登记管理办法》、《人民检察院鉴定人登记管理办法》和《人民检察院鉴定规则(试行)》，明确规定司法鉴定人包括从事司法会计鉴定的人员，可以取得人民检察院鉴定人资格证书并开展鉴定业务。最高人民检察院于2015年7月发布了《人民检察院司法会计工作细则(试行)》，对司法会计鉴定工作作出进一步明确。而在法院系统，因《关于司法鉴定管理问题的决定》规定人民法院不得设立鉴定机构，故原有的司法鉴定机构和鉴定人一律被剥离，但为了方便在司法活动中选择合适的司法鉴定机构和鉴定人，许多省市的人民法院建立了包括司法会计鉴定机构在内的司法鉴定机构名册，它的存在同样说明，司法会计鉴定机构和鉴定人在法院系统内部存在事实上的"登记管理"。故此鉴于部分司法行政管理部门及人民检察院已将司法会计鉴定人和鉴定机构纳入登记范围，人民法院也通过入册管理的方式对会计鉴定人和鉴定机构进行管理，刑事审判实务中普遍地存在会计鉴定意见，因此辩护律师从最大化地维护当事人合法权益的角度出发，不能对司法会计鉴定采取一味否定和视而不见的态度，仍应对司法会计鉴定的内容作出实质审查，并提出质证意见。

## 三、鉴定意见的审查与质证

依照《刑事诉讼法》及其司法解释的规定，本书认为可以从以下10个方面，有重点地对鉴定意见开展审查和质证。

### (一)鉴定机构和鉴定人是否具有法定资质

鉴定是由有专门知识的人针对案件中的专门性问题开展的,因此鉴定机构和鉴定人必须具备法定资质。司法部制定的《司法鉴定机构登记管理办法》第3条第2款规定,“司法鉴定机构是司法鉴定人的执业机构,应当具备本办法规定的条件,经省级司法行政机关审核登记,取得《司法鉴定许可证》,在登记的司法鉴定业务范围内,开展司法鉴定活动”。司法部制定的《司法鉴定人登记管理办法》第3条第2款规定,“司法鉴定人应当具备本办法规定的条件,经省级司法行政机关审核登记,取得《司法鉴定人执业证》,按照登记的司法鉴定执业类别,从事司法鉴定业务”。

就此而言,辩护律师需要重点审查鉴定机构和鉴定人是否持有合法的《司法鉴定许可证》《司法鉴定人执业证》,还要关注上述资质是否到期,以及上述资质与涉案鉴定类别是否对应。例如,在传销犯罪案件中,针对传销后台数据的提取、固定与鉴定,需要《司法鉴定许可证》及《司法鉴定人执业证》的业务(执业)范围含有声像资料鉴定(含电子数据鉴定)的内容,否则即视为鉴定机构和鉴定人不具有法定资质。依照《刑事诉讼法司法解释》第98条的规定,鉴定机构不具备法定资质,或者鉴定事项超出该鉴定机构业务范围、技术条件的,以及鉴定人不具备法定资质,不具有相关专业技术或者职称的,鉴定意见不得作为定案的根据。

例如,在赵某某组织、领导传销活动案中,辩护人经审查发现,会计师事务所出具的审计报告未附有鉴定人的执业资格证书,这违反了《司法鉴定程序通则》第18条关于司法鉴定机构应当指定本机构具有该鉴定事项执业资格的司法鉴定人进行鉴定的规定及《中国注册会计师其他鉴证业务准则第3101号》第3条关于鉴证业务应当由注册会计师负责等的规定,故质证指出,该审计报告因鉴定人不具备法定资质,不得作为定案的根据。

### (二)检材的来源、取得、保管、送检是否符合法律、有关规定,与相关提取笔录、扣押清单等记载的内容是否相符,检材是否可靠

鉴定是针对检材展开的,因此需要确保检材来源的真实、合法、有效。检材的取得、保管、送检是否符合法律及相关操作规范,直接影响检材的检验结果或

鉴定意见的客观性，辩护律师可以通过对鉴定意见中绪言、资料摘要等部分关于鉴定材料、检材的说明、所附图片进行审查，以及通过对相关提取笔录、扣押清单等记载的内容进行审查，确认检材的来源、取得、保管、送检是否合法合规，是否可靠。依照《刑事诉讼法司法解释》第98条的规定，送检材料、样本来源不明，或者因污染不具备鉴定条件的，以及鉴定对象与送检材料、样本不一致的[①]，鉴定意见不得作为定案的根据。

### （三）鉴定意见的形式要件是否完备，是否注明提起鉴定的事由、鉴定委托人、鉴定机构、鉴定要求、鉴定过程、鉴定方法、鉴定日期等相关内容，是否由鉴定机构盖章并由鉴定人签名

鉴定意见作为法定证据种类，必须具备特定的格式，依照司法部司发通〔2016〕112号《关于印发司法鉴定文书格式的通知》的规定，司法鉴定意见书应当遵照特定的格式作出，其内容包括基本情况、基本案情、资料摘要、鉴定过程、分析说明、鉴定意见、附件，其中，“基本情况”部分应当简要说明委托人、委托事项、受理日期、鉴定材料等情况，“资料摘要”部分应当摘录与鉴定事项有关的鉴定资料，如法医鉴定的病史摘要等，“鉴定过程”部分应当客观、翔实、有条理地描述鉴定活动发生的过程，包括人员，时间，地点，内容，方法，鉴定材料的选取、使用，采用的技术标准、技术规范或者技术方法，检查、检验、检测所使用的仪器设备、方法和主要结果等，“分析说明”部分应当详细阐明鉴定人根据有关科学理论知识，通过对鉴定材料，检查、检验、检测结果，鉴定标准，专家意见等进行鉴别、判断、综合分析、逻辑推理，得出鉴定意见的过程，要求有良好的科学性、逻辑性。据此，辩护律师应当审查鉴定意见的形式要件是否完备，是否由鉴定机构盖章并由鉴定人签名，需要特别指出的是，司法鉴定意见书各页之间应当加盖司法鉴定专用章红印作为骑缝章。依照《刑事诉讼法司法解释》第98条的规定，鉴定文书缺少签名、盖章的，以及存在违反有关规定的其他情形的，鉴定意见不得作为定案的根据。

例如，在赵某某组织、领导传销活动案中，辩护人经审查发现，会计师事务

① 是指鉴定对象与送检材料、样本在名称、大小、容量、编号、哈希值等方面存在差异，无法确认鉴定对象的真实性、合法性、有效性和可靠性。

所出具的审计报告缺少鉴定人即注册会计师的签名,这违反了《司法鉴定程序通则》第37条关于司法鉴定意见书应当由司法鉴定人签名的规定及《中国注册会计师其他鉴证业务准则第3101号》第53条关于鉴证报告应当包含注册会计师的签名及盖章等的规定,且该审计报告后附的12页相关说明既没有签名,也没有加盖骑缝章,来源不明,故质证指出,该审计报告因缺少签名,不得作为定案的根据。

### (四)鉴定程序是否符合法律、有关规定

鉴定应当依照法律、有关规定确定的鉴定程序进行,司法部制定的《司法鉴定程序通则》对司法鉴定的委托与受理、司法鉴定的实施、司法鉴定意见书的出具等问题作出了详细规定,辩护律师应当结合鉴定意见记载的内容[①]审查鉴定程序是否符合《司法鉴定程序通则》及其他有关规定[②],依照《刑事诉讼法司法解释》第98条的规定,鉴定程序违反规定的,鉴定意见不得作为定案的根据。

例如,在王某某组织、领导传销活动案中,陕西某某司法鉴定所受侦查机关委托,针对该案所涉及多个账户的资金出入情况、传销资金流向等问题出具司法鉴定意见书,辩护人经审查发现,该鉴定意见书的“检验过程”部分记载“鉴定意见书经复核人复核,并由××县公安局办案人员确定鉴定意见书无异议后出具鉴定意见书正式文书”,这表明,侦查人员参与了鉴定过程,不排除鉴定意见系依照侦查人员的意见作出,这显然违反了《司法鉴定程序通则》第5条关于司法鉴定人应当依法独立、客观、公正地进行鉴定的规定及第18条关于委托人不得要求或者暗示司法鉴定机构、司法鉴定人按其意图或者特定目的提供鉴定意见等的规定,鉴定程序违法,故鉴定意见不得作为定案的根据。

### (五)鉴定的过程和方法是否符合相关专业的规范要求

鉴定机构和鉴定人的专业性,不仅体现为是否具有法定资质,更体现为鉴

---

① 司法鉴定意见书应当包括基本情况、基本案情、资料摘要、鉴定过程、分析说明、鉴定意见等内容,若鉴定意见缺少这些基本内容,则属于形式要件不完备,无从审查其鉴定程序、过程和方法的合法性和规范性。

② 例如,在电子数据鉴定中,鉴定机构、鉴定人还应当遵守《电子数据司法鉴定通用实施规范》(SF/Z JD0400001—2014)中有关电子数据鉴定通用程序等鉴定程序的规定。

定过程和方法的专业性,《司法鉴定程序通则》第23条规定,“司法鉴定人进行鉴定,应当依下列顺序遵守和采用该专业领域的技术标准、技术规范和技术方法:(一)国家标准;(二)行业标准和技术规范;(三)该专业领域多数专家认可的技术方法”。辩护律师应当结合鉴定意见记载的内容审查鉴定的过程和方法是否符合相关专业的规范要求。依照《刑事诉讼法司法解释》第98条的规定,鉴定过程和方法不符合相关专业的规范要求的,鉴定意见不得作为定案的根据。

例如,在王某某组织、领导传销活动案中,西北某某大学司法鉴定中心受侦查机关委托,针对该案扣押的用于对外组织、领导传销活动的手机微信号中一段语音是否出自犯罪嫌疑人王某某的问题,出具录音资料鉴定意见书,辩护人经审查发现,本案鉴定意见系由鉴定人台某某、陈某协同鉴定,而依照《声像资料鉴定通用规范》(SF/Z JD0300001—2010)第4.4.3条的规定,“对于经验判断性强的鉴定项目,如录音、录像资料真实性(完整性)鉴定、语音、人像、物像同一性鉴定等,应采用先独立鉴定再共同讨论的方式”①。本案属于经验性较强的语音同一性鉴定,应采取独立鉴定方式,而非协同鉴定,故辩护人质证指出,因鉴定方法错误,鉴定意见不得作为定案的根据。在实务中,也常见有会计鉴定意见引用《企业会计准则》《中国注册会计师独立审计准则》等规范性文件作为鉴定依据的情形,而上述文件均已被废止,不再适用,故以已被废止规范性文件为鉴定依据的鉴定意见,因其鉴定过程和方法不符合专业规范要求,亦不得作为定案的根据。

(六)鉴定意见是否明确

鉴定意见属于意见性证据,要求具体明确,具有可理解性、良好的科学性、逻辑性,如此才能起到对案件中的专门性问题进行分析、判断的作用。审查鉴

① 《声像资料鉴定通用规范》在2021年已有更新的SF/T 0119—2021版本,该新版本规定:“5.4.1　根据鉴定项目的性质,鉴定分为独立鉴定和协同鉴定两种方式:a)独立鉴定:鉴定人先独立进行检验,然后共同讨论,形成鉴定组意见;b)协同鉴定:鉴定人共同进行检验,或鉴定人对其他鉴定人的检验过程和结果进行核实确认,形成鉴定组意见。5.4.2　对于经验性判断较强的鉴定项目,如录音真实性鉴定、图像真实性鉴定、语音同一性鉴定、人像鉴定、物像鉴定、同源性鉴定、相似性鉴定和设备鉴定等,应采用独立鉴定方式;对于其他鉴定项目,如录音内容辨听、图像内容分析、录音处理和图像处理等,可采用协同鉴定方式。”

定意见是否明确,需要结合具体鉴定类型的专业规范进行。例如,针对语音同一性开展的鉴定,需要结合《声像资料鉴定通用规范》(SF/T 0119—2021)、《语音同一性鉴定技术规范》(SF/T 0122—2021)等专业规范的要求,审查鉴定意见是否属于上述规范所要求的三类五种之一、是否满足相应的判断依据,以及表述是否准确全面且简明扼要,符合表述示例要求等。鉴定意见不明确,多是鉴定过程和方法不符合相关专业的规范要求所导致的,因此对该问题的审查与质证,还需要结合其他内容进行。

### (七)鉴定意见与案件事实有无关联

鉴定意见最终是服务于案件事实认定的,其能够用于证明待证事实或能够支撑得出指控结论,可谓与案件事实有关联。依照《刑事诉讼法司法解释》第98条的规定,鉴定意见与案件事实没有关联的,鉴定意见不得作为定案的根据。

### (八)鉴定意见与勘验、检查笔录及相关照片等其他证据是否矛盾,存在矛盾的,能否得到合理解释

案件事实的认定,不能依赖单份或某一类证据,而是讲究多类多份证据组成完整的证据链条,证据之间存在的矛盾能够得出合理解释,综合全案证据,对所认定事实能够排除合理怀疑。对鉴定意见的审查,应该将其与其他证据,尤其是与其密切相关的勘验、检查笔录及相关照片等进行比对,审查是否存在矛盾。

例如,在王某某组织、领导传销活动案中,司法会计鉴定意见认定有3.5亿元资金为疑似转移资金,但结合在案证据,查扣的财产远远不足3.5亿元,二者存在矛盾;认定网络性消费含财务通、微信等的金额为2.49亿元,但根据在案的电子数据鉴定意见,会员实际提现金额只有6300余万元,则有1.86亿元属于消费金额,如此高昂的网络性消费,显然不具备合理性;认定传销平台入账资金为6.15亿元,但根据在案的电子数据鉴定意见,平台充值金额只有1.43亿元,二者严重矛盾冲突。综合以上情况,辩护人质证指出,司法会计鉴定意见与电子数据鉴定意见存在多处矛盾,不能得到合理解释,鉴定意见难以成立,故不得作为定案的根据。

（九）鉴定意见是否依法及时告知相关人员，当事人对鉴定意见有无异议

不同于物证、书证等客观性较强的证据，鉴定意见属于意见性证据，且形成于案发之后，具备补充鉴定或再次鉴定的可能，故刑事诉讼法规定，侦查机关应当将用作证据的鉴定意见告知犯罪嫌疑人，犯罪嫌疑人提出申请的，可以补充鉴定或者重新鉴定。一般情况下，犯罪嫌疑人难以对鉴定意见提出实质性异议，即便提出申请，侦查机关也大多不会启动补充鉴定或者重新鉴定，因此辩护人应关注鉴定意见的“三性”，对存在鉴定机构或鉴定人缺乏法定资质、检材不可靠、鉴定程序违法、鉴定方法违反专业规范及鉴定意见与案件事实无关联等情形而又具备鉴定条件的，应及时提出补充鉴定或重新鉴定的申请。鉴定意见未依法及时告知犯罪嫌疑人构成启动补充鉴定或重新鉴定的重要理由。

（十）申请鉴定人出庭作证、申请专家辅助人开展质证

鉴定意见作为具有专门知识的人依照专业方法和知识作出的意见性证据，具有相当的专业性，尤其鉴定的过程和方法、鉴定意见与案件事实的关联性等问题，在理解上有一定的门槛，这种门槛不仅对当事人、诉讼参与人存在，对公诉人、审判人员也存在，而鉴定的过程和方法是否合乎专业规范、鉴定程序是否合法、鉴定意见与案件事实是否存在关联性等重要议题存在严重疑问时，鉴定人出庭作证就显得尤为重要。辩护人应当紧扣鉴定意见的“三性”存在的疑问及对定罪量刑的影响阐述申请鉴定人出庭作证的理由。鉴定人出庭时，辩护人可以通过向鉴定人发问的方式，进一步审查鉴定的过程、方法、依据、程序、检材来源、关联性等问题，并进而提出相应的质证意见，提出补充鉴定或重新鉴定申请等。

基于鉴定意见的专业性，在某些案件中，对其展开审查与质证也要求具备相当的专业性，一方面辩护人等可能不具备这种专业知识和技能，另一方面辩护人作为鉴定领域的非专业人士，提出的质证意见可能是不全面、不完整的，更为重要的是，因不具有相应的权威性而缺乏说服力。因此，基于案件需要，辩护人可以申请法庭通知有专门知识的人即专家辅助人出庭，既可以就公诉方出示的鉴定意见提出意见（主要体现为质疑性的意见），也可以就辩护人举证的鉴定意见提出意见（主要体现为支持性的意见），还可以对在案多份鉴定意见的合法

性、专业性、可靠性、关联性等发表综合比较意见。

## 第三节 传销犯罪中勘验、检查、辨认、侦查实验等笔录的质证

### 一、勘验、检查、辨认、侦查实验等笔录的内容与特点

#### (一)勘验、检查、辨认、侦查实验等笔录的概念与内容

勘验笔录,是指公安司法工作人员对与案件有关的场所、物品、尸体进行勘察、检验时就所观察、测量的情况所作的实况记载,记载的方式包括文字记录、现场绘图、现场照相、摄像、制作模型等。勘验笔录包括现场勘验笔录(对现场进行勘验活动中形成的对犯罪现场所作的实况记录,一般由现场文字记录、现场绘图和现场照片3部分组成)、尸体检验笔录(对尸表检验或尸体解剖而形成的对于尸体所作的实况记录)、物证检验笔录(对物证进行检验从而形成的对物证的性质、特征、存在状态等的实况记录)等类型。

检查针对的是人身(活体),人身检查笔录是指对被害人、犯罪嫌疑人等的人身进行检查从而形成的对人身某些特征、伤害情况、生理状态等的实况记录。

辨认笔录是指公安司法工作人员为了查明案情,让被害人、证人、犯罪嫌疑人或被告人对与案件有关的人员、物品、文件、场所等进行辨认、指认,由此形成的笔录。

侦查实验笔录是指对与案件相同的条件下实验性地重演该事件的专门活动以及结果作出的实况记录。①

在传销犯罪案件中,物证检验笔录与人员、物品及文件的辨认笔录比较常见,一般不涉及现场勘验笔录、尸体检验笔录、检查笔录、侦查实验笔录等。

---

① 参见陈光中主编:《证据法学》(第3版),法律出版社2015年版,第197—199页。

### (二)勘验、检查、辨认、侦查实验等笔录的特点

勘验、检查、辨认、侦查实验等笔录具有如下特点：

一是客观性较强，因上述笔录是由公安司法工作人员操作进行，其一般与案件处理没有直接的利害关系，会恪守中立立场，本着实事求是的原则开展勘验、检查、辨认、侦查实验等活动，故所形成的笔录也具有较强的客观性和证明力。

二是制作主体和反映对象具有特定性，其制作主体为公安司法工作人员，其他人无权进行勘验、检查、辨认、侦查实验，其反映对象为场所、物品、尸体、人身、人物照片等内容。

三是其具有明显区别于物证、书证、鉴定意见等证据的特征，勘验、检查笔录记载有关物证的情况，但只是反映物证情况和保全物证的一种方法，其本身不属于物证，书证形成于案发之前或案发过程中，收集主体是多元的，而勘验、检查、辨认、侦查实验等笔录形成于案发之后，且制作主体是特定的，鉴定意见只能由鉴定机构和鉴定人制作，属于具有专门知识的人对特定事项进行鉴别、分析后的判断意见，而勘验、检查、辨认、侦查实验等笔录由公安司法工作人员运用感官或器材进行观察、测量、辨识并记录得出。

## 二、勘验、检查、辨认、侦查实验等笔录的审查与质证

依照《刑事诉讼法》及其司法解释的规定，本书认为可以从以下 3 个方面，有重点地对勘验、检查、辨认、侦查实验等笔录进行审查和质证。

### (一)勘验、检查是否依法进行，笔录制作是否符合法律、有关规定

依照《刑事诉讼法》及其司法解释的规定，勘验、检查只能由侦查人员执行，且必须持有人民检察院或者公安机关的证明文件，在必要的时候，可以指派或者聘请具有专门知识的人，在侦查人员的主持下进行勘验、检查。对人身进行检查时，可以提取指纹信息，采集血液、尿液等生物样本。检查妇女的身体，应当由女工作人员或者医师进行。勘验、检查笔录，应当由参加勘验、检查的人和见证人签名或者盖章。依照《刑事诉讼法司法解释》第 103 条的规定，勘验、检查笔录存在明显不符合法律、有关规定的情形，不能作出合理解释的，不得作为

定案的根据。

例如,在笔者所办理的王某某组织、领导传销活动案中,辩护律师经阅卷发现,对王某某住处的现场勘验笔录存在诸多疑点,一是勘验笔录记载由植某某进行见证,但勘验笔录及物证提取固定清单均无该人的签名,表明见证人可能是虚假的;二是勘验笔录记载,勘验现场的指挥人员为胡某凯,但签字显示的是胡某错,勘验主持人员本人的名字写错,极有可能是由他人虚假代签,胡某凯极有可能根本未在勘验现场;三是勘验活动应当由 2 名以上侦查人员进行,但笔录记载由涉案的某某某公司的任某某进行协助,因缺乏现场录像,故不排除勘验活动有任某某的参与。基于此,辩护律师质证提出,勘验笔录明显不符合法律和有关规定,需要公诉方作出合理解释,否则不得作为定案的根据。

### (二)勘验、检查笔录是否完整,文字记录与实物或者绘图、照片、录像是否相符,勘验、检查对象是否伪造、有无破坏、伪装或者变化等

对于勘验、检查笔录,辩护人应当审查是否记录了提起勘验、检查的事由,勘验、检查的时间、地点,在场人员、现场方位、周围环境等,现场的物品、人身、尸体等的位置、特征等情况,以及勘验、检查的过程;文字记录与实物或者绘图、照片、录像是否相符;现场、物品、痕迹等是否伪造、有无破坏;人身特征、伤害情况、生理状态有无伪装或者变化等。同样,勘验、检查笔录存在明显不符合法律、有关规定的情形,不能作出合理解释的,不得作为定案的根据。

### (三)辨认及侦查实验的过程、方法,辨认及侦查实验笔录的制作是否符合有关规定

依照《刑事诉讼法司法解释》第 105 条的规定,辨认不是在调查人员、侦查人员主持下进行的;辨认前使辨认人见到辨认对象的;辨认活动没有个别进行的;辨认对象没有混杂在具有类似特征的其他对象中,或者供辨认的对象数量不符合规定的;辨认中给辨认人明显暗示或者明显有指认嫌疑的;以及违反有关规定,不能确定辨认笔录真实性的其他情形下,辨认笔录不得作为定案的根据。依照《刑事诉讼法司法解释》第 107 条的规定,“侦查实验的条件与事件发生时的条件有明显差异,或者存在影响实验结论科学性的其他情形的,侦查实验笔录不得作为定案的根据”。

# 第四节　传销犯罪中视听资料、电子数据的审查与质证

## 一、视听资料、电子数据的内容与特点

### (一)视听资料、电子数据的概念与内容

视听资料是指存储作为证明案件事实的音响、活动影像和图形的录音磁带、录像带、电影胶片,包括录音资料和影像资料。录音资料是通过录音设备记录的储存一定音响并用以证明案件事实的录音磁带,录像资料是录像设备摄录的储存各种影像并用以证明案件事实的录像磁带,电影资料是通过电影摄影机摄录的储存各种影像和声音的电影胶片。①

法发〔2016〕22 号《关于办理刑事案件收集提取和审查判断电子数据若干问题的规定》(以下简称《收集和审查判断电子数据的规定》)第 1 条规定,"电子数据是案件发生过程中形成的,以数字化形式存储、处理、传输的,能够证明案件事实的数据。电子数据包括但不限于下列信息、电子文件:(一)网页、博客、微博客、朋友圈、贴吧、网盘等网络平台发布的信息;(二)手机短信、电子邮件、即时通信、通讯群组等网络应用服务的通信信息;(三)用户注册信息、身份认证信息、电子交易记录、通信记录、登录日志等信息;(四)文档、图片、音视频、数字证书、计算机程序等电子文件。以数字化形式记载的证人证言、被害人陈述以及犯罪嫌疑人、被告人供述和辩解等证据,不属于电子数据。确有必要的,对相关证据的收集、提取、移送、审查,可以参照适用本规定"。

电子数据原属于视听资料的范围,2012 年《刑事诉讼法》修改时增加了电子数据这一类型,但未将其单列,而是同视听资料并列为一类证据,原因在于,"将视听资料和电子数据合并作为一种证据种类进行规定的立法形式,既有效解决了司法实践中将电子数据作为证据使用的法律问题,也避免了在某

① 参见陈光中主编:《证据法学》(第 3 版),法律出版社 2015 年版,第 205 页。

些特殊情况下,如计算机网页的视频文件,视听资料与电子数据难以截然分开的难题"①。

在传销犯罪案件中,视听资料、电子数据广泛存在,在传销活动的发起、策划、管理、宣传、培训等过程中,均会产生大量的视听资料、电子数据,如犯罪嫌疑人、被告人之间的微信聊天记录、QQ 聊天记录、通话录音、手机短信、电子邮件,犯罪嫌疑人、被告人发送的朋友圈信息、为开展传销活动而建立的微信群信息、QQ 聊天群信息,传销网站的页面与后台数据、传销 App 的页面与后台数据、传销微信公众号的推送信息,与传销活动有关的文档、图片、音视频、传销账户的电子交易记录等,鉴于视听资料、电子数据在传销犯罪案件中广泛存在且对定罪量刑起举足轻重的作用,故应引起辩护人的高度重视。

### (二)视听资料、电子数据的特点

与其他种类的证据相比,视听资料、电子数据具有如下特征:

一是由有一定科技成分的载体予以承载和表现,其往往借助录音、录像设备、电子计算机程序、磁盘、手机等设备予以记录、存储和播放。

二是具有高度准确性、逼真性和直观动态性,较少受主客观因素影响,可以十分准确地还原事实真相。

三是较易受到伪造、修改和删减,且不易被发现、甄别。

四是对视听资料、电子数据的收集、审查和判断都高度依赖科学技术,因此无论是对公安司法工作人员还是辩护人,都提出了更高的技术要求。

## 二、视听资料的审查与质证

依照《刑事诉讼法》及其司法解释的规定,本书认为可以从以下 4 个方面,有重点地对视听资料进行审查和质证。

### (一)来源是否合法,提取、制作过程是否合法

来源不合法的证据不能作为定案的根据。审查视听资料来源的合法性,应

---

① 陈光中主编:《〈中华人民共和国刑事诉讼法〉修改条文释义与点评》,人民法院出版社 2012 年版,第 52 页。

当结合提取过程的说明进行审查，若缺乏提取过程的说明，或提取过程的说明不能提供有关视听资料取得的时间、地点、方式等有效信息，则表明相关视听资料的来源存疑，需要作出合理解释。同时，对于移送的视听资料，应当审查其制作、提取过程是否合法，包括由谁制作、提取，制作、提取方法是否符合有关规定，是否有见证人在场，制作、提取过程中是否存在威胁、引诱当事人等违反法律、有关规定的情形，是否写明制作人及持有人的身份，制作的时间、地点、条件和方法等。依照《刑事诉讼法司法解释》第 109 条的规定，视听资料制作、取得的时间、地点、方式等有疑问，不能作出合理解释的，不得作为定案的根据。

### （二）是否为原件

对于视听资料而言，并非不能以复制件为定案的根据，但基于其容易被伪造、修改和删减，且不易被发现、甄别的特点，需要对移送复制件的情形予以特别关注。是复制件的，需要附有无法调取原件的原因、复制件制作过程和原件存放地点的说明，也需要制作人、原视听资料持有人签名，否则无法确认其真伪，真实性存疑。依照《刑事诉讼法司法解释》第 109 条的规定，视听资料无法确定真伪的，不得作为定案的根据。

### （三）内容和制作过程是否真实，有无剪辑、增加、删改等情形

视听资料即便附有提取过程的说明，其复制件的制作即便符合形式性的要求，也还需要关注其内容和制作过程是否真实，审查是否存在伪造、制作的过程是否可以重现，在制作过程中有无剪辑、增加、删改等损害其完整性的情形。对视听资料有疑问的，应当进行鉴定。依照《刑事诉讼法司法解释》第 109 条的规定，视听资料系篡改、伪造的，不得作为定案的根据。

### （四）内容与案件事实有无关联

视听资料的内容能够用于证明待证事实或能够支撑得出指控结论，可谓与案件事实有关联，视听资料的内容与案件事实没有关联的，不得作为定案的根据。

## 三、电子数据的审查与质证

依照《刑事诉讼法》及其司法解释、《收集和审查判断电子数据的规定》等

的规定,侦查机关应当遵守法定程序,遵循有关技术标准,全面、客观、及时地收集、提取电子数据,人民检察院、人民法院应当围绕真实性、合法性、关联性审查判断电子数据,故本书也主要围绕电子数据的真实性、合法性、关联性来讨论其审查和质证问题,并对电子数据的完整性予以特别关注。

### (一)电子数据是否真实

只有真实的电子数据才能作为定案的根据,而考察电子数据是否真实,可以从以下几方面着手。

1. 是否移送原始存储介质①

电子数据存储于原始介质中,应当扣押、移送原始介质,以确保电子数据的真实性和完整性。收集、提取电子数据,能够扣押电子数据原始存储介质的,应当扣押、封存原始存储介质,并制作笔录,记录原始存储介质的封存状态。在特定条件下,即原始存储介质不便封存,提取计算机内存数据、网络传输数据等不是存储在存储介质上的电子数据及原始存储介质位于境外等无法封存、不便移动原始存储介质时,可以提取电子数据。在传销犯罪司法实务中,直接扣押、移送存储电子数据原始介质的情况较为少见。

一方面,辩护律师应当审查未移送原始介质是否注明原因及原因是否符合法律规定;另一方面,应审查收集、提取过程及原始存储介质的存放地点或者电子数据的来源等情况。对于原始存储介质位于境外或者远程计算机信息系统上的电子数据,可以通过网络在线提取。在当前的传销犯罪中,行为人所开发的传销网站或应用多租赁使用境外的服务器,在此情形下,所形成电子数据存储于境外服务器上,案发后如果欠付服务器租金,服务器随时可能被关闭,故侦查机关多通过网络在线提取电子数据,对于此种情况,辩护律师应着重关注电子数据提取过程的合法性、数据来源的可靠性及是否完整等。

由于客观原因无法或者不宜扣押、封存原始存储介质、提取电子数据的,可以采取打印、拍照或者录像等方式固定相关证据,并在笔录中说明原因。此种情况在实务中较为常见,对于微信聊天记录、QQ 聊天记录、手机短信、电子邮

① 存储介质,是指具备数据信息存储功能的电子设备、硬盘、光盘、优盘、记忆棒、存储卡、存储芯片等载体。

件、朋友圈信息、微信公众号推送信息、与传销活动有关的文档和图片等电子数据，采取打印方式固定证据较为便利，且便于进行展示，故侦查机关多采取打印的方式予以取证。对于此种情况，辩护律师可以通过对提取笔录的审查，判断证据的真实性、完整性与合法性。实务中，侦查人员常常将微信聊天记录、QQ聊天记录、PPT、图片等电子数据直接打印后交犯罪嫌疑人签字确认，但未附提取笔录，显然，如此形成的证据来源不明，其真实性、完整性均无法保证，取证程序违法，不得作为定案的根据。

例如，在肖某、张某某、王某组织、领导传销活动案①中，上诉人肖某的辩护律师提出，一审认定的证据存在瑕疵，电子数据勘验检查笔录显示，电子设备未封存移送，也没有签名盖章，对此，二审法院经审理认为，侦查机关虽然在电子数据勘验检查前有部分电子设备未予以封存，形成程序瑕疵，但是侦查机关在侦查过程中对电子物证进行录像并将电子设备里面相关截图导出，而在3名被告人的讯问笔录中，各被告人均对电子截图来源的真实性予以认可，并对截图内容予以确认，因此在对该证据程序瑕疵予以补充说明并证明其真实性的前提下，完全可以排除合理怀疑而作为定罪的依据。

2. 电子数据是否具有数字签名、数字证书等特殊标识

数字签名是指利用特定算法对电子数据进行计算，得出的用于验证电子数据来源和完整性的数据值。数字证书是指包含数字签名并对电子数据来源、完整性进行认证的电子文件。借助数字签名、数字证书等特殊标识，可对电子数据来源、完整性进行判别，以确认数据来源是否合法合规，电子数据是否真实、完整。

3. 电子数据的收集、提取过程是否可以重现

电子数据的收集、提取过程重现，是指依照原有的技术、操作流程和方法，再次收集、提取电子数据，以验证能否取得同样的结果。收集、提取过程是否可以重现，可以用于判别电子数据来源、完整性等问题，即若收集、提取过程不能重现，则表明数据来源存疑，存在伪造的可能，也表明电子数据完整性存疑，存在增加、删除、修改等可能，这些都直接关系到电子数据真实性的认定。

---

① 参见四川省绵阳市中级人民法院刑事裁定书，(2021)川07刑终85号。

4. 电子数据有增加、删除、修改等情形的,是否附有说明

通常情况下,电子数据的增加、删除和修改属于篡改,这直接影响电子数据的真实性,实务中极少见到在对电子数据进行增加、删除和修改的同时作出说明的情况,在此情况下,电子数据要么存在篡改,要么至少是无法确认真伪。确有作出说明的,则应当审查增加、删除、修改的原因、内容及对电子数据真实性、完整性的影响,进而提出质证意见。

5. 电子数据的完整性是否可以保证

完整的电子数据并不一定真实,但真实的电子数据一定是完整的,在这个意义上,审查电子数据的真实性,必然涉及其完整性。对电子数据的增加、删除和修改均属于破坏其完整性的体现。电子数据的完整性是否可以保证,要综合是否扣押、移送原始介质,收集、提取过程是否可以重现,是否具有数字签名、数字证书等特殊标识等因素进行评价。

综上所述,必须确保作为定案根据的电子数据的真实性。依照《刑事诉讼法司法解释》第 113 条的规定,电子数据未以封存状态移送的,经补正或者作出合理解释的可以采用,不能补正或者作出合理解释的不得作为定案的根据。依照《刑事诉讼法司法解释》第 114 条的规定,电子数据系篡改、伪造或者无法确定真伪的;或有增加、删除、修改等情形,影响电子数据真实性的;或存在其他无法保证电子数据真实性的情形的,相应的电子数据不得作为定案的根据。

例如,在赵某某组织、领导传销活动案中,所提取的涉及下单数量、交易金额、提现金额等信息的电子数据未以封存状态移送,且未说明原因,也未说明原始存储介质的存放地点,未见数字签名、数字证书等特殊标识,也未对提取过程录像,故辩护律师质证指出,无法确认其真伪,完整性不能保证,该电子数据不得作为定案的根据。

又如,在笔者所办理的谢某组织、领导传销活动案中,侦查机关针对 ZILD 项目的 App、虎符网站、被告人的手机、电脑等进行了多次电子数据提取,其中在 2021 年 7 月 23 日晚上在网 https://gitee.com/login(码云)上,对以技术员陈某账户登录后的电子数据进行网络在线提取,形成了文件名为"zild--git 源码.zip"的电子数据,经辩护律师审查,该电子数据的真实性严重存疑。通过登录网 https://gitee.com/可知,该网站的开办者为深圳市某某网络科技有限公司,地址位于深圳市福田区某某路 136 号,由此可知,该网站的所有者属于中国公

司，且该网站属于中国网站，因此侦查机关应当扣押原始存储介质，而不是进行网络在线提取，因为本案扣押原始存储介质不存在障碍，而在线提取很可能无法保证电子数据的真实性和完整性，很容易被人为篡改，尽管根据提取笔录的记录，本次提取进行了同步录像，但公诉机关没有按照规定，将提取的电子数据以封存状态随案移送，并制作电子数据的备份一并移送，本次提取也没有任何见证人在场，导致电子数据的提取过程无法重现，无法确保所提取数据的真实性和完整性。故此辩护律师提出，该电子数据不得作为定案的根据。

### (二)电子数据是否完整

如前所述，电子数据的完整性属于真实性的范畴，不完整的电子数据，其真实性不能得以保证。电子数据是否完整，应当根据保护电子数据完整性的相应方法进行审查、验证。

1. 审查原始存储介质的扣押、封存状态

能够扣押电子数据原始存储介质的，应当扣押、封存原始存储介质。辩护律师应当审查扣押、封存原始存储介质时制作的笔录及封存前后所拍摄的存储介质的照片，照片应清晰反映封口或者张贴封条处的状况，以确认其封存状态；对于已封存的原始存储介质，应审查封存手段能否确保无法增加、删除、修改电子数据；如果涉及封存手机等具有无线通信功能的存储介质，应审查是否已采取信号屏蔽、信号阻断或者切断电源等措施。

2. 审查电子数据的收集、提取过程，查看录像

对收集、提取电子数据的相关活动进行录像，是保护电子数据的完整性的方法之一，相应地，可以通过查阅提取笔录、查看录像的方式，审查电子数据的收集、提取过程，以确认电子数据的完整性。

3. 比对电子数据完整性校验值[①]

计算电子数据完整性校验值，也是保护电子数据的完整性的方法之一，而对于因无法扣押原始存储介质而提取电子数据的情形，应当计算电子数据的完整性校验值，否则在提取过程中发生电子数据的增加、删除、修改的可能性较

① 完整性校验值，是指为防止电子数据被篡改或者破坏，使用散列算法等特定算法对电子数据进行计算，得出的用于校验数据完整性的数据值。

大,提取方法不当等因素导致提取不完整的可能性则更大。通过比对电子数据完整性校验值,可以直观地判断所提取的电子数据是否完整。

在前述笔者所办理的谢某组织、领导传销活动案中,辩护律师经审查在案电子数据发现,侦查人员在进行电子数据提取时,将检材"tokenmind-zild_defi_manager-mister. zip"在内的多个电子数据文件进行压缩,形成压缩文件"zild--git 源码. zip",并计算了完整性校验值,但根据鉴定意见资料摘要的介绍,检材是用一个 U 盘拷贝移交的,且检材是解压移交的,根据推理,侦查人员在移交鉴定时,应该是对压缩文件"zild--git 源码. zip"进行了解压,并摘取了"tokenmind-zild_defi_manager-mister. zip"进行移交鉴定,这个操作显然会对检材电子数据"tokenmind-zild_defi_manager-mister. zip"的真实性和完整性造成损害,不确定检材电子数据是否为提取时的电子数据(同一性),检材来源不明,且通过比对检材电子数据与压缩文件"zild--git 源码. zip"的完整性校验值,发现二者明显不一致,故辩护律师质证指出,依照《刑事诉讼法解释》第 98 条的规定,送检材料来源不明,鉴定意见不得作为定案的根据(许多电子数据内容的呈现与解读,需要借助于鉴定,因此对电子数据完整性的考察,有时候会放在对鉴定意见的质证中)。

4. 与备份的电子数据进行比较

收集、提取的原始存储介质或者电子数据,应当以封存状态随案移送,并制作电子数据的备份一并移送,因此,与备份的电子数据进行比较,也是判断所移送电子数据是否完整的方法之一。

5. 审查冻结后的访问操作日志①

因存在数据量大,无法或者不便提取,或提取时间长,可能造成电子数据被篡改或者灭失,或通过网络应用可以更为直观地展示电子数据等情形的,经县级以上公安机关负责人或者检察长批准,可以对电子数据进行冻结。冻结电子数据,可以采取一种或几种方法,包括计算电子数据的完整性校验值、锁定网络应用账号等。通过审查冻结后的访问操作日志,可以依据对电子数据的访问、操作情况,判断电子数据是否被增加、删除或者修改。

---

① 访问操作日志,是指为审查电子数据是否被增加、删除或者修改,由计算机信息系统自动生成的对电子数据访问、操作情况的详细记录。

综上所述，电子数据是否完整，可以通过上述方法进行审查、验证，如果确定电子数据存在增加、删除、修改及提取不完整等情形，就表明电子数据存在被篡改或无法确定真伪的情况，其真实性无法保证，此种电子数据不得作为定案的根据。值得指出的是，依照《收集和审查判断电子数据的规定》第 5 条的规定，应当采取一种或者几种方法保护电子数据的完整性，故侦查机关未采取保护电子数据完整性的全部方法，并非表明电子数据的完整性就没有保证，即便侦查机关只采取一种保护方法，只要依据该方法可以审查、验证电子数据的完整性即可。

### （三）收集、提取电子数据是否合法

考察收集、提取电子数据是否合法，可以从以下方面着手。

1. 收集、提取程序是否合法

收集、提取电子数据，应当由 2 名以上侦查人员进行，取证方法应当符合相关技术标准，公安部制定的公通字〔2018〕41 号《公安机关办理刑事案件电子数据取证规则》第 6 条规定，“收集、提取电子数据，应当由二名以上侦查人员进行。必要时，可以指派或者聘请专业技术人员在侦查人员主持下进行收集、提取电子数据”。鉴于实务中侦查人员不一定掌握相关取证技术，故辩护人应当重点审查电子数据的提取人身份。

例如，在王某某组织、领导传销活动案中，侦查机关聘请鉴定机构对传销后台数据进行提取、固定和鉴定，而其鉴定的检材系由侦查机关在被告人办公场所的电脑上提取并存入硬盘，辩护律师通过查看提取笔录发现，该电子数据系由犯罪嫌疑人谬某某在侦查人员的安排下操作电脑登录服务器进行提取，而依照《收集和审查判断电子数据的规定》第 2 条及第 7 条的规定，侦查机关应当遵守法定程序，遵循有关技术标准，全面、客观、及时地收集、提取电子数据，收集、提取电子数据，应当由 2 名以上侦查人员进行，取证方法应当符合相关技术标准，据此，辩护律师提出，鉴于谬某某并非侦查人员，也非司法解释所规定的“专业技术人员”，其不知悉、不掌握电子数据提取的技术标准和流程，无法全面、客观地提取相关数据，后台数据提取过程明显违法，尽管侦查人员对提取过程进行了录像，但录像是针对提取过程进行的（且录像并非对电脑屏幕录屏），改变不了电子数据提取过程违法的既定事实，所提取的电子数据的真实性和完整性

无法得以保证,不仅该电子数据不得作为定案的根据,且因检材不可靠,据此作出的鉴定意见亦不得作为定案的根据。

2. 收集、提取电子数据的笔录、清单是否记载完整

依照《收集和审查判断电子数据的规定》第 14 条的规定,“收集、提取电子数据,应当制作笔录,记录案由、对象、内容、收集、提取电子数据的时间、地点、方法、过程,并附电子数据清单,注明类别、文件格式、完整性校验值等,由侦查人员、电子数据持有人(提供人)签名或者盖章;电子数据持有人(提供人)无法签名或者拒绝签名的,应当在笔录中注明,由见证人签名或者盖章。有条件的,应当对相关活动进行录像”。依照《刑事诉讼法司法解释》第 113 条的规定,笔录或者清单上没有调查人员或者侦查人员、电子数据持有人、提供人、见证人签名或者盖章的,以及对电子数据的名称、类别、格式等注明不清的,经补正或者作出合理解释的可以采用,不能补正或者作出合理解释的,不得作为定案的根据。

3. 是否有见证人见证及录像

依照《收集和审查判断电子数据的规定》第 15 条的规定,“收集、提取电子数据,应当根据刑事诉讼法的规定,由符合条件的人员担任见证人。由于客观原因无法由符合条件的人员担任见证人的,应当在笔录中注明情况,并对相关活动进行录像”。据此,收集、提取电子数据应当有符合条件的见证人在场见证,并由其在提取笔录上签名或者盖章。对于录像,则不是必须,即有条件的,才对相关收集、提取活动进行录像,但对于没有见证人见证的场合,必须进行录像。

在前述笔者所办理的谢某组织、领导传销活动案中,侦查机关的提取笔录及清单中均没有数据持有人及见证人签名或盖章,并且也没有注明原因,故辩护律师在质证时指出,传销平台后台电子数据的提取程序存在瑕疵,需要补正或者作出合理解释。该案一审第一次庭审结束后,公安机关重新对电子数据进行提取,并制作了完整的提取笔录及电子数据清单移送法院,提取程序瑕疵问题看似得以解决,但因未组织对重新提取的电子数据开展鉴定,原鉴定意见仍然建立在未依法移送原始存储介质、未制作电子数据备份移送、提取现场没有任何见证人等情况基础之上,原电子数据的提取过程无法重现,无法确保所提取数据的真实性和完整性,故原鉴定意见仍不得作为定案的根据。

4. 技术调查、侦查措施是否有批准手续

在对远程计算机信息系统进行网络远程勘验的场合，可能会涉及采取技术侦查措施，此时必须经过严格的批准手续才可以实施。最高人民法院、最高人民检察院等《关于实施刑事诉讼法若干问题的规定》第20条规定，“刑事诉讼法第一百四十九条中规定：‘批准决定应当根据侦查犯罪的需要，确定采取技术侦查措施的种类和适用对象。’采取技术侦查措施收集的材料作为证据使用的，批准采取技术侦查措施的法律文书应当附卷，辩护律师可以依法查阅、摘抄、复制，在审判过程中可以向法庭出示”。故在涉及技术调查、侦查措施时，辩护律师应当审查是否有批准手续，若无，则该取证程序严重违法，对该证据应当予以排除。

5. 电子数据检查程序是否合法合规

《收集和审查判断电子数据的规定》第16条规定，“对扣押的原始存储介质或者提取的电子数据，可以通过恢复、破解、统计、关联、比对等方式进行检查。必要时，可以进行侦查实验。电子数据检查，应当对电子数据存储介质拆封过程进行录像，并将电子数据存储介质通过写保护设备接入到检查设备进行检查；有条件的，应当制作电子数据备份，对备份进行检查；无法使用写保护设备且无法制作备份的，应当注明原因，并对相关活动进行录像。电子数据检查应当制作笔录，注明检查方法、过程和结果，由有关人员签名或者盖章。进行侦查实验的，应当制作侦查实验笔录，注明侦查实验的条件、经过和结果，由参加实验的人员签名或者盖章”。

据此，辩护律师应当通过检查笔录重点审查检查方法、检查过程、是否录像、是否使用写保护设备、笔录内容是否完整等。依照《刑事诉讼法司法解释》第113条的规定，电子数据的收集、提取程序有其他瑕疵的，经补正或者作出合理解释的可以采用，不能补正或者作出合理解释的，不得作为定案的根据。

### （四）电子数据内容与案件事实有无关联

尽管电子数据具有高度准确性、逼真性和直观动态性，可以较为准确地还原事实真相，但辩护律师仍应当审查其内容与案件事实的关联性，考察电子数据的内容能否用于证明待证事实或支撑得出指控结论。

CHAPTER 10

# 第 十 章

# 传销犯罪的无罪辩护

## 第一节　传销犯罪案件中常见的无罪辩点

实现无罪辩护，是刑事辩护律师执业生涯中所摘取的最为耀眼的桂冠，能否实现无罪辩护，是检验辩护律师专业水平的试金石。一个不可否认的事实是，随着侦查人员、公诉人法律知识水平、业务素质的强化和提高，经过侦查、批准逮捕、审查起诉等环节的审核把控，传销犯罪案件办案质量稳步提升，加之传销犯罪存在涉众性等因素，无罪辩护的成功率比较低。近年来，随着认罪认罚制度的引入和落地，无罪辩护的空间受到进一步挤压，无罪辩护成功率进一步降低。但因为稀有，所以珍贵，针对那些定罪争议较为明显的案件，辩护律师仍然可以围绕事实、证据与法律展开无罪辩护。本章围绕传销犯罪案件主要的无罪辩护辩点展开讨论，兼及混合经营型传销、ICO 式虚拟货币传销及认罪认罚案件的无罪辩护问题。

### 一、犯罪主体之辩

#### （一）犯罪主体不适格，即属于个人犯罪，而非单位犯罪

我国刑法对于单位犯罪实行双罚制，即单位犯罪的，对单位判处罚金，并对其直接负责的主管人员和其他直接责任

人员判处刑罚。单位牵涉股东、员工等众多人的利益,认定单位犯罪对他们影响重大,一方面单位被认定犯罪之后会产生前科的不良记录,对单位长远发展不利,有的单位甚至因此直接倒闭;另一方面对单位判处罚金会影响作为非责任人员的股东、员工等的经济利益。因此,如果律师担任单位的辩护人,可以选择此辩点。至于实现路径与依据,一是《审理单位犯罪应用法律的解释》第2条的规定,即"个人为进行违法犯罪活动而设立的公司、企业、事业单位实施犯罪的,或者公司、企业、事业单位设立后,以实施犯罪为主要活动的,不以单位犯罪论处";二是实务中盗用、冒用单位实施犯罪,违法所得由实施犯罪的个人私分的,或单位内部成员未经单位决策机构决定、认可而实施的犯罪,因不是由单位决定实施,未体现单位意志,故不认定为单位犯罪。有关单位犯罪与自然人犯罪的具体区分,详见本书第六章第四节讨论的内容。

### (二)涉嫌犯罪的单位被撤销、注销、吊销营业执照或者宣告破产,对单位不再追诉

最高人民检察院高检发释字〔2002〕4号《关于涉嫌犯罪单位被撤销、注销、吊销营业执照或者宣告破产的应如何进行追诉问题的批复》规定,"涉嫌犯罪的单位被撤销、注销、吊销营业执照或者宣告破产的,应当根据刑法关于单位犯罪的相关规定,对实施犯罪行为的该单位直接负责的主管人员和其他直接责任人员追究刑事责任,对该单位不再追诉"。据此,被告单位被撤销、吊销营业执照的,也不需要再追究刑事责任。

## 二、直销之辩

直销是指直销企业招募直销员,由直销员在固定营业场所之外直接向最终消费者推销产品的经销方式,依法开展的直销活动是受法律保护的。本书认为,传销犯罪与直销的主要区分,可以从以下4个方面进行把握:

一是有无入门费,传销犯罪有入门费,即要求参加者以缴纳费用或者购买商品、服务等方式获得加入资格,而直销无入门费,直销企业及其分支机构不得将缴纳费用或者购买商品作为成为直销员的条件。

二是如何确定计酬依据,传销犯罪要求直接或者间接以发展人员的数量为计酬或者返利依据,而直销企业支付给直销员的报酬只能按照直销员本人直接

向消费者销售产品的收入计算，且报酬总额（包括佣金、奖金、各种形式的奖励以及其他经济利益等）不得超过直销员本人直接向消费者销售产品收入的30%。

三是人员有无层级，传销犯罪要求参加者按照一定顺序组成层级，人员具备层级性，而直销员之间及与消费者之间均不存在层级性。

四是有无完善的退换货制度，尽管传销犯罪中也可能存在真实的货物销售，但销售货物的目的在于收取入门费，普遍未建立退换货制度，而法律要求直销企业必须建立并实行完善的换货和退货制度，消费者及直销员均有权要求退换货。①

例如，在简某某涉嫌组织、领导传销活动案②中，侦查机关移送审查起诉认定：2012 年 3 月至 2013 年 8 月，被不起诉人简某某伙同罗某某、何某某（另案处理）成立××健康科技有限公司（以下简称××公司）涪陵团队，租赁重庆市某某区 5 间房屋作办公室，采取一对一、一对多产品演示、组织大型招商会、慈善活动等形式公开宣传，只要支付 5 万元购买××公司产品，就可成为 C 计划会员，享有发展会员的资格，根据发展下线会员的数量，会员会得到高额分红，该组织先后共发展 500 余人成为会员，涉案金额达 2500 万元以上。简某某为获得高额分红，通过刻意安排自己下线位置的方法，助推自己在 C 计划传销体系的地位晋升，从中获得公司返利，简某某直接或者间接发展会员 122 人，层级达到 12 层，共获得返利 995, 800 元。重庆市涪陵区人民检察院经审查认为：侦查机关认定的犯罪事实不清、证据不足。在案证据证实：(1)本案的 C 计划与××公司的关系不清。××公司是经国家商务部批准的直销企业，简某某等人实施的 C 计划销售的是××产品，购买 5 万元××产品就可成为 C 计划会员，虽然简某某等人供述收取会员费是转账至××公司指定银行卡上，但公安机关未对××公司方面收集证据，公安机关提取的涉案银行卡交易记录均不能证实这些银行卡与××公司是否有直接关系。(2)简某某等人的获利来源不清。虽然简某某、罗某某等人供述会员账户内的返利是源于××公司，但除简某某等人的

---

① 此外，是否合法注册并持有直销经营许可证也是二者的区别之一，但该条件与是否构成传销犯罪没有必然联系，即便持有直销经营许可证的直销企业，也有可能从事传销犯罪，需要予以关注。

② 参见王小强、蔡海芬：《组织、领导传销活动罪无罪辩护要旨》，载微信公众号"王小强律师"2022 年 5 月 28 日，https://mp.weixin.qq.com/s/vFtWhKjZzZ4eHuiI-joLWA。

供述外，公安机关未收集其他证据来证明返利的来源，不能证明是“直接或者间接以发展人员的数量作为计酬或者返利依据”。（3）××产品的价值不清。公安机关在侦查过程中扣押了部分××产品，因在市场上没有具体的同类商品进行对比，无法进行估价，公安机关未提供××产品的估价鉴定意见，不能证明××产品是“道具产品”，不符合组织、领导传销活动罪中“骗取财物”的构成要件。故认定简某某犯组织、领导传销活动罪的证据不足，本案不符合起诉条件，决定对简某某不起诉。

本书认为，该案之所以对简某某不起诉，是因为××公司是真实的直销企业，简某某隶属于该公司的销售团队，其销售的是该公司的直销产品，且无法证实直销产品属于“道具产品”，本案于2013年8月即对简某某采取强制措施，2014年4月25日移送审查起诉，历经两次退回补充侦查后，直到2016年11月17日才再次移送审查起诉，侦查机关在长达3年多的时间内未能收集到C计划与××公司关系的证据、其他证明返利来源的证据、××公司产品价值的证据，应当是囿于客观事实而未收集，或收集后因不能达到指控目的而未予移送。故此涉案行为属于真直销，构成传销犯罪的重要出罪理由。

### 三、“团队计酬”式传销之辩

《办理传销案件适用法律的意见》第5条第1款规定，“传销活动的组织者或者领导者通过发展人员，要求传销活动的被发展人员发展其他人员加入，形成上下线关系，并以下线的销售业绩为依据计算和给付上线报酬，牟取非法利益的，是‘团队计酬’式传销活动”。由此可见，“团队计酬”式传销不作为犯罪处理，故属于无罪辩护的辩点。与传销犯罪相比，“团队计酬”式传销有两个显著特征，一是其计酬依据为下线的销售业绩，而传销犯罪的计酬依据为所发展人员的数量；二是“团队计酬”式传销是以销售商品为目的，存在真实的商品销售关系，而传销犯罪不以销售商品为目的，以骗取财物为目的，不存在商品销售关系，或所销售商品的价值明显低于销售价格（作为“道具商品”而存在）。本书第四章第三节已经详细讨论过“团队计酬”式传销的司法解释适用难题，即计算下线的销售业绩时不可能绕开下线人员数量这一因素，因此以下线的销售业绩为依据计算和给付上线报酬（“团队计酬”式传销），也可以包容评价为是以发展人员的数量为计酬或者返利依据（传销犯罪），《办理传销案件适用法律的意见》出台的本意是对"团队计酬"式传销予以出罪,结果却是"形式上采取'团队计酬'方式,但实质上属于'以发展人员的数量作为计酬或者返利依据'"的定罪条款被广泛适用,目前尚无因所谓单纯的"团队计酬"被宣告无罪的案例。尽管如此,辩护律师面对一些争议较为明显,可能被认定为"团队计酬"式传销的案件,仍要放手一搏。

对于"团队计酬"式传销司法解释具体适用的疑难,可以结合案情从抓主要矛盾的角度进行论证。

一是商品价值与价格是否大致匹配、偏离程度及传销人员是否更关心商品的使用价值。

二是上线会员的计酬依据以下线的销售业绩为主还是以下线人数为主,计酬依据与下线的销售业绩、下线人数这两个因素中谁的关联度更大,综合比较得出结论。[①]

例如,在冯某、郭某等组织、领导传销活动案[②]中,松滋市人民法院认定,××公司系国家商务部核准的直销企业,"青春定格原液"为该公司直销产品,被告人冯某原为该公司经协商,后来郭某甲与××公司达成合作协议,由其负责销售"青春定格原液"等美容产品,并被任命为营销中心美业部副总裁,冯某按照郭某甲确定的营销模式发展下线会员。郭某甲接手销售"青春定格原液"后,决定改变经营模式,经销商由代理制改为会员制。具体方式为:"青春定格原液"零售价1680元/支,会员价796元/支,每5支为1套产品,至少购买1套产品才能成为会员,购买1套产品成为普通会员,可以按会员价消费产品,但不享有发展下线资格,没有返利;购买2套、6套、10套产品分别成为钻石会员、小加盟店、大加盟店后可以发展下线。采用"倍增"方式发展下线会员,但1个会员

① 对此,周光权教授曾在《法制日报》发文指出,"在今后的司法实践中,确实不宜再将传销组织有层级,外观上有'拉人头'的嫌疑,但上一级成员的提成主要以下一级的商品销售额(而非主要以'人头数')作为计酬依据的情形认定为组织、领导传销活动罪,将其作为行政违法行为即为已足(当然,类似行为视情形也可能成立非法吸收公众存款罪)。不考虑刑事违法性和行政违法性之间的差异,人为扩大刑事处罚范围,明显违反罪刑法定原则"。文中观点亦强调上一级成员的提成主要以下一级的商品销售额,而非主要以人头数为计酬依据的,不宜再认定为组织、领导传销活动罪。参见周光权:《经营性传销活动不是刑法处罚的对象》,载法治网,http://www.legaldaily.com.cn/fxjy/content/2021-04/28/content_8494596.html。

② 参见湖北省松滋市人民法院刑事判决书,(2015)鄂松滋刑初字第00119号。

只能发展2个直接下线会员，再发展的会员只能按照上述模式成为自己下线会员的会员，并按照加入先后顺序形成上下级关系，依此类推，无限发展。2个下线会员称为上级会员的2个市场，其中销售业绩相对较差的下线会员称为小市场。会员按照发展下线的业绩计酬返利，具体为：(1)报单奖(又称直推奖)。直接发展1名会员，可获得该会员加入时购买产品金额10%的返利；(2)销售奖。按照小市场每周新增销售业绩的5%计算，每周8万元封顶；(3)市场管理奖(领导奖)。按直推会员以下3代会员销售业绩的5%计算，上不封顶；(4)福利奖。销售额达到12万元、36万元、120万元、800万元、2400万元、4800万元对应不同奖励。该案7被告人及其辩护人提出，其行为虽系传销行为，但是以销售商品为目的，以销售业绩为计酬依据的单纯的"团队计酬"式传销活动，不应作为犯罪处理。松滋市人民法院审理认为：涉案营销模式属于传销行为，上线会员的计酬依据虽与下线会员的销售业绩有关，但主要以发展下线的人数为主。第一，下线会员无论自己消费多少金额产品不计入销售业绩，上线也无报酬。第二，下线会员即使销售了产品，但如果不与新会员挂钩也只能作为自己消费，会员本人与上线均无报酬。第三，下线销售业绩总量衡定时，如果上线会员的2个市场做得不平衡，其报酬会有很大差别，甚至没有报酬，只有当2个市场做到均衡时，上线的报酬才能最大化。因此，下线的销售业绩与上线的报酬并不当然成正比，不是计酬的主要依据，被告人丁某、张某甲、李某乙的层级虽然较高，但获利反而比下线被告人李某甲、肖某甲少从侧面印证了这一点。第四，被告人冯某以下会员7700多人，会员认购产品金额7700多万元，按照加入时每个会员购买产品的最低门槛7960元计算，基本上1份产品对应1个会员，这也说明了该营销模式虽有产品支撑但实际上是以发展下线会员为主这一事实。

本书认为，该案中，审判法院正是抓住了上线的计酬依据以下线的销售业绩为主还是以下线人数为主这一关键点，以下线的销售业绩为主离不开下线人数，以下线人数为主离不开下线销售业绩，就看以谁为主，与哪个因素的关联性更大，这就既需要分析其奖励机制，也要从返利数据中找到正反面的实例支撑。不过，从庭审查明的计酬方式即奖励方式来看，报单奖、销售奖、市场管理奖及福利奖均是按照下线购买产品的金额来计提奖金的，尤其是前3个类别的奖励，具有固定的计提奖金比例，因此上线的计酬依据似乎与下线的销售业绩联系更为密切，因不掌握具体涉案数据，故无法进一步分析，本案若能结合产品价值与价格的匹配关系、传销人员是否更关心产品使用价值的角度再作进一步论证，则更有说服力。

又如，在卢某某、何某某组织、领导传销活动案①中，被告人何某某的辩护人提出，何某某所实施的行为是以销售商品为目的，计酬依据是销售业绩，属于单纯的"团队计酬"式传销活动，不应作为犯罪处理。对此，中山市第一人民法院经审理认为：首先，下线人员购买统一定价为398元的商品是为了获得会员资格而非真正为了购买该商品，"正达运营中心"及进口商品店有多种类别的商品销售，但必须购买特定的几种统一价格为398元的商品才能获得会员资格。其次，下线人员普遍不关心上述特定商品的使用价值及价格，其目的在于获得加入及提成的资格，虽然上述商品具有一定的价值，但显然与其398元的价格不符。本案也未有证据显示下线人员因产品质量及价格问题与××公司或被告人发生过纠纷。再次，从"正达运营中心"及二被告人向下线人员所宣传的内容上看，均与398元商品本身的价值或功效等无关，而完全就是××公司的传销模式。最后，从各种不同类别商品均统一定价为398元看，也不符合正常市场经营及销售商品中的等价交换的特征。故××公司的经营模式虽有商品销售之名，但并无商品销售之实，其商品的价格并不反映其本身价值，而实为传销活动的"入场券"，和为传销活动打着合法销售商品的"幌子"。

本书认为，本案审判法院正是抓住了商品价值与价格悬殊、传销人员普遍不关心商品的使用价值这一主要矛盾作出判断，并且特别指出，进口商店有多种类别的商品销售，但必须购买特定的几种统一价格为398元的商品才能获得会员资格，各种不同类别商品均统一定价为398元，这不符合市场经营中等价交换的原则，反而凸显出购买特定商品的真正目的在于获得"入场券"即会员资格。

### 四、组织层级、人数之辩

依照《办理传销案件适用法律的意见》第1条的规定，传销组织内部参与传销活动人员在30人以上且层级在3级以上的，应当对组织者、领导者追究刑事责任。依照该规定，参与传销活动人员不满30人或虽满30人但层数少于3层

① 参见广东省中山市第一人民法院刑事判决书，(2017)粤2071刑初1538号。

的，因未达到追诉条件，故不能追究行为人的刑事责任。

例如，在王某某、赵某某非法拘禁、组织、领导传销活动案[①]中，一审法院福建省闽侯县人民法院认定，被告人王某某无视国家法律规定，管理、协调传销组织以推销“天津××生物发展有限公司”的化妆品和养生食品为名，要求加入者以购买价值2800元的产品的方式获得加入资格，并按一定顺序组成5个层级，直接或间接以发展人员的数量为返利依据，引诱、胁迫参加者继续发展他人参加，骗取财物，其组织内部参与传销活动人员有30余名，且所处层级在3级以上，扰乱了经济社会秩序，其行为已构成组织、领导传销活动罪，对其以组织、领导传销活动罪判处有期徒刑2年1个月，以非法拘禁罪判处有期徒刑1年9个月，被告人赵某某、宋某被以非法拘禁罪判处有期徒刑。一审判决作出后，王某某提出上诉，指出本案中王某某窝点成员人数并未达到30人以上，不应将潘某某窝点的人数计算在内，王某某的行为不应构成组织、领导传销活动罪，福州市人民检察院出庭检察员则认为，王某某客观上虽未对潘某某所在窝点起到实质帮助作用，但王某某对与其隶属同一传销组织的潘某某窝点主观上存在明知，且该传销组织人数已经超过30人，可以认定上诉人王某某之行为已构成组织、领导传销活动罪。二审法院福州市中级人民法院经审理认为，无证据证实王某某对潘某某所在窝点具有组织、领导或是协助组织、领导之行为，亦无证据证实王某某从潘某某窝点人员处获取报酬或返利，在认定王某某组织、领导的传销人员数量时不应将潘某某窝点的人员包含在内，故已有证据不能证实王某某所组织、领导的参与传销活动人员达到30人以上，其行为尚未达到组织、领导传销活动罪所要求的人数标准，故不构成组织、领导传销活动罪。

本书认为，借助于网络的广泛传播，同一传销模式在全国或某几个省份广泛发展的情形已十分常见，在此情形下，各地司法机关分别立案追究同一传销模式下分属不同地域的组织者、领导者的刑事责任的情况也极为常见，就是同一地域范围内也可能存在多支虽属于同一传销模式但彼此独立的传销队伍，此时如果欲追究分属不同地域或虽在同一地域但彼此独立的组织者、领导者的刑事责任，就需要个别地认定行为人所组织、领导的传销组织是否满足“参加传销活动人员在三十人以上且层级在三级以上”的标准，不能将行为人未有组织、领

① 参见福建省福州市中级人民法院刑事判决书，(2016)闽01刑终911号。

导行为,也未参与获取报酬或返利的窝点人员包含在内进行考察,不能仅凭行为人对其他传销队伍的存在为明知,就将其他传销队伍纳入行为人是否构成传销犯罪的考察范围(如果行为人是传销组织的发起者、策划者、操纵者,则另当别论),因此,本案二审法院福州市中级人民法院的认定是正确的。

## 五、组织者、领导者地位之辩

### (一)组织者、领导者的分类

毫无疑问,组织、领导传销活动罪,追究的是传销活动中组织者、领导者的责任,故若能对行为人在传销活动中的地位与作用进行辩护,使司法机关对行为人组织者、领导者的身份不予认定,则可以实现无罪辩护。《办理传销案件适用法律的意见》第 2 条规定的组织者、领导者,可以分为 3 类:

一是在传销活动中起发起、策划、操纵作用,或者承担管理、协调等职责,或者承担宣传、培训等职责的人员,该类人员的认定标准是相对明确的。

二是曾因组织、领导传销活动受过刑事处罚,或者 1 年以内因组织、领导传销活动受过行政处罚,又直接或者间接发展参与传销活动人员在 15 人以上且层级在 3 级以上的人员,这类情况实务中不常见。

三是其他对传销活动的实施、传销组织的建立、扩大等起关键作用的人员,这类人员的认定标准相对模糊,既给司法机关留下裁量的空间,也给被告人及其辩护人留下辩护的空间。[①]

### (二)组织者、领导者的认定

即便满足以上条件,也仅仅是“可以认定为传销活动的组织者、领导者”,而非应当。本书认为,司法解释之所以如此规定,是因为传销活动具有涉及面广、参与人数众多的特征,若满足条件者一律规定为组织者、领导者,因规定缺乏柔性,在某些案件中打击面可能失之过宽,故赋予裁判者自由裁量权,以贯彻宽严

---

① 杨仁寿先生认为,不确定法律概念的主要功能,在于使法院能适应社会经济及伦理道德价值观之变迁,而使法律能与时俱进,以实现其规范功能,法院就不确定的规范性概念或概括条款予以价值补充,须适用存于社会上可以探知认识之客观伦理秩序、价值、规范及公平正义之原则。诚哉斯言,尽管价值补充的直接操作主要由法官进行,但诉讼参与人包括律师等就此提供的解释意见也会影响法官的思考与决定。参见杨仁寿:《法学方法论》(第 2 版),中国政法大学出版社 2013 年版,第 185—186 页。

相济的刑事政策。也正是基于此,被告人及其辩护人可以基于特定案情及理由,请求对满足相应作用与职责条件的被告人不予认定其组织者、领导者的身份地位。

所谓传销活动的组织者、领导者,是指组织、领导传销组织的犯罪分子,是传销活动犯罪的首要分子;是在传销活动中起组织、领导作用的发起人、决策人、操纵人,以及在传销活动中担负策划、指挥、布置、协调等重要职责,或者在传销活动中起到关键作用的人员。根据相关法律及司法解释的规定,结合近年来的司法实践,本书认为,对传销活动的组织、领导行为可以作如下理解。

1. "组织"行为

对本罪的组织者应当作限制解释,该罪与一般的集团犯罪不同,不处罚那些仅仅是传销的积极参加者的人员,应当将组织者同积极参加者及一般的参与人员区分开来。在传销组织中,其组织者是指策划、纠集他人实施传销犯罪的人,即那些在传销活动前期筹备和后期发展壮大中起主要作用,同时获取实际利益的骨干成员,除此之外的人不应当作为组织者加以处理,以免扩大打击面,不利于突出对首要分子的制裁力度。

2. "领导"行为

主要是指在传销组织中居于领导地位的人员,对传销组织的活动进行策划、决策、指挥、协调的行为,也包括一些幕后组织者对传销组织的实际操纵和控制行为。传销组织的领导者主要是指在传销组织的层级结构中居于最核心的,对传销组织的正常运转起关键作用的极少数成员。对领导者的身份,应当从负责管理的范围、在营销网络中的层级、涉案金额3个方面综合认定。基于上述分析,下列行为均属于组织、领导行为:为传销活动的前期筹备、初步实施、未来发展实施谋划、设计,起到统领作用的行为;在传销初期,实施了确定传销形式、采购商品、制定规则、发展下线和组织分工等宣传行为;在传销实施过程中,积极参与传销各方面的管理工作,如讲课、鼓动、威逼利诱、胁迫他人加入行为等。①

① 参见《王艳组织、领导传销活动案[第842号]——在传销案件中如何认定组织、领导传销活动主体及罪名如何适用》,载最高人民法院刑事审判第一、二、三、四、五庭主办:《刑事审判参考(总第91集)》,法律出版社2014年版。

例如,在陈某某、刘某等组织、领导传销活动案①中,原审被告人刘某、陈某某不服原一审、二审法院对其作出的犯组织、领导传销活动罪的有罪判决,提出申诉,称并未参与传销活动的组织、宣传等活动,仅是普通的传销参与人员,原审认定其构成组织、领导传销活动罪明显缺乏证据支持,内蒙古自治区人民检察院抗诉及出庭意见亦认为,原审法院认定二人是传销活动的组织者、领导者的主要证据不充分。内蒙古自治区高级人民法院经审理认为,“97 东方商城”表面看为一购物网站,缴纳的会费可用于折扣购买商品,原审被告人陈某某仅缴纳 300 元会费,加入后进行了少量购物,登记在其名下的直接下线仅为 4 人,按照查明的“97 东方商城”的会员条件和奖励制度看,陈某某这一层级的会员除有购物优惠外,并不因其下线销售商品或发展会员而间接获利。刘某虽缴纳会费 3000 元成为“诚信渠道商”,但能够认定其参与的传销活动仅为积极参与、发展下线加入和购物,本案已有证据无法证实陈某某、刘某系涉案传销组织的发起人、决策人、操纵人,亦无法证实二人在传销组织中担负策划、指挥、布置、协调等重要职责,或者在传销活动实施中起到关键作用,故认定二人系传销活动的组织者、策划者缺乏事实及法律依据,现有证据仅能认定二人是传销活动的一般参与人员,原一审、二审判决认定二人构成组织、领导传销活动罪的证据不足,故改判二人无罪。

又如,在王某某组织、领导传销活动案②中,该案历经一审、二审及发回重审,石家庄市长安区人民法院经审理认定,同案犯刘某某于 2006 年 9 月至 2007 年 11 月,伙同胡某某等人先后以华北制药 ×××× 有限公司第二销售部、河北 ×××× 科贸有限公司的名义对外宣传销售保健品,采用省、市、县、区域 4 级代理销售模式,在河北、北京等地招募传销人员,进行非法传销活动,2007 年 6 月,原审被告人王某某经吴某某、唐某某介绍,购买 1 万元的保健品成为河北 ×××× 科贸有限公司的代理商,列入唐某某下线,后原审被告人王某某发展 2 名代理商,4 名业务员,经河北信源会计师事务所鉴定,王某某在传销活动中属于第五层级,其发展两名下线代理商,其下线两名代理商分别发展 1 个和 5 个层级,共计 20 余名代理商、数名业务员,王某某提成收入 131,440 元。原审被告

① 参见内蒙古自治区高级人民法院刑事判决书,(2018)内刑再 5 号。

② 参见河北省石家庄市长安区人民法院刑事判决书,(2013)长刑再初字第 4 号。

人王某某及其辩护人辩称，认定犯罪的事实不清，王某某成为代理商之后没有介绍他人参加传销，下线投入的钱都是其出资的。石家庄市长安区人民法院经审理认为，原审被告人王某某参与了传销活动，并发展下线代理商、业务员，获取了一定的非法收入，但是本罪追究的主要是传销活动的组织者、领导者；最高人民检察院和公安部《关于公安机关管辖的刑事案件立案追诉标准的规定（二）》第70条规定，传销活动的组织者、领导者，是指在传销活动中起组织、领导作用的发起人、决策人、操纵人，以及在传销活动中担负策划、指挥、布置、协调等重要职责，或者在传销活动实施中起到关键作用的人员，原审被告人王某某并不属于传销活动组织者、领导者，不应被追究刑事责任，故判决王某某无罪。

## 六、仅从事劳务性工作之辩

依照《办理传销案件适用法律的意见》第2条的规定，以单位名义实施组织、领导传销活动犯罪的，对于受单位指派，仅从事劳务性工作的人员，一般不予追究刑事责任。据此，可以仅从事劳务性工作为由，开展无罪辩护。不过，对于上述规定的适用，需要注意以下两点：

一是"以单位名义实施组织、领导传销活动犯罪"并不必然是单位犯罪，实务中以公司等单位名义开展的传销犯罪，尽管未认定为单位犯罪，但仍有适用该规定的余地。

二是仅从事劳务性工作的人，与传销活动的一般参与者不能等同，这是因为，仅从事劳务性工作是根据行为人工作内容的性质作出的规定，仅从事劳务性工作不会涉及传销组织的组织和管理工作，而组织者、领导者一般是从行为人负责管理的范围、在营销网络中的层级、涉案金额3个因素综合认定的，当认定参与传销活动的行为人不属于组织者、领导者时，表明其一定属于一般参与者，但不一定属于仅从事劳务性工作的人，即一般参与者的范围比仅从事劳务性工作的人的范围更广，二者是包含关系。

例如，在钟某某、钟某等组织、领导传销活动案[①]中，一审法院湖北省随县人民法院认定，被告人钟某某于2009年建立了以××公司为平台、以网络电话卡

① 参见湖北省随州市中级人民法院刑事判决书，(2013)鄂随州中刑终字第00085号。

套餐为销售对象的网络传销组织，2011年4月，被告人钟某在寻找工作时，被被告人钟某某雇请，由被告人钟某取代刘某的网络管理员角色，负责管理网站，下载及上传网络电话卡号及密码，上传被告人钟某某编造的虚假信息、刺激性文章、虚假获奖信息，发放会员奖金，并帮助被告人钟某某销售房屋。被告人梁某某于2012年4月被被告人钟某某雇请，主要为其从事房屋租赁，偶尔帮助被告人钟某进行网络管理、下载并上传网络电话卡号、密码，因此，××公司的实有员工仅3人，被告人钟某某对被告人钟某、梁某某按月支付工资。随县人民法院一审以组织、领导传销活动罪对3人定罪量刑，其中钟某被判处有期徒刑2年，缓刑2年，并处罚金6万元，梁某某被判决免予刑事处罚。一审判决作出后，三被告人均提出上诉，其中钟某提出，其只是一个打工者，每个月得到的只有工资收入，原判认定钟某系从犯，属定性错误；梁某某提出，已有证据只能证实其受钟某某安排从事果园、房屋租赁管理，并没有参与电话卡销售活动，也没有担负策划、指挥、布置、协调等重要职责，其只是在钟某的指示下，帮助邮寄过手机和下载过几次网络电话卡账户、密码并上传到××公司网站上，其于2012年4月才开始为钟某某打工，且每月的工资只有2000元，不是传销组织的组织者和领导者。二审法院随州市中级人民法院经审理认为，上诉人钟某明知钟某某从事非法传销活动，仍然从事帮助其管理网站、发放奖金等管理、协调工作，属于《办理传销案件适用法律的意见》第2条第1款第2项规定的可以认定为传销活动的组织者、领导者的人员，即“在传销活动中承担管理、协调等职责的人员”，其行为构成组织、领导传销活动罪；从已有的证据来看，不足以证实上诉人梁某某对上诉人钟某某实施传销活动是明知的，上诉人梁某某仅在钟某的指令下从事了传销环节中一些简单的劳务工作，故上诉人梁某某主观上没有犯组织、领导传销活动罪的故意，其行为不构成组织、领导传销活动罪。由此，该院改判上诉人梁某某无罪。

本书认为，在两个从犯均提出属于仅从事劳务性工作的人的上诉意见，要求改判无罪的情况下，该案二审法院根据二人所从事工作的内容及性质对其角色作出区分，即钟某从事网站管理，下载及上传网络电话卡号、密码，上传被告人钟某某编造的虚假信息、刺激性文章、虚假获奖信息，发放会员奖金等工作，属于“在传销活动中承担管理、协调等职责的人员”，应当追究刑事责任，而梁某某主要从事房屋租赁，偶尔帮助被告人钟某进行网络管理、下载并上传网络电话卡号、密码等工作，属于从事传销环节中的简单劳务工作，即属于受单位指派仅从事劳务性工作的人员，故未予追究刑事责任（梁某某主观上对钟某某实施传销活动不明知也是出罪的原因之一），应当说，该案二审判决的认定和处理是适当的。

## 七、空点之辩

### （一）空点的概念及司法实践情况

所谓空点，是指传销参与者为了达到发展下线晋升级别、获取返利的目的，借用或伪造他人身份证件或信息由自己出钱申购份额（缴纳入门费），而被借用或被冒用者未实际参与传销活动的情形，也叫虚点或虚线，与之对应的概念为实点或视线。由于传销犯罪的立案标准是传销组织达到“参与传销活动人员在三十人以上且层级在三级以上”，既涉及人员数量，也涉及人员层数，刑事立案后认定组织者、领导者时也会考量行为人在营销网络中的层级，故空点的认定会影响本罪的定罪量刑。

经检索发现，实务中对于辩护人提出的有关空点不应计算为参与人数、层数的辩护意见，法院大多不予采纳。

例如，在陈某某组织、领导传销活动案[①]中，南宁市中级人民法院经审理认为，关于上诉人陈某某提出“空点”不应计入实际发展人数，认定其伞下人数120人以上证据不足的上诉理由，经查，从本案传销体系规则看，参与人凭身份证申购份额并缴纳申购款，取得加入资格，并且加入后即在传销组织网络体系中占据一个位置，借用他人身份证申购的份额，均有具体人员实际操控，并凭借这些份额发展下线或组成金字塔状网络，以获取工资提成，成为晋升的重要依据。因此，借用他人身份证购买的“空点”，在传销体系中起到承接上下、连接左右的作用，对传销体系的形成及传销组织的扩大不可或缺，这些“空点”对应的人数应当计入实际发展人数的数量，在案证据证实，陈某某伞下有22名传销人员已达“老总”级别，根据本案传销体系规则计算，原判认定其伞下人员累计已达120人并无不当。

---

① 参见广西壮族自治区南宁市中级人民法院刑事裁定书，（2019）桂01刑终763号。

又如，在贾一×、贾二×等组织、领导传销活动案[①]中，天津市河北区人民法院经审理认为，关于贾一×、贾二×、苏一×的辩护人所提对于不知情、未参与传销、未出资的投单人员不应计入发展人员数额的辩护意见，经查，虽然被告人许一×、陈一×、苏一×及部分参加者有借用他人身份证投单并占据一个点位的情况，但实际投单人能够操控该点位，以此点位继续发展下线从而获得更多的非法利益及晋升资格，故这个所谓的空点对形成完整的传销网络起到承上启下、连接左右的关键作用，其社会危害性已经形成，故空点应当计入发展人员的数量，但被告人许一×、陈一×、苏一×自己出资的金额应在非法利益中扣除。

（二）空点不计为发展人数的特殊情况

尽管如此，在空点情形下，由于被借用或者被伪造身份证件的"人"并没有实际参与到传销组织（活动）中，那么制造空点者就无从论及引诱、胁迫这些"人"继续发展他人参加传销组织的问题，而这些"人"当然也不具有引诱、胁迫下线继续发展他人参加传销组织的可能，如果制造"空点"者本人不利用空点发展他人参加传销组织，那么就很难说空点具有"承上启下、连接左右"的作用。同时，既然被借用或者被伪造身份证件的"人"没有实际参与传销活动，这些"人"在传销活动中的具体"实施"行为就不能不由其自行操控，这种空点层级的搭建只能是制造空点者自行出资缴纳入门费而达成，从而在不利用空点发展他人参加传销组织的情况下，只能形成自己"骗"自己财物的状况，由此看来，要说制造空点者属于"自己是自己的被害人"，并非没有道理。[②] 本书认为，空点引发争议的核心是解决其能否作为制造空点者所发展的人数并能否以此认定行为人作为组织者、领导者的问题，既然空点所对应的人与制造空点者属于同一人，则不存在空点所对应的人被骗的问题，事实上制造空点的费用也正是由制造空点者自行支付的，空点所对应的人不可能也没有被骗，也没有实际参与传销活动，因此不应将其计算为制造空点者所发展的人数。即便在当下的司法实务中，该观点尚未被普遍接受，但至少在下列情形中，应当将空点排除在制造

① 参见天津市河北区人民法院刑事判决书，（2015）北刑初字第355号。

② 参见邓崇专、黎仲诚：《组织、领导传销活动罪研究》，中国法制出版社2020年版，第111—112页。

空点者所发展的人数之外。

一是行为人发起传销活动,为扩大影响,其借用他人身份证件设计空点,制造多人参加传销活动的假象,以此引诱他人参加,但因被及时侦破,行为人尚未实际利用空点发展到传销人员,而其所制造的空点人数及层级刚好满足或超过本罪的立案标准。

二是行为人参与传销组织后,为达到领取固定收益或晋升级别的目的,利用他人的身份证件,自己出资,反复缴纳入门费制造空点,但其并未实际利用这些空点发展下线即案发。

在上述情形中,因所制造的空点没有实际用于发展下线,没有发挥"承上启下、连接左右"的作用,故应将空点排除在空点制造者所发展下线人数、层级之外。

此外,此辩点的展开,可以引用有关专门针对网络犯罪的司法解释作为辩护论证的参照依据,其中最高人民法院、最高人民检察院、公安部于 2010 年制定实施的公通字〔2010〕40 号《关于办理网络赌博犯罪案件适用法律若干问题的意见》第 3 条规定:"赌博网站的会员账号数可以认定为参赌人数,如果查实一个账号多人使用或者多个账号一人使用的,应当按照实际使用的人数计算参赌人数……向该银行账户转入、转出资金的银行账户数量可以认定为参赌人数。如果查实一个账户多人使用或多个账户一人使用的,应当按照实际使用的人数计算参赌人数……"网络赌博犯罪会员账号或转账账户的认定,与传销犯罪空点的认定一样,都是为了解决网络账号、账户与实际使用人数的对应关系,在法律及司法解释未明确规定空点应计算为行为人所发展下线人数的前提下,网络(赌博)犯罪专门司法解释中的类似规定具有一定的参考作用。未来,传销犯罪司法解释进行修订时,相信会对此问题进行明确。

### 八、情节显著轻微危害不大之辩

依照《刑法》第 13 条的规定,违法行为情节显著轻微危害不大的,不认为是犯罪。根据该规定,认定行为不构成犯罪既需要考察情节,也需要考察结果,只有当情节显著轻微且结果危害不大时,才能认定无罪。张明楷教授认为,本规定从反面说明了什么不是犯罪,在行为符合犯罪构成条件的前提下,不能直接依据本规定宣告行为无罪,因为本条规定的是犯罪概念,犯罪概念不是认定犯罪的具体标准,也不是宣告无罪的具体标准,《刑法》分则在规定犯罪的具体成立条件时已经将情节显著轻微的情形排除在犯罪之外,立法者在规定犯罪的成立条件时所想的是,通过犯罪成立条件所描述的行为是值得科处刑罚的犯罪行为,因此只要符合《刑法》分则规定的犯罪成立条件,就应当认定犯罪,而不能以情节显著轻微危害不大为由宣告无罪,故行为的确属于情节显著轻微危害不大的,应当将其评价为不符合具体犯罪成立条件因而无罪。[①] 本书赞同此观点,不应在认定行为人符合传销犯罪的构成要件之后,又以情节显著轻微危害不大为由对其作出罪处理。

例如,在谢某某组织、领导传销活动案[②]中,一审法院四川省合江县人民法院经审理认定,深圳市×××文化传播有限公司系在深圳市注册成立,2016 年 5 月,"×××"众扶互生会员系统(又称"×××"新经济生态系统)平台正式运营,对外以销售善种子的名义开展传销活动,2016 年 9 月,被告人谢某某通过"×××"会员唐某某(另案处理)介绍加入"×××",注册账号为 xiexiaohua,ID 为 119433,属于 B 轮功德主。此后,谢某某以"扶贫济困、均富共生"的名义,依托"×××"网站,宣传"×××"组织,以高额静态收益和动态收益为由,发展下线会员,获取奖金,谢某某账户在整个会员网络中处于第 15 层,其下级网络有 3 层,83 个会员账号。合江县人民法院经审理认为,司法鉴定意见书证明谢某某下级网络有 3 层,83 个会员账号,公安机关调查笔录中部分人员表示自己的账户由被告人谢某某本人在出资操作,证人证言也表明存在一人操作其他多人账号和部分会员账号未激活未使用的可能,还有下线会员发展的部分亲人会员账号,是发展人员本人在操作,从已有证据看被告人谢某某发展人数较少,发展人数尚未达到法定人数,其情节显著轻微,危害不大,不认为是犯罪,故判决其无罪。对此,合江县人民检察院提出抗诉称,原判未认定谢某某发展人数达到 30 人系认定事实错误,司法鉴定意见载明谢某某下级层级有 3 层、83 个会员账号,会员账号均系身份证实名注册,每一个会员账号由每个发展的人数组成,有多少个会员账号证明发展了多少个人,谢某某所发展的人数已达到 30 人的法定人数;原判认为存在一人操作多人账号和部分会员账号未激活未使用的

① 参见张明楷:《刑法学》(第 4 版),法律出版社 2011 年版,第 93 页。

② 参见四川省泸州市中级人民法院刑事裁定书,(2019)川 05 刑终 109 号。

可能等情形,但并未先行扣除再对发展人数进行认定,谢某某组织参与传销活动人员已经达到30人以上且层级在3层以上,故应当认定构成犯罪。二审法院泸州市中级人民法院经审理认为,30人以上且层级在3级以上,是对传销组织内部人员行为能够认定为犯罪的基本规定,谢某某账户在整个系统中处于第15层,其下层级共有3层、83个会员账号,其直接或间接发展的下线达30人以上,直接发展的下线多数为同厂工人,故已有证据已经能够证实谢某某发展人数达到法定人数30人以上,原判未认定上述事实,应予以纠正,但根据司法解释的规定,本罪追究的是组织者、领导者的刑事责任,本案传销组织"×××"注册会员达598万余人,激活会员有536万余人,层级共达75层,谢某某在本案中发展的下级层级仅3层、会员账号仅83个,直接或间接发展的人数仅30余人,发展对象大多为同厂工人,其经人介绍加入该传销组织,发展层级和人数极少,属于该传销组织的初级或低级传销人员,在该传销组织的传销活动中并未起到发起、策划、操纵作用,亦未承担管理、协调、宣传、培训等职责,其行为对"×××"组织的建立、扩大并未起到关键性的作用,因此谢某某的行为虽然具有违法性,但其情节显著轻微危害不大,根据《刑法》第13条的规定,不应当认为是犯罪,故对检察机关认为本案已构成犯罪的抗诉理由不予支持,驳回抗诉,维持原判。

本书认为,本案一审、二审法院在适用"情节显著轻微危害不大"这一规定认定谢某某不构成传销犯罪这一问题上的处理是适当的。具体而言,一审法院并未在认定谢某某已构成犯罪的前提下认定情节显著轻微危害不大予以出罪,而是在不满足"参与传销活动人员在30人以上且层级在3级以上"这一立案标准上予以出罪处理,即因为不满足参与传销活动人员在30人以上的追诉条件,故属于情节显著轻微危害不大,不认为是犯罪。至于合江县人民检察院提出的事实方面的抗诉理由,关于一人操作其他多人账号的情形,是否每一个账号认定为一个会员,本身是有争议的,而如果会员账号未激活未使用,则当然不能计算为会员,在公诉机关所出示证据不足以准确认定发展人数时,人民法院本着存疑时有利于被告原则(疑点利益归于被告),认定行为人发展人数尚未达到法定人数,这一处理是适当的,在事实不清证据不足时,不能要求人民法院先行扣除存疑人数再对发展人数进行认定,后续二审法院认定谢某某发展人数达到30人,也是建立在泸州市人民检察院出庭检察员当庭出示20余人证言的基础之上的。泸州市人民法院二审对谢某某的无罪判决,有理有据,同样是在认定谢某某不构成犯罪的前提下认定情节显著轻微危害不大予以出罪,详言之,二审法院认定谢某某发展人数已达到30人,满足立案追诉条件,但阐明本罪追究的是组织者、领导者的刑事责任,与传销组织"×××"整体拥有500余万注册会员、激活会员及层级达75层相比,谢某某发展的下级层级仅3层、会员账号仅83个,直接或间接发展的人数仅30余人,且发展对象大多为同厂工人,发展层级和人数极少,属于传销组织的初级或低级传销人员,表明谢某某在传销网络中的层级低,有关谢某某在传销组织中未起到发起、策划、操纵作用,未承担管理、协调、宣传、培训等职责,未对传销组织的建立、扩大起到关键性作用的论述,则表明谢某某负责管理的范围较小、作用有限,故其不属于组织者、领导者,其行为虽然构成行政违法,但情节显著轻微危害不大,不认为是犯罪,该认定符合《刑法》及司法解释的规定,较好地贯彻了宽严相济的刑事政策。

总结起来,欲适用情节显著轻微危害不大条款开展传销案件的无罪辩护,需要在案件不满足立案追诉标准或行为人不属于组织者、领导者上下功夫,在这个意义上,情节显著轻微危害不大条款不属于独立的无罪辩护辩点,而是作为其他辩点的辅助论据,用以从反面说明涉案行为不属于犯罪。

## 九、无过错之辩

成立组织、领导传销活动罪,不仅要求行为人实施符合违法构成要件的组织、领导传销活动的行为,还要求行为人满足责任要件,即主观上具有过错,具体为犯罪故意,"没有责任就没有刑罚"。根据法律规定及刑法理论,责任能力、故意、过失、违法性认识可能性等都属于责任要件的范畴,欠缺责任能力、故意或过失、违法性认识可能性中的任一责任要素,都不会被认定为犯罪。在传销犯罪辩护实务中,针对责任要件展开的无罪辩护大多数集中在无过错的辩护上(欠缺责任能力较为容易判断,欠缺责任能力的刑事案件一般不会进入刑事审判阶段,违法性认识可能性在实务中较少单独适用,即便适用也是与过错合并适用),具体是指行为人没有犯组织、领导传销活动罪的故意。

例如,在前述钟某某、钟某等组织、领导传销活动案中,二审法院随州市中级人民法院经审理认为,从已有的证据来看,不能证实上诉人梁某某对上诉人钟某某实施传销活动是明知的,上诉人梁某某仅在钟某的指令下从事了传销环节中一些简单的劳务工作,故上诉人梁某某主观上没有犯组织、领导传销活动罪的故意,其行为不构成组织、领导传销活动罪,由此改判上诉人梁某某无罪。本书认为,二审法院在论证梁某某的无罪理由时,不仅指出梁某某仅在钟某的指令下从事传销环节中的一些简单劳务工作,而且从表述上看,更认定梁某某主观上没有犯组织、领导传销活动罪的故意,且后者才是侧重强调的理由,如此认定,表现出裁判者的谨慎性。原因在于,仅从事劳务性工作这一要件属于违法构成要件认定的范畴,该要件的认定表明行为人的行为不属于刑法上的不法,因此可以在违法构成要件层面直接判断行为人无罪,但由于司法解释针对仅从事劳务性工作的行为人规定的责任为"一般不予追究刑事责任",存在自由裁量的空间,当然也就存在对自由裁量的质疑,故裁判者未选择直接适用仅从事劳务性工作的规定予以出罪,而是另辟蹊径,将仅从事劳务性工作作为推定行为人欠缺属于责任要件的故意的理由,据此,认定行为人没有犯组织、领导传销活动罪的故意,即在责任要件的范围内予以出罪,如此操作并无不可。这也给辩护律师以启发,同样是实现无罪,如果选择让裁判者没有自由裁量空间因而无须担忧面临质疑的辩护路径,裁判者一定更加乐于接受。

又如,在冉某某涉嫌组织、领导传销活动案①中,常德市鼎城区人民检察院经审查,对犯罪嫌疑人冉某某作出不起诉决定,理由为:没有证据证实冉某某知道中兴××××科技有限公司从事传销活动,因为"中市所网络交易系统"反映不出传销特点,就"中华币官网""中兴铜寿官网",冉某某只负责设计模块,其不负责官网的内容上传,能够反映出传销特点的会员销售系统由他人开发,姚某某和高某也证实没有给冉某某介绍过中兴××××科技有限公司的经营模式,综合全案分析,由于组织、领导传销活动罪的主观要件要求是故意或明知的心理状态,没有证据认定冉某某主观上明知中兴××××科技有限公司从事传销活动而为其开发系统和制作相关官网,其行为不构成犯罪。本书认为,检察机关认定冉某某没有犯罪故意,不构成传销犯罪是适当的,因为涉案传销系统"中市所网络交易系统"不反映传销特点,其余系统中反映传销特点的会员销售系统由他人开发,因此缺乏认识的前提,而犯罪嫌疑人姚某某和高某的供述进

① 参见车冲:《实现组织、领导传销活动罪有效辩护的11大要点》,载司法文明协同创新中心网2021年6月27日,http://www.cicjc.com.cn/info/1041/14030.htm。

一步证实了冉某某不知悉公司经营模式,故其既然对涉案传销犯罪缺乏认识,当然也就谈不上具备犯罪故意。

## 十、无非法占有目的之辩

传销犯罪要求行为人主观上具备非法占有的目的,若行为人缺乏该目的,则表明其不满足责任要件,结果只能是无罪,故无非法占有目的也是对本罪进行无罪辩护的重要辩点。不过,诚如本书第六章第三节所言,当前的司法实践多不认可成立传销犯罪需要行为人主观上具备非法占有目的的观点,对于被告人及其辩护人提出的此辩点意见,要么直接不予评判,要么认为行为人主观上具有故意即可,不需要具备非法占有目的,在一些传销型集资案件中,法院往往将主犯认定为集资诈骗罪,对于从犯,则以其不具有非法占有目的为由,认定为组织、领导传销活动罪。① 不过,尽管如此,本书仍然坚持认为,本罪的成立需要行为人具备非法占有目的,审判实务对于刑法理论的关注和吸收是一个长期的互动过程,从长远来看,此观点被接受只是时间问题。

## 十一、开展传销活动的相关事实不清、证据不足

组织、领导传销活动相关的证据不足,导致事实不清,包括传销的模式、奖励制度、发起设立情况、发展情况、行为人参与传销活动的时间、传销下线人数、会员人数、层级、资金注入及提取情况、传销资金去向等主要案件事实不清,导致无法认定行为人具有构成要件所要求的组织、领导行为或需要负刑事责任。事实不清、证据不足,不属于独立的无罪辩点,而是质证意见与辩护意见的连接点,对质证意见起到转承作用,最终服务于具体辩点的论证与认定,如有关行为人作为传销活动组织者、领导者的事实不清,证据不足,只能证明行为人属于一般参与者,故不能认定传销犯罪成立。质证是辩点证成的过程,即辩护律师通过否定控方证据的“三性”、补充控方证据的证明目的、举证、证人出庭及发问等质证工作,否定控方指控的某些案件事实、建构辩方主张的案件事实、归纳存疑案件事实,使案件事实朝着有利于被告人的方向认定,在此前提下,因某些构成要件事实(对应辩点)无法得以认定(无证据或证据不足),故可以宣告被告人

---

① 参见浙江省温岭市人民法院刑事判决书,(2020)浙1081刑初30号。

无罪。本书之所以将事实不清、证据不足单独列出予以强调，是因为有感于刑事司法实务中将质证与辩护割裂开来的倾向。一方面常见一些辩护律师在质证环节不下功夫、一言不发或只发表所谓综合质证意见，未有效开展质证，而在辩护环节大谈特谈事实不清、证据不足，或者辩护意见未与质证意见有效衔接，未发挥质证意见作为辩点的重要支撑作用；另一方面一些司法工作人员因对法律的认识存在偏差或面对传销犯罪案件被告人就案件事实“侃侃而谈”不胜其扰，故在辩护环节要求被告人及辩护人只能发表法律适用意见，不得涉及事实问题，理由是事实问题在质证环节已经解决，这样的做法显然是不合适的。本书第八章第一节已论及，质证环节可以辩论，因此必然涉及法律适用问题（主要是有关证据法的内容），辩护环节不仅会涉及法律适用问题，也会涉及事实认定问题，且二者至少是同等重要的，离开法律谈证据，将失去判断证据取舍的标准，离开事实（证据）谈法律，将失去论辩的根据，因此事实认定与法律适用共存，不能人为割裂。只不过质证环节主要解决事实认定问题，辩护环节主要解决法律适用问题，在质证环节开展周密全面的质证，在辩论环节引述质证意见的结论或重复关键质证意见，以之为开展辩论的论据或论述法律适用的小前提，是更为适宜的辩护方法。

### 十二、“团队计酬”式传销与非法经营的关系

以属于“团队计酬”式传销进行无罪辩护，在未被认定为传销犯罪的情况下，是否还有被认定为非法经营的可能？毕竟，“团队计酬”式传销也属于传销，广义上也属于违反国家规定的非法经营行为。讨论此问题的意义在于，明确罪与非罪的界限，解除辩护律师采用“团队计酬”式传销辩点时的后顾之忧。有论者认为，虽然诈骗型传销活动具有更为严重的法益侵害性，但不能据此认为原始型传销活动（“团队计酬”式传销）就不具有法益侵害性，换言之，不能因为诈骗型传销活动危害更大，就认为原始型传销活动不具有可罚性，更不能因为诈骗型传销活动危害更大，就认为原始型传销经营已经符合我国现阶段国情，因而不再属于禁止之列，在《刑法修正案（七）》公布之后，由于组织、领导原始型传销活动的行为并不具备《刑法》第 224 条之一所要求的“骗取财物”的要素，不能认定为组织、领导传销活动罪，又由于这种经营行为被

法律禁止,并且严重扰乱了经济秩序,依然应以非法经营罪论处。[①] 但是,对于此一问题,《办理传销案件适用法律的意见》第5条有明确规定,以销售商品为目的、以销售业绩为计酬依据的单纯的"团队计酬"式传销活动,不作为犯罪处理。既然是不作为犯罪处理,便意味着既不能作为传销犯罪处理,也不能作为非法经营罪处理。

进一步地,在以各种辩点理由实现传销犯罪的无罪辩护之后,司法机关是否会以非法经营罪追究行为人的责任?

在此需要谈到曾某某等非法经营案,广东省深圳市罗湖区人民检察院以非法经营罪向罗湖区人民法院起诉,罗湖区人民法院经公开审理查明,2009年6月始,被告人曾某某租赁深圳市罗湖区怡泰大厦A座3205房为临时经营场所,以亮碧思集团(香港)有限公司发展经销商的名义发展下线,以高额回馈为诱饵,向他人推广传销产品、宣讲传销奖金制度。同时,曾某某组织策划传销,诱骗他人加入,要求被发展人员缴纳入会费用,取得加入和发展其他人员加入的资格,并要求被发展人员发展其他人员加入,以下线的发展成员业绩为依据计算和给付报酬,牟取非法利益。罗湖区人民法院认为,被告人曾某某、黄某某、罗某某、莫某某从事非法经营活动,扰乱市场秩序,均构成非法经营罪,且属于共同犯罪,故以非法经营罪对各被告人定罪处罚。被告人提起上诉后,深圳市中级人民法院以事实不清、证据不足为由发回重审,重审一审判决仍然认定被告人曾某某等人构成非法经营罪。再次上诉以后,对于本案的法律适用问题,深圳市中级人民法院逐级层报请示,最高人民法院以〔2012〕刑他字第56号批复明确:"对组织、领导传销活动的行为,如未达到组织、领导传销活动罪的追诉标准,行为人不构成组织、领导传销活动罪,亦不宜再以非法经营罪追究刑事责任。"据此,深圳市中级人民法院认为,本案被告人曾某某等人组织、领导的传销活动人员不足30人,亦没有相应证据证明该传销体系的层级在3级以上,按照疑罪从无原则,依法改判被告人曾某某等人无罪。

曾某某等人开展的传销活动系以下线发展成员的业绩为依据计算和给付报酬,故属于"团队计酬"式传销,在《办理传销案件适用法律的意见》出台之前,"在司法实践中对于团队计酬的传销行为是否以非法经营罪论处,法律界限

① 参见张明楷:《传销犯罪的基本问题》,载《政治与法律》2009年第9期。

并不明确,而且我国刑法学界的通说认为应以非法经营罪论处。在这种情况下,检察机关对本案以非法经营罪提起公诉,就是十分正常的"①。在该案重审上诉过程中,最高人民法院所作出的〔2012〕刑他字第56号批复表明,未达到组织、领导传销活动罪的追诉标准的,不宜再以非法经营罪追究刑事责任,因此,可以得出的结论是:并非在不认定构成组织、领导传销活动罪的所有场合均不得再以非法经营罪追究行为人的责任,只有在属于"团队计酬"式传销,未达到组织、领导传销活动罪追诉标准两种情形下,才不能继续认定为非法经营罪。

## 第二节　混合经营型传销、ICO式虚拟货币传销的无罪辩护

### 一、混合经营型传销的无罪辩护

#### (一)混合经营型传销的概念

所谓混合经营型传销,是指实践中电商平台经营主体所惯常采用的一种经营模式,通过将其搭建的线上交易平台划分为两个独立的片区,其中一个区域经营合法的商品买卖,另一个区域经营涉传销活动的道具商品,从而将涉传销经营的实体部分嵌套混合于一个更大的电商平台之中,混合经营型网络传销既发展会员,也面向一般消费者。出现此类传销模式的原因有两点:一是传统无商品交易的传销更容易被识别和打击,混合经营型传销不仅存在商品交易,且部分商品交易合法有效,商品价值与价格完全匹配,可以有效回应传销模式中有无真实商品交易关系的质疑与拷问,一定程度上可以回避传销监管;二是商品销售企业借助传销的手段进行营销,发展会员、打造商品知名度,以推销合法经营部分的商品。无论是基于何种原因,当动用刑事手段对混合经营型传销予以规制时,认定犯罪的根据只能是事实与法律。

---

① 陈兴良:《组织、领导传销活动罪:性质与界限》,载《政法论坛》2016年第2期。

### (二)混合经营型传销刑事规制的困境

将混合经营型传销认定为传销行为并进而追究组织者、领导者的刑事责任,存在以下困境:

一是存在真实的商品交易,即混合经营型传销尽管存在道具商品销售,但也存在合法的商品买卖,故不是"以推销商品、提供服务等经营活动为名",而是有推销商品、提供服务等经营活动之实。

二是存在稳定的利润来源,合法商品交易会持续产生利润,而其又与传销活动混合存在于电商平台之中,倘若依靠合法商品区的盈利足以弥补涉传销商品区的亏损,并达到最终盈利,则表明该种商业模式可产生稳定利润,此举至少可以部分回应传销活动不属于合理商业模式、不产生稳定利润的质疑。

三是合法商品买卖与传销商品销售的购买者、购买数量及金额可能无法截然区分,传销会员可能也是合法商品买卖的买方,其既购买正常商品,也购买道具商品,这给刑事侦查带来现实难度。

四是经营企业存在合法经营资质,使混合经营型传销的认定处于模糊不定的状态,例如曾多次在央视推送广告的权健集团,通过官方宣传的加持,取得了大量消费者的信任,且其惯常强调自己拥有合法的直销牌照,故多年来司法机关并未对其立案侦查。

五是发展经济的现实考量,一些混合经营型传销凭借合法经营资质做大做强,带动就业的同时还积极为地方财政作贡献,侦查机关在没有十足把握的情况下不敢贸然启动调查程序,否则会面临干扰企业正常经营的质疑。

总之,混合经营型传销的刑事规制面临多方掣肘,侦查机关也面临两难,不打击可能会使传销组织做大做强,打击则可能导致并非传销的创新创业企业濒临倒闭破产。这种矛盾存在的根本原因在于,企业的经营模式往往是复杂的,而成文法所规定的犯罪具有抽象性,当抽象的构成要件不足以涵盖具体的要件事实时,或者说对要件事实的归纳存在多种可能性时,构成要件的符合性就存在疑问,面对此种情况,如果强行定罪,则有违罪刑法定的嫌疑,如果不予定罪,又感觉有失正义。

### （三）无罪辩护之道：抓住主要矛盾

本书秉持的一贯观点认为，组织、领导传销活动罪属于特殊的诈骗犯罪，面对混合经营型传销时，司法工作人员或被告人、辩护人不可避免地会对两种行为模式下的购买人数（参与人数）、涉案金额、利润等要素进行比较，也会不可避免地对道具商品的售价与其实在价值进行比较，毕竟，合法的商品买卖与违法的传销行为并存时，对于是否物超所值、是否构成诈骗的判断，只能建基于数量分析。诚如本书在本章第一节有关"团队计酬"式传销的认定部分所阐述的，抓住主要矛盾是解决定性难题时的可靠方法。

具体到混合经营型传销的无罪辩护，本书赞成集中考察涉案利润构成占比的主张，即比较该模式下合法商品买卖的利润与传销行为收入在扣除各项奖金、提成之后的余额，并计算其在整体利润中的占比，考察二者中谁的比重更大。主流代表基本趋势，决定发展方向。混合经营型传销的利润构成占比中，依靠缴纳门槛费而来的部分占比越高，商品便越容易沦为道具，商业经营性质也就面临着向有罪转化的法律风险，而若这一利润来源占比维持在一较低水平线以下，便只适于将该商业模式视为一种精于营销推广的合法类型。至于合法商品买卖的利润占总利润的比值应为多少，才能认定不构成传销犯罪，本书认为应在50%以上，这个比值越高，意味着该模式越合理，越能产生可靠利润以保证持续经营，被认定为合法经营模式的可能性越大，预示着被无罪化处理的可能性越大。①

## 二、ICO式虚拟货币传销的无罪辩护

有关虚拟货币传销的内容，本书第三章第二节已作过介绍，其中提及，有币式虚拟货币传销往往通过架设网站平台或交易所进行虚拟货币交易，因网站平台或交易所受人为控制，后台数据往往是虚假编造的，故属于虚拟货币网络传销的初级形式，此种模式下要实现无罪辩护殊为不易。而ICO式虚拟货币传销，无论是发行方式、交易场所及交易方式等均呈现不同特征，因此开展无罪辩

---

① 参见赵正武：《混合经营型网络传销的入罪识别》，载微信公众号"正武刑辩"2021年10月2日，https://mp.weixin.qq.com/s/oV_hMHPPd-5MOnNiuDYA3Q。

护的空间相对大一些。本章第一节讨论的无罪辩点内容均适用于ICO式虚拟货币传销的无罪辩护,接下来讨论的内容,则是专门针对该类传销行为的无罪辩护展开。

### (一)所发行虚拟货币有价值

#### 1. 基于真正的区块链技术

区块链技术是一种去中心化、公开透明、全体参与记账的互联网数据库技术,也可以称为分布式账本技术或者分布式数据库技术,以区块链技术发行虚拟货币,值得信赖的重要原因是区块链本身具有技术价值,且发币行为发生在公链之上,发行情况公开可查验。正规的ICO活动一般会撰写项目白皮书进行说明,并有技术方代表对ICO项目进行背书,有的ICO活动还配有第三方的技术认证,发行完全按照项目白皮书规定的内容进行,发行过程是公开的,项目白皮书及所发行虚拟货币可以进行查询和验证。而如果发行行为缺乏项目白皮书、源代码、技术说明、第三方认证环节,发行过程比较随意,缺乏查询和验证机制,则可能被认定为虚假发行。《关于防范以"虚拟货币""区块链"名义进行非法集资的风险提示》指出,"不法分子打着'金融创新''区块链'的旗号,通过发行所谓'虚拟货币''虚拟资产''数字资产'等方式吸收资金,侵害公众合法权益。此类活动并非真正基于区块链技术,而是炒作区块链概念行非法集资、传销、诈骗之实",由此可以看出,监管部门打击的是并非真正基于区块链技术而炒作区块链概念的犯罪行为,而如果发币行为是以真正区块链技术为支撑的,则不属于被打击对象。

例如,在廖某某诈骗案①中,一审法院浙江省瑞安市人民法院经审理查明,被告人廖某某与被害人张某1约定合伙做虚拟货币ETH买卖生意,按ETH的境内外价格差及汇率差赚取利润,廖某某为私自进行高杠杆交易虚拟货币获利,以朋友"刘总"想看虚拟币转移交易方式为由,让张某1提供其持有的火币App的账户密码以及手机验证码,之后廖某某登录张某1的火币App后将账户内的20.08颗ETH虚拟货币转移至其他虚拟货币交易平台内进行高杠杆交易导致全部亏损,造成张某1损失57,583.35元,该院以诈骗罪对廖某某定罪处

① 参见浙江省温州市中级人民法院刑事裁定书,(2020)浙03刑终178号。

罚。廖某某提出上诉,理由之一为原判认定的20余颗虚拟货币ETH因国家规定禁止流通,所以原判认定犯罪金额不当,而且使用目的是共同投资获利,没有非法占有目的,要求改判无罪,即使构成犯罪也是侵占类别的罪名。二审法院温州市中级人民法院经审理认为,虽然禁止ETH场内交易,但其价值依然存在,原判根据在火币网采集的犯罪日ETH最低价格,结合同日美元中行基准价认定20.08颗ETH价值的计算方法并无不当,相关辩护意见不予采纳。本书认为,该案二审裁定阐明了禁止虚拟货币交易与其有无价值的关系,即不能以禁止场内交易为由否定其价值,温州市中级人民法院不仅肯定了虚拟货币ETH具有价值,还采信了境外交易平台的价格用于计算ETH的价值金额,这在一定程度上体现了对以真正区块链技术为支撑的虚拟货币的认可。

2. 可与主流虚拟货币相互兑换

ICO发行后,往往会在公开的交易所上市交易,基于此,持币者可以随时卖出自己所持有的虚拟货币实现退出,卖出交易时一般以主流的虚拟货币如比特币、以太币、泰达币等为支付对价,持有者可以将支付对价自行兑换成现实合法货币,而买入虚拟货币时,按照此过程进行相反操作即可。由此过程可以看出,ICO所发行虚拟货币可以实现与主流虚拟货币、现实合法货币之间的自由兑换。

3. 有应用场景

以数字货币为核心的金融行业应用已广泛铺开,区块链技术在资本市场的应用也早已被关注,美国证券交易所已经批准在区块链上进行公司股票交易,纳斯达克已经推出基于区块链技术的股票记录交易与发行,美国商品期货交易委员会也已将比特币作为大宗商品来进行监管。2017年9月29日,国际货币基金组织也表示将考虑把数字货币放在篮子里。维萨(Visa)则联合比特币公司(Coinbase)推出了首张比特币借记卡,花旗银行在区块链上测试运行加密货币“花旗币”。[①] 若ICO白皮书规划了虚拟货币的未来应用场景,例如可用于质押借贷、支付等,则可以进一步考察应用场景的合法性、实现可能性及着手情况,如果合法可实现,即便尚未着手实施,也可以辅助说明虚拟货币的存在价值。

① 参见杜冰:《区块链技术应用破冰》,载《金融时报》2017年1月11日,第3版。

4. 有收藏价值

若虚拟货币是按照项目白皮书规定限量发行，并按规定产生新的虚拟货币，则表明该虚拟货币并非任意发行，发行数量及发行过程不受人为控制，因而具备稀缺性，具有收藏价值。在一些 ICO 项目中，项目白皮书还规定持币者可以通过燃烧一定数量的虚拟货币来提高自身的级别，以达到减少流通量促使交易价格提升的目的，这也是虚拟货币稀缺的体现。

5. 有共识价值

虚拟货币的价值支撑是基于不特定参与者对区块链网络产生的共识，而非基于传统的中心化的信用机制，亦非以黄金等贵金属或其他资产为发行储备。虽然虚拟货币从创制之初即对法定货币的模拟，但不同于法定货币、法定数字货币是基于国家信用背书的，虚拟货币完全依赖于区块链网络所产生的共识。[①] 在 ICO 项目中，也许不能认定所有交易者都认可虚拟货币的价值，但在一定人群范围内，对虚拟货币有价值存在共识，这种共识会在一定程度上消减认定交易者被骗的确定性。

### （二）交易价格稳定、自主

ICO 所发行虚拟货币多在境外公开的交易所上市交易，而非在发行人自行搭设的内部交易平台上交易，因此交易行为具有一定的公开性，辩护律师可以考察虚拟货币的交易量及交易价格是否稳定，越稳定（不意味着恒定不变），越是稳中有升，表明虚拟货币的市场接受度越高。交易价格是否自主形成也是公诉机关判断是否为传销行为的标准之一，此一标准的考察，需要考虑两个因素：

一是发行人是否参与买卖交易行为，其是否拥有区别于一般持有者的优势，若发行人也在交易平台操作买卖交易，且未利用作为发行人的某些优势，只是根据自己对于涨跌的判断开展交易，则表明发行人也只是交易博弈的一方，未对交易量及价格的形成施加人为影响。

二是发行人是否聘请员工或第三方进行交易管理，一些 ICO 发行人为了达到增加交易量及稳定、提高交易价格的目的，会聘请员工或第三方进行频繁交易，制造交易假象，并在交易价格较低时买入，在价高时卖出，以此赚取差价，这

① 参见李燕、常烨：《虚拟货币的法律属性争议与思考》，载《内蒙古社会科学》2021 年第 6 期。

样的操作无疑影响了虚拟货币交易量及交易价格形成的自主性，但也需要结合具体案情量化考察此一行为的影响大小。

（三）返利不源于入门费

传销犯罪的基本特征之一在于骗取财物，此处的财物是指传销参与者直接缴纳的费用或者以购买商品、服务等方式缴纳的费用等，即入门费，如果上线直接或者间接以发展人员的数量为计酬或者返利依据，返利源于入门费，属于传销行为[①]，而如果上线的计酬或者返利依据为所质押虚拟货币的数量，返利源于按照项目白皮书按时产生的虚拟货币，则不属于传销行为。以此，辩护律师应当考察 ICO 式虚拟货币传销活动中的计酬返利依据及返利来源，实务中，无论是动态收益还是矿池收益，其计量既可能与下线的人数有关，也可能与下线的挖矿收益有关，因此需要测算以哪个因素为主并寻找实际数据作为支撑。

（四）售卖虚拟货币占收益的比例

此处所谓售卖虚拟货币，仅指发行人售卖虚拟货币给初始参与者的行为，即收取入门费的行为，实务中发行人所获得的收益可能源于两部分：一是售卖虚拟货币的入门费，二是在交易平台从事“二级交易”即低买高卖赚取的差价，在此情况下，在初始发行阶段，参与者只能向发行人购买虚拟货币，而在上市交易之后，后续参与者首次购买虚拟货币参与交易时，其交易对手是交易所中进行卖出操作者，是不特定对象，即这部分入门费可能并没有向发行人缴纳。因此，本书认为，应当测算行为人售卖虚拟货币（收取入门费）占总收益的比例，若收取入门费少而低买高卖赚取的差价多，此种情况下，因后者是在公开市场进行的操作，不应计为骗取的财物，故构成对涉案行为是否属于传销犯罪进行判断的影响因素。

① 尽管《刑法》第 224 条之一未明确规定行为人所骗取的财物来源于入门费，但通过考察本条的行文逻辑可以得出结论，即既然传销参加者需要缴纳入门费，并引诱、胁迫参加者继续发展他人参加，以收取更多的入门费，则计酬或返利的来源当然来源于入门费。同时，《办理传销案件适用法律的意见》第 3 条规定：“传销活动的组织者、领导者采取编造、歪曲国家政策，虚构、夸大经营、投资、服务项目及盈利前景，掩饰计酬、返利真实来源或者其他欺诈手段，实施刑法第二百二十四条之一规定的行为，从参与传销活动人员缴纳的费用或者购买商品、服务的费用中非法获利的，应当认定为骗取财物……”该司法解释亦强调骗取财物的来源为参与传销活动人员缴纳的费用或者购买商品、服务的费用。

### （五）未以经营活动为名而有经营活动之实

《刑法》第 224 条之一对传销犯罪的规定是："组织、领导以推销商品、提供服务等经营活动为名，要求……扰乱经济社会秩序的传销活动的，处……"可以看出，成立本罪要求传销活动"以推销商品、提供服务等经营活动为名"，如此规定是由传销犯罪属于诈骗犯罪的性质决定的，"以……为名"目的在于使受害人陷入认识错误，进而处分财物。首先，如果涉案虚拟货币确实是以区块链技术为支撑，有具体的应用场景，且在公开交易平台进行交易，则不失为有经营活动之实，而不能认定为以经营活动为名骗取财物。其次，本书不赞同这样一种辩护思路，即认为发行虚拟货币的行为既不属于销售商品或提供服务，也不属于经营活动，既然根本不存在任何经营活动，也就不存在以何经营活动为名的问题，也就不满足传销犯罪法条规定的"以……为名"的条件，故无罪，这样的辩护无异于诡辩。

### （六）未骗取财物

本来，是否骗取财物应当结合客观证据和受害人的陈述进行综合判断，但《办理传销案件适用法律的意见》第 3 条规定，参与传销活动人员是否认为被骗，不影响骗取财物的认定，既然如此，则只能在参与传销活动人员的陈述之外，另寻考察根据。是否骗取财物这一问题的回答，与前述 5 点均密切相关，在此之外，下列因素亦应列入考察范围。

1. 虚拟货币是否交付

既然虚拟货币有价值，就应当交付给买方，ICO 所发行的虚拟货币可以存放于开设的钱包之中，当购买者支付对价之后，可以将买入的虚拟货币存放于自己的钱包之中，在他人不掌握钱包地址和密码的情况下，无法转移钱包内的虚拟货币，在这个意义上，发行人已完成所售虚拟货币的交付义务，购买者也占有和控制了虚拟货币。

2. 虚拟货币以何种货币交易

ICO 所发行的虚拟货币，是以主流的虚拟货币如比特币、以太币、泰达币等为支付对价的，而并非以人民币（包括数字人民币）为支付对价，购买者的现实合法货币事实上支付给了主流虚拟货币的持有者，如此一来，如果司法机关不认可虚拟货币的合法性与价值，则理所应当的结论是，入门费落入了主流虚拟货币持有者手中，而非传销犯罪嫌疑人手中。

此外，《刑法》第 64 条规定："……违禁品和供犯罪所用的本人财物，应当予以没收……"侦查机关在侦查程序中往往将查扣的涉案虚拟货币，无论是主流虚拟货币，还是传销行为人发行的虚拟货币，在该虚拟货币上市交易的场所卖出变现为人民币，并作为涉案资金予以查扣，此行为亦面临着司法机关到底是否认可虚拟货币的合法性与价值之拷问，也衍生出变现涉案虚拟货币这一行为合法性的追问，更衍生出对司法公正性的质疑与拷问。

3. 虚拟货币购买者的身份、动机与目的

本书认为，不能将高价买入低价卖出或尚未实现卖出即案发的情形直接与被骗等同，因为此种情况下所谓的"投资失败"可能在交易者的认识和预料之内。ICO 式虚拟货币传销案中，虚拟货币购买者一般可以分为两类：一是对区块链技术和虚拟货币缺乏了解和认识的普通交易者，二是对区块链技术和虚拟货币存在深入了解和认识且长期从事虚拟货币研究和投资的所谓币圈人士。不同身份的购买者，其参与虚拟货币交易的动机、目的是不同的。对于普通交易者而言，其极有可能是基于传销组织对虚拟货币的介绍与宣传（这种介绍与宣传可能含有虚假成分）的信任，希望通过购买和质押"挖矿"获取更多的虚拟货币，目的是通过长期持有实现投资前景，最终获利；对于币圈人士而言，其完全了解虚拟货币的价值与交易风险，通常具有投机目的，一般不长期持有虚拟货币，其交易目的是通过购买新发虚拟货币（所谓打新）并在高点抛出以赚取差价。本书认为，交易者对于虚拟货币的了解认识程度的不同会影响其交易动机与目的，普通交易者也许可以被认定为被骗，但币圈人士能否认定为被骗，存在较大的商榷空间，币圈人士参与交易的目的在于赚取短期利差，即便其最终赔钱，也改变不了其主观上的博弈、投机心态，尚难认定被骗。

4. 案发时虚拟货币价格是否较高

若案发时虚拟货币在交易场所的交易价格较高（相较于买入价格而言），且呈现稳步增长的趋势，在侦查机关介入后交易价格迅速回落或交易量为零，则表明该虚拟货币交易具有商业上的合理性，在开展常规交易时不至于使交易者遭受损失。

### (七)虚拟货币不具备法定货币属性与传销犯罪的关系

2013 年 12 月,中国人民银行、工业和信息化部、原中国银行业监督管理委员会、中国证券监督管理委员会、原中国保险监督管理委员会发布银发〔2013〕289 号《关于防范比特币风险的通知》指出,“虽然比特币被称为‘货币’,但由于其不是由货币当局发行,不具有法偿性与强制性等货币属性,并不是真正意义的货币。从性质上看,比特币应当是一种特定的虚拟商品,不具有与货币等同的法律地位,不能且不应作为货币在市场上流通使用”。由该规定可知,监管部门不认可比特币的货币属性,但认为比特币属于虚拟商品,只是不能作为货币流通。中国人民银行等部门于 2017 年 9 月发布的《关于防范代币发行融资风险的公告》在强调代币发行融资中使用的代币或虚拟货币不具有法定货币地位的同时,认为代币发行融资是一种未经批准非法公开融资的行为,涉嫌非法发售代币票券、非法发行证券以及非法集资、金融诈骗、传销等违法犯罪活动。中国人民银行等部门于 2018 年 8 月发布的《关于防范以“虚拟货币”“区块链”名义进行非法集资的风险提示》针对的是并非真正基于区块链技术的非法集资行为。

由上述监管政策可知,监管部门只是强调虚拟货币不具有法定货币地位,但并未否定虚拟货币的价值,未对其进行否定评价,反而认为以比特币为代表的虚拟货币是一种特定的虚拟商品,非真正基于区块链技术的虚拟货币集资行为才属于被打击的对象。尽管代币发行融资可能涉嫌违法犯罪,但上述监管政策的法律位阶不足,所以并不能作为认定违法犯罪的判断根据。

最高人民法院、最高人民检察院、中国人民银行等于 2021 年 9 月发布的银发〔2021〕237 号《关于进一步防范和处置虚拟货币交易炒作风险的通知》并不属于司法解释,而是司法机关与其他部委联合制定的部门规范性文件,就监管态度而言,该文件也只是明确了以下问题:

一是重申虚拟货币不具有与法定货币等同的法律地位。

二是明确虚拟货币相关业务活动属于非法金融活动,相关业务活动是指“开展法定货币与虚拟货币兑换业务、虚拟货币之间的兑换业务、作为中央对手方买卖虚拟货币、为虚拟货币交易提供信息中介和定价服务、代币发行融资以及虚拟货币衍生品交易等虚拟货币相关业务活动涉嫌非法发售代币票券、擅自公开发行证券、非法经营期货业务、非法集资等非法金融活动”。

三是明确境外虚拟货币交易所通过互联网向我国境内居民提供服务同样属于非法金融活动。

综上所述,本书认为,我国对于虚拟货币不具备法定货币地位的监管态度是明确的,虚拟货币不得作为货币流通,但我国目前并未否定虚拟货币的虚拟商品属性,尽管代币发行融资等属于非法金融活动,但也面临着监管政策法律位阶不高的问题,这本身也体现了我国对于虚拟货币采取审慎监管的态度。结论是,虚拟货币不具备法定货币属性与是否构成传销犯罪没有必然联系,同样,传销活动中存在 ICO 代币发行融资行为也并不表明一定构成传销犯罪。

最后值得指出的是,如果不认可虚拟货币的商品属性,对虚拟货币予以法律上的否定评价,则对于 ICO 代币发行融资行为,如未涉及期货及衍生品等交易的,不能以非法经营罪定罪处罚,原因在于,不存在合法的虚拟货币交易及其秩序,则无所谓非法经营的问题。

## 第三节　认罪认罚传销犯罪案件的无罪辩护

全国人大常委会于 2016 年 9 月授权最高人民法院、最高人民检察院在全国部分地区开展认罪认罚从宽制度试点工作,试点总结经验后,全国人大常委会于 2018 年 10 月 26 日对《刑事诉讼法》作出修正,这预示着认罪认罚从宽制度全面铺开施行,最高人民法院、最高人民检察院、公安部、国家安全部、司法部于 2019 年 10 月发布《认罪认罚指导意见》,对认罪认罚从宽制度的实施提出具体指导意见。应当说,适用认罪认罚从宽制度,对准确及时惩罚犯罪、强化人权司法保障、推动刑事案件繁简分流、节约司法资源、化解社会矛盾、推动国家治理体系和治理能力现代化,具有重要意义,但也应看到,随着该制度的实施,暴露出许多问题,实务中围绕被告人权利保障、认罪认罚真实性、合法性的认定及量刑过程中听取意见不到位和控辩量刑协商不足等问题,争议较大,而这些争议都是针对被告人的准确定罪量刑这一议题展开的,由此也衍生出辩护人能否对认罪认罚案件作无罪辩护的问题。

## 一、辩护人能否作无罪辩护

本书认为，辩护人对被告人认罪认罚的传销犯罪案件，可以作无罪辩护，其根据在于：

第一，《刑事诉讼法》第 37 条规定，“辩护人的责任是根据事实和法律，提出犯罪嫌疑人、被告人无罪、罪轻或者减轻、免除其刑事责任的材料和意见，维护犯罪嫌疑人、被告人的诉讼权利和其他合法权益”。《律师法》第 31 条规定，“律师担任辩护人的，应当根据事实和法律，提出犯罪嫌疑人、被告人无罪、罪轻或者减轻、免除其刑事责任的材料和意见，维护犯罪嫌疑人、被告人的诉讼权利和其他合法权益”。由此，既然辩护人的职责是根据事实和法律提出辩护意见，在法律未禁止辩护律师对认罪认罚案件作无罪辩护的情况下，辩护人当然有权提出无罪辩护意见，因为作为提出辩护意见的“事实和法律”并非由司法机关来定义的，而是由辩护律师自行作出判断，如果否认了辩护律师的自主判断，辩护制度就不再具有意义。

第二，《认罪认罚指导意见》第 3 条规定，“坚持证据裁判原则。办理认罪认罚案件，应当以事实为根据，以法律为准绳，严格按照证据裁判要求，全面收集、固定、审查和认定证据。坚持法定证明标准，侦查终结、提起公诉、作出有罪裁判应当做到犯罪事实清楚，证据确实、充分，防止因犯罪嫌疑人、被告人认罪而降低证据要求和证明标准。对犯罪嫌疑人、被告人认罪认罚，但证据不足，不能认定其有罪的，依法作出撤销案件、不起诉决定或者宣告无罪”。依照该规定，认罪认罚案件仍然要坚持证据裁判原则，且不能因犯罪嫌疑人、被告人认罪而降低证据要求和证明标准，故此，辩护律师对于认罪认罚案件，仍应当对证据进行审查，考察是否达到证明标准，若证据不足，则应当提出无罪辩护意见。

第三，《刑事诉讼法》第 190 条规定，被告人认罪认罚的，审判长应当审查认罪认罚的自愿性和认罪认罚具结书内容的真实性、合法性；第 201 条规定，出现被告人的行为不构成犯罪或者不应当追究其刑事责任、被告人违背意愿认罪认罚、被告人否认指控的犯罪事实及起诉指控的罪名与审理认定的罪名不一致等情形的，人民法院依法作出判决时，不应采纳人民检察院指控的罪名和量刑建议。这表明，在被告人认罪认罚的情况下，也存在不构成犯罪的情形，也存在判决无罪的可能，因此辩护律师的无罪辩护有其存在的合理性。

第四，最高人民检察院制定的《人民检察院办理认罪认罚案件开展量刑建议工作的指导意见》第35条规定，“被告人认罪认罚而庭审中辩护人作无罪辩护的，人民检察院应当核实被告人认罪认罚的真实性、自愿性。被告人仍然认罪认罚的，可以继续适用认罪认罚从宽制度，被告人反悔不再认罪认罚的，按照本意见第三十四条的规定处理”。该规定从侧面反映出，检察机关并不禁止辩护律师对认罪认罚案件作无罪辩护，反而对该情形下如何处理作出具体规定。

第五，中华全国律师协会制定的律发通〔2017〕51号《律师办理刑事案件规范》第185条第1款规定，“犯罪嫌疑人、被告人自愿认罪，同意适用刑事速裁程序，且辩护律师经全面审查后也同意适用刑事速裁程序时，辩护律师则不再做无罪辩护”。该规定表明，辩护律师在犯罪嫌疑人、被告人非自愿认罪，或不同意适用刑事速裁程序时，也可以作无罪辩护。

总之，从上述规定可以看出，认罪认罚的主体是犯罪嫌疑人、被告人，认罪认罚是其权利，尽管其认罪认罚会对辩护工作产生制约，但即便其认罪认罚是自愿的，辩护律师也可以基于自己对于“事实和法律”的理解提出无罪辩护意见。

## 二、何种情形下作无罪辩护

依照相关法律及司法解释的规定，犯罪嫌疑人、被告人认罪认罚的传销犯罪案件存在下列情形时，辩护律师可以作无罪辩护。

第一，犯罪嫌疑人、被告人非自愿认罪认罚。自愿是认罪认罚制度的基石，无论基于何种原因，如犯罪嫌疑人、被告人受到胁迫、威胁或欺骗等，违背自身意愿认罪认罚的，因其可能不构成犯罪，故辩护律师可以作无罪辩护。

第二，犯罪嫌疑人、被告人虽自愿认罪认罚，但是基于认识错误而作出的。例如，行为人以为自己在传销组织中虽未担任任何职务，但获利较多，因此属于组织者、领导者，故选择认罪认罚，而实际上，司法解释关于组织者、领导者的认定并不以获利的多少为判断依据；又如，行为人以为自己所参加的传销组织人数较多，已满足追诉条件，故选择认罪认罚，而事实上，经质证审查，该传销组织未达到3层30人的追诉条件。在此情况下，因犯罪嫌疑人、被告人极有可能不构成组织、领导传销活动罪，故辩护律师应当为其提出无罪的辩护意见。

第三，犯罪嫌疑人、被告人虽自愿认罪认罚，但属于权衡利弊之后的结果，并非真诚认罪悔罪。例如，在某些传销犯罪案件中，公诉人暗示犯罪嫌疑人认罪认罚后可以取保候审,犯罪嫌疑人因不堪忍受看守所的生活,认为即便认罪也判不了多久,能及时出去最重要,因此选择认罪认罚。此种情况违背了认罪认罚制度的初衷,且行为人有可能是不构成犯罪的,因此辩护律师可以作无罪辩护。

第四,认定行为人构成犯罪的事实不清,证据不足,不能对其定罪处罚,应当宣告其无罪。例如,辩护律师经审查发现,作为传销犯罪重要定案根据的电子数据来源不明,存在人为删减等情况,导致电子数据及据此作出的鉴定意见不能作为定案根据,传销组织的参与人数、层级、资金出入、转移等情况无法查清,指控传销犯罪的证据不足,则可以作无罪辩护。

第五,依法不应当追究行为人刑事责任的,如行为人未达到刑事责任年龄,或对参加传销组织欠缺故意,等等。

### 三、如何开展无罪辩护

辩护律师作无罪辩护时,应当根据具体案情寻找辩点,并根据辩点展开辩护工作。在被告人是基于公诉人的威胁而认罪认罚的情况下(如向被告人提出不认罪就建议法院判处 10 年以上有期徒刑,被告人于是被迫签署认罪认罚具结书),若在案证据显示其的确不属于组织者、领导者,或依法不应当追究刑事责任,则辩护律师一方面需要向被告人介绍、解释具体案情情况及法律规定,由其自行决定是否不再认罪认罚,其决定不再认罪认罚的,辩护律师应当及时告知公诉机关和法庭,并建议将简易程序转为普通程序;另一方面辩护律师需要紧扣无罪辩点展开举证、质证和辩论,必要时还应当向法庭提交证实被告人非自愿认罪认罚的相关证据材料。

最后需要指出的是,即便是对传销犯罪案件选择罪轻辩护,也不意味着被告人及辩护律师要对所有的指控和证据"照单全收",不持异议。一方面,依照《认罪认罚指导意见》第 6 条的规定,行为人"承认指控的主要犯罪事实,仅对个别事实情节提出异议,或者虽然对行为性质提出辩解但表示接受司法机关认定意见的,不影响'认罪'的认定";另一方面,辩护律师应当本着不降低证据要求和证明标准的工作要求全面审查证据。面对有争议的证据,即便是在简易程序中,辩护律师也可以据实提出。

CHAPTER 11

# 第十一章

# 传销犯罪的罪轻辩护

## 第一节 罪轻辩护的理念

所谓罪轻辩护，是指辩护律师针对犯罪嫌疑人、被告人所涉嫌的犯罪，根据事实和法律向办案机关提出罪轻、减轻或免除其刑事责任的材料和意见，以维护犯罪嫌疑人、被告人合法权益的辩护方式。罪轻辩护与无罪辩护相对应，其假设前提是犯罪嫌疑人、被告人构成犯罪，在此基础上提出犯罪嫌疑人、被告人存在从宽处罚的情节，以求得从轻处罚、不处罚，也包括酌减罚金、宣告缓刑等。

### 一、罪轻辩护理念的再强调

刑事诉讼制度既要打击犯罪，也要维护人权，而贯穿其中的主线应当是在打击犯罪中维护被害人、犯罪嫌疑人、被告人及不特定对象的合法权益，即刑事诉讼是以追究行为人刑事责任为依规的。因此，随着司法工作人员法律素养和业务素质的提高，经过侦查、批准逮捕、审查起诉等环节的审核把控，排除个案之外，一个到达审判阶段的刑事案件最终被作出有罪处理才是合乎规律的，相反，刑事审判阶段出现大量无罪判决才是反常的，即“有罪是常态，无罪是例外”应当是刑事司法运行的规律。近年来，司法机关集中纠正了过去多年产生的一些冤假错案，这些案件通过媒体反复报道和引述被人们熟知,从而给人造成了一种司法机关错判较多、冤枉刑事案件被告人较多的印象,本书认为,刑事诉讼机制运行过程中会有一定量的冤假错案发生,这一事实及冤假错案被纠正的事实均不会改变"有罪是常态,无罪是例外"这一规律。

在此基础上,随着刑事司法改革的推进,司法工作人员与包括律师在内的法律从业人员共享一套知识体系,法律人基于不同的立场,观点与意见可以不同,但面对具体案件时,作为判断大前提的法律标准大致是明确的,作为判断小前提的案件事实大致是清晰的,因而,基于实事求是的态度,对案件的判断结论应当大致是相同的或差异不大的,故不宜过分夸大控、辩、审三方基于不同立场而产生的对案件定性及处罚的认识差异。

如果承认有罪是常态,在辩护律师与司法工作人员对案件判断差异不大的情况下(如果确有较大差异,无论这种差异有事实依据,还是偏离事实作出的判断,则可能需要更多地选择无罪辩护),罪轻辩护也应当成为常态,故此罪轻辩护的理念值得再强调,那些言必称无罪辩护的辩护方法和思路背离了刑事司法运行的规律,无助于最大化地维护当事人的合法权益。

## 二、"骑墙式辩护"的取舍

在刑事辩护实务中,存在是否允许"骑墙式辩护"的争论。所谓"骑墙式辩护",即一方面认为行为人不构成犯罪,作无罪辩护,另一方面指出,若行为人构成犯罪,则应当基于案件事实与法律规定对其作出从宽处罚。本书认为,基于刑事诉讼的基本原理,辩护律师可以作"骑墙式辩护",这是因为,在刑事诉讼中,公诉机关针对涉案行为需要进行定性而后以确定的罪名进行起诉,且需要提供确实、充分的证据证明犯罪成立,辩护律师的主要职责是提出犯罪嫌疑人、被告人无罪、罪轻或者减轻、免除其刑事责任的材料和意见,行为人是否构成犯罪及如何处罚由法院进行裁判,裁判的结果既可能是指控成立,行为人有罪,也可能是指控不成立,行为人构成其他犯罪或无罪,正是基于被告人所处的抗辩地位及最终裁判结果的不确定性,辩护律师有权在作无罪辩护的同时,指出行为人存在从宽处罚的情节与理由,供法院裁判时参考。实务中,法院对此种辩护方式一般也不会反对。

本书认为,从辩护效果上看,"骑墙式辩护"尽管会在一定程度上消减辩护律师所提无罪辩护意见的确定性与辩护说服力度，但在特殊情况下也不失为一种维护当事人合法权益的权宜选择。

### 三、独立辩护的慎重选择

所谓独立辩护，是指辩护律师在不考虑犯罪嫌疑人、被告人的辩护意见的情况下，独立开展辩护工作，实务中主要体现为两种情形，一是在犯罪嫌疑人、被告人不认罪的情况下，辩护律师为其作罪轻辩护；二是在犯罪嫌疑人、被告人认罪的情况下，辩护律师为其作无罪辩护。有关独立辩护的问题存在较多争议，第二种情形在第十章第三节认罪认罚传销犯罪案件的无罪辩护中已有涉及，此处只针对第一种情形进行讨论。

本书认为，虽然辩护律师确定辩护意见的依据在于案件事实与法律规定，即不仅仅取决于犯罪嫌疑人、被告人态度，在这个意义上，辩护律师具有独立辩护的权利，但在犯罪嫌疑人、被告人不认罪的情况下，辩护律师确实不宜只作罪轻辩护，主要是因为，既然是否有罪是由法院最终作出裁判的，则在理论上一定存在无罪的可能，如果承认不存在确定无疑的犯罪，则在任何犯罪中均存在无罪的空间，而辩护律师并非缺乏协调此种矛盾局面的方法，若选择“骑墙式辩护”，则可以较好地维护当事人的合法权益。当事人拒不认罪情况下选择独立罪轻辩护，应当极为慎重，稍有不慎，就会面临法律职业伦理的质疑，在法院判决被告人无罪的反转情况下，会对辩护律师、律师职业群体的专业性与声誉产生极坏的影响。

## 第二节　传销犯罪案件的罪轻辩护

最高人民法院、最高人民检察院于 2021 年 6 月 16 日发布法发〔2021〕21 号《关于常见犯罪的量刑指导意见（试行）》（以下简称《量刑指导意见》），对量刑的指导原则、量刑的基本方法、常见量刑情节的适用、常见犯罪的量刑等作了原则性规定。根据该意见，各高级人民法院、省级人民检察院要在 2021 年 6 月底前，共同研究完成实施细则制定工作，经检索，截至 2022 年 9 月只有四川省高级人民法院、四川省人民检察院在《量刑指导意见》基础上制定并对外发布了实施细则，即川高法〔2022〕178 号《〈关于常见犯罪量刑指导意见（试行）〉实施细则（试行）》（以下简称《量刑实施细则》），故本书将主要引用以上两个司法文件进行有关量刑问题的讨论。

依据法律及相关司法解释等的规定，对于传销犯罪案件，可以从下列角度出发开展罪轻辩护。

## 一、具有从犯情节

### （一）法律规定

《刑法》第 27 条规定，“在共同犯罪中起次要或者辅助作用的，是从犯。对于从犯，应当从轻、减轻处罚或者免除处罚”。

据此，对于传销犯罪而言，尽管其规制的对象为传销活动的组织者、领导者，但组织者、领导者不都是主犯，只要其在传销犯罪中起次要或者辅助作用，就都可以认定为从犯，并获得从宽处罚。

### （二）从宽幅度

《量刑指导意见》规定，“对于从犯，综合考虑其在共同犯罪中的地位、作用等情况，应当予以从宽处罚，减少基准刑的 20%—50%；犯罪较轻的，减少基准刑的 50% 以上或者依法免除处罚”。《量刑实施细则》第 4.6.2 条规定，“对于未区分主从犯的，根据不同被告人在共同犯罪中的具体地位和作用，对罪责相对较轻的被告人适当予以从宽处罚，可以减少基准刑的 30% 以下”。第 4.6.3 条规定，“对于共同犯罪中罪责相对较轻的主犯，可以减少基准刑的 20% 以下”。据此，辩护律师可以根据行为人在传销犯罪中的地位、作用等情况，向办案机关提出认定从犯的辩护意见和具体的量刑建议。需要指出的是，依照《量刑实施细则》的规定，即便是未明确区分主从犯的[①]，或对于多个主犯而言，也应

① 最高人民法院《关于审理单位犯罪案件对其直接负责的主管人员和其他直接责任人员是否区分主犯、从犯问题的批复》规定，“在审理单位故意犯罪案件时，对其直接负责的主管人员和其他直接责任人员，可不区分主犯、从犯，按照其在单位犯罪中所起的作用判处刑罚”。在传销犯罪中，也存在单位犯罪的情况，因此也可能会出现对行为人未区分主犯、从犯的情形。

当根据其罪责轻重，对罪责较轻的予以从宽处罚。

## 二、具有自首情节

### （一）法律规定

《刑法》第67条第1、2款规定，“犯罪以后自动投案，如实供述自己的罪行的，是自首。对于自首的犯罪分子，可以从轻或者减轻处罚。其中，犯罪较轻的，可以免除处罚。被采取强制措施的犯罪嫌疑人、被告人和正在服刑的罪犯，如实供述司法机关还未掌握的本人其他罪行的，以自首论”。据此，对于传销犯罪而言，传销活动的组织者、领导者构成自首的，无论是一般自首还是特殊自首，均有可能获得从宽处罚。

### （二）自首后未如实供述的处理

值得讨论的是，实务中常会遇到行为人自首后不认可或未供述有关案件事实及对行为性质提出辩解的情况，对此是否应认定为自首，存在疑问。对于不认可或未供述有关案件事实的问题，需要考察有关案件事实是否为主要犯罪事实，这是因为，依照最高人民法院法释〔1998〕8号《关于处理自首和立功具体应用法律若干问题的解释》（以下简称《自首和立功若干问题的解释》）及法发〔2010〕60号《关于处理自首和立功若干具体问题的意见》等的规定，如实供述自己的罪行，是指如实交代自己的主要犯罪事实，故否认或未供述自己主要犯罪事实的，不成立自首；若不认可或未供述的有关案件事实不属于主要犯罪事实，则无论其该事实是否存在，均不影响认定自首。而针对行为人对行为性质提出辩解的情况，最高人民法院法释〔2004〕2号《关于被告人对行为性质的辩解是否影响自首成立问题的批复》已有明确意见，即“犯罪以后自动投案，如实供述自己的罪行的，是自首。被告人对行为性质的辩解不影响自首的成立”。

### （三）从宽幅度

《量刑指导意见》规定，“对于自首情节，综合考虑自首的动机、时间、方式、罪行轻重、如实供述罪行的程度以及悔罪表现等情况，可以减少基准刑的40%以下；犯罪较轻的，可以减少基准刑的40%以上或者依法免除处罚。恶意利用自首规避法律制裁等不足以从宽处罚的除外”。《量刑实施细则》第4.7条综合考虑自首的动机、时间、方式、罪行轻重、如实供述罪行的程度以及悔罪表现等情况,规定了具体从宽的幅度。[①] 辩护律师可以根据具体案情向办案机关提出认定自首的辩护意见及具体的量刑建议。

## 三、具有坦白情节

### (一)法律规定

《刑法》第27条第3款规定,“犯罪嫌疑人虽不具有前两款规定的自首情节,但是如实供述自己罪行的,可以从轻处罚;因其如实供述自己罪行,避免特别严重后果发生的,可以减轻处罚”。该款是关于坦白的规定,传销犯罪的组织者、领导者构成坦白的,可以从轻或减轻处罚。

### (二)从宽幅度

《量刑指导意见》规定,“对于坦白情节,综合考虑如实供述罪行的阶段、程度、罪行轻重以及悔罪表现等情况,确定从宽的幅度。1.如实供述自己罪行的,可以减少基准刑的20%以下;2.如实供述司法机关尚未掌握的同种较重罪行的,可以减少基准刑的10%—30%;3.因如实供述自己罪行,避免特别严重后果发生的,可以减少基准刑的30%—50%”。《量刑实施细则》第4.8条在此基础

---

① 《量刑实施细则》第4.7条规定,对于自首情节,综合考虑自首的动机、时间、方式、罪行轻重、如实供述罪行的程度以及悔罪表现等情况,确定从宽的幅度。恶意利用自首规避法律制裁等不足以从宽处理的除外。(1)犯罪事实和行为人未被办案机关发觉,行为人主动投案自首的,可以减少基准刑的40%以下,一般不应超过4年。(2)犯罪事实或行为人虽被办案机关发觉,但行为人尚未受到调查谈话、讯问,或未被宣布采取调查措施或者强制措施情况下的自首,可以减少基准刑的30%以下,一般不应超过3年。(3)强制戒毒期间主动交代自己的罪行构成自首的,或被采取强制措施的犯罪嫌疑人、被告人如实供述办案机关尚未掌握的不同种罪行,以自首论的,可以减少基准刑的30%以下,一般不应超过3年。(4)并非出于主动,而是经亲友规劝、陪同投案,或亲友送去投案等情形构成自首的,可以减少基准刑的40%以下,一般不应超过4年。(5)罪行尚未被办案机关发觉,仅因形迹可疑被有关组织或办案机关盘问、教育后,主动交代自己的罪行构成自首的,可以减少基准刑的30%以下,一般不应超过3年。(6)犯罪事实和行为人均已被办案机关发觉,行为人主动投案自首,可以减少基准刑的20%以下。部分犯罪事实和行为人已被办案机关发觉,行为人主动投案自首,可以减少基准刑的30%以下。(7)归案后脱逃再投案、抗拒抓捕后再投案、一审判决前又能如实供述,可以减少基准刑的20%以下。(8)犯罪较轻(指法定刑幅度在有期徒刑3年以下的犯罪)的自首,可以减少基准刑的40%以上或者依法免除处罚。(9)其他类型的自首,可以减少基准刑的20%以下,一般不应超过2年。

上，规定了具体从宽的幅度。① 依据该规定，揭发同案犯共同犯罪事实的，以及办案机关掌握的证据不充分，犯罪分子如实交代有助于收集定案证据的，均可以获得相应的量刑从宽。辩护律师可以根据传销犯罪具体案情，向办案机关提出认定坦白的辩护意见及具体的量刑建议。

## 四、具有立功情节

### （一）法律规定

《刑法》第68条规定，“犯罪分子有揭发他人犯罪行为，查证属实的，或者提供重要线索，从而得以侦破其他案件等立功表现的，可以从轻或者减轻处罚；有重大立功表现的，可以减轻或者免除处罚”，该条是关于立功的规定。依照《自首和立功若干问题的解释》第5条的规定，立功可以分为以下几种类型，一是检举、揭发他人犯罪行为，二是提供侦破其他重大案件的重要线索，三是阻止他人重大犯罪活动，四是协助司法机关抓捕其他犯罪嫌疑人（包括同案犯），五是其他有利于国家和社会的突出表现。

### （二）如何挖掘和落实立功线索

传销犯罪的组织者、领导者一般涉入传销活动较深，因此较容易具备立功的条件，辩护律师在会见行为人时，应当对此进行挖掘询问，常见线索包括以下内容：

一是行为人可能掌握他人犯罪线索，包括同案犯的其他犯罪线索或案外人的犯罪线索。

二是行为人可能掌握侦破其他案件的线索。

三是行为人可能知晓同案犯或其他犯罪嫌疑人的下落，可以协助司法机关

① 《量刑实施细则》第4.8条规定，对于坦白情节，综合考虑如实供述罪行的阶段、程度、罪行轻重以及悔罪表现等情况，确定从宽的幅度：(1)如实供述自己罪行的，可以减少基准刑的20%以下；(2)如实供述司法机关尚未掌握的同种较重罪行的，可以减少基准刑的10%—30%，一般不应超过3年；(3)因如实供述自己罪行，避免特别严重后果发生的，可以减少基准刑的30%—50%；(4)如实供述办案机关尚未掌握的同种较轻罪行的，可以减少基准刑的20%以下，一般不应超过2年；(5)揭发同案犯共同犯罪事实的，可以减少基准刑的20%以下，一般不应超过2年；(6)办案机关掌握的证据不充分，犯罪分子如实交代有助于收集定案证据的，可以减少基准刑的20%以下，一般不应超过2年。

予以抓捕。

此外,依照《自首和立功若干问题的解释》第6条的规定,“共同犯罪案件的犯罪分子到案后,揭发同案犯共同犯罪事实的,可以酌情予以从轻处罚”。据此,即便是揭发同案犯共同犯罪事实,也可以解释为具有立功情节,可以酌定从轻处罚。

犯罪嫌疑人、被告人具有立功线索的,辩护律师一方面应要求其在侦查人员或司法工作人员提审时明确提出,并要求在笔录中详细记载,或者向看守所、驻所检察官提出,另一方面辩护律师可以将犯罪嫌疑人、被告人所书写的立功线索材料转交给侦查机关、公诉机关或人民法院,要求核查落实。立功线索经查证属实或已落实的,辩护律师应当及时与公诉机关沟通,争取获得最大程度的量刑从宽建议。

### (三)从宽幅度

《量刑指导意见》规定,“对于立功情节,综合考虑立功的大小、次数、内容、来源、效果以及罪行轻重等情况,确定从宽的幅度。1. 一般立功的,可以减少基准刑的20%以下;2. 重大立功的,可以减少基准刑的20%—50%;犯罪较轻的,减少基准刑的50%以上或者依法免除处罚”。《量刑实施细则》第4.10条在重复上述规定内容的基础上,对一般立功的从宽幅度予以限制,即一般立功可以减少基准刑的20%以下,但一般不应超过2年。辩护律师可以结合上述规定,向公诉机关及人民法院提出认定立功及具体的量刑建议。

例如,在作者所办理的谢某组织、领导传销活动案中,辩护律师在会见时了解到,谢某掌握位于浙江省杭州市的一起组织、领导传销活动案的犯罪线索,故辩护律师建议其向侦查人员提出并要求核查落实,在审查起诉阶段,辩护律师多次与公诉人沟通并提交落实立功情节的书面申请,最终,公诉机关对谢某的立功情节予以认定,并给出了从宽一年半的量刑建议。

## 五、不属于情节加重

### (一)法律规定

依照刑法规定,传销犯罪情节严重的,处5年以上有期徒刑,并处罚金,《办理传销案件适用法律的意见》第4条规定,“对符合本意见第一条第一款规定的传销组织的组织者、领导者,具有下列情形之一的,应当认定为刑法第二百二十四条之一规定的‘情节严重’:(一)组织、领导的参与传销活动人员累计达一百二十人以上的;(二)直接或者间接收取参与传销活动人员缴纳的传销资金数额累计达二百五十万元以上的;(三)曾因组织、领导传销活动受过刑事处罚,或者一年以内因组织、领导传销活动受过行政处罚,又直接或者间接发展参与传销活动人员累计达六十人以上的;(四)造成参与传销活动人员精神失常、自杀等严重后果的;(五)造成其他严重后果或者恶劣社会影响的”。

(二)如何实现辩护

在公诉机关指控传销活动的组织者、领导者属于“情节严重”的情况下,可以不存在情节加重为罪轻辩护的突破口,其中,参与人数和收取传销资金数额未达到情节严重标准相对常见。是否达到情节严重,辩护律师应当高度关注控方证据中的鉴定意见和审计报告,在不能有力地质疑该类证据的情况下,很难实现突破。

值得指出的是,在实务中,除特殊案件外,在一般的网络传销犯罪案件中,参与人数较多且较难一一核实,因此对参与传销的人数、层级数、缴纳资金金额等犯罪事实,一般采取综合认定的方式,对此,《办理传销案件适用法律的意见》第1条有专门规定,“办理组织、领导传销活动刑事案件中,确因客观条件的限制无法逐一收集参与传销活动人员的言词证据的,可以结合依法收集并查证属实的缴纳、支付费用及计酬、返利记录,视听资料,传销人员关系图,银行账户交易记录,互联网电子数据,鉴定意见等证据,综合认定参与传销的人数、层级数等犯罪事实”。本书认为,既然是综合认定,就存在证据之间有矛盾,无法排除合理怀疑的可能,也就存在罪轻辩护的空间。

## 六、构成犯罪中止

(一)法律规定

《刑法》第24条规定,“在犯罪过程中,自动放弃犯罪或者自动有效地防止犯罪结果发生的,是犯罪中止。对于中止犯,没有造成损害的,应当免除处罚;

造成损害的,应当减轻处罚”。因刑法关于犯罪中止从宽处罚的规定较为明确,故《量刑指导意见》及《量刑实施细则》均未涉及犯罪中止情形下的主刑从宽问题。对于传销犯罪而言,因该犯罪属于涉众型犯罪,涉及人数较多且可能跨区域扩散发展,故要成立犯罪中止较为困难。

例如,在王某某、邱某组织、领导传销活动案[①]中,上诉人王某某上诉提出应认定其构成犯罪中止,二审法院湖北省孝感市中级人民法院经审理认为,根据《刑法》第 24 条的规定,犯罪中止是指在犯罪过程中,自动放弃犯罪或者自动有效地防止犯罪结果发生的行为,犯罪中止必须发生在犯罪过程中,而不能发生在犯罪过程之外,“在犯罪过程中”是指从犯罪预备起到犯罪既遂前的全过程,如果犯罪既遂及犯罪行为的结果已经发生,则无中止,即“既遂之后无中止”。本案中,王某某等 9 人从 2017 年 3 月开始组织领导传销活动至 2017 年 8 月共发展传销人员 35 人,层级达 4 级,涉案总金额 980 万余元,此后因其他相关人员案发而退出传销组织,但此时前述共同犯罪已经完成,犯罪已经既遂,故其关于犯罪中止的上诉理由不能成立。

### (二)认定犯罪中止的条件

本书认为,除在传销犯罪的预备阶段自动放弃犯罪外,还要在传销犯罪的实行阶段成立中止,一方面要求行为人自动放弃犯罪或自动防止犯罪结果发生,另一方面要求中止行为具有有效性,即无论哪一种中止,均需要未发生行为人原本所希望或放任的、行为性质所决定的犯罪结果,传销犯罪已达到追诉标准,其组织者、领导者决定将所骗取的财物清退给参与者的,因中止行为不具有有效性,未有效防止犯罪结果发生,故不成立犯罪中止。

## 七、认罪认罚

### (一)法律规定

《刑事诉讼法》第 15 条规定,“犯罪嫌疑人、被告人自愿如实供述自己的罪行,承认指控的犯罪事实,愿意接受处罚的,可以依法从宽处理”。

---

① 参见湖北省孝感市中级人民法院刑事裁定书,(2021)鄂 09 刑终 70 号。

据此,传销犯罪的组织者、领导者自愿认罪认罚的,可以从宽处罚。在司法实务中,经常会面临行为人在认罪认罚之后又在庭审中对案件事实提出异议的情况,而公诉人往往以被告人认罪态度不好,将视情况撤销其认罪认罚作为回应。面对此种情况,辩护律师如果作罪轻辩护,应当根据被告人所提异议的内容,及时陈述辩方意见,澄清法律误解。《认罪认罚指导意见》第6条规定:"'认罪'的把握。认罪认罚从宽制度中的'认罪',是指犯罪嫌疑人、被告人自愿如实供述自己的罪行,对指控的犯罪事实没有异议。承认指控的主要犯罪事实,仅对个别事实情节提出异议,或者虽然对行为性质提出辩解但表示接受司法机关认定意见的,不影响'认罪'的认定……"因此,被告人并非不能对案件事实提出异议。

例如,传销犯罪的组织者、领导者在庭审中针对鉴定意见认定的人员层级、人数或资金出入情况提出异议,且有一定合理性,尽管这涉及主要犯罪事实,但相对全案事实而言,仍属个别事实情节,本书认为,此种情况并不影响认罪的认定。而如果组织者、领导者以行为不构成犯罪、属于直销、仅属于行政违法为由进行辩护,但又表示接受法院裁判,亦不影响认罪的认定。

### (二)从宽幅度

《量刑指导意见》规定,"对于被告人认罪认罚的,综合考虑犯罪的性质、罪行的轻重、认罪认罚的阶段、程度、价值、悔罪表现等情况,可以减少基准刑的30%以下;具有自首、重大坦白、退赃退赔、赔偿谅解、刑事和解等情节的,可以减少基准刑的60%以下,犯罪较轻的,可以减少基准刑的60%以上或者依法免除处罚。认罪认罚与自首、坦白、当庭自愿认罪、退赃退赔、赔偿谅解、刑事和解、羁押期间表现好等量刑情节不作重复评价"。《量刑实施细则》第4.15条[①]

① 《量刑实施细则》第4.15条规定,对于认罪认罚的,综合考虑犯罪的性质、罪行的轻重、认罪认罚的阶段、程度、价值、悔罪表现等情况,确定从宽的幅度:(1)犯罪嫌疑人侦查阶段如实供述自己罪行,自愿认罪,愿意接受处罚的;犯罪嫌疑人审查起诉阶段认罪认罚并签署具结书的,均可以减少基准刑的30%以下。被告人一审期间认罪认罚的,可以减少基准刑的20%以下;被告人二审期间认罪认罚的,可以减少基准刑的10%以下。(2)被告人同时具有自首、重大坦白、退赃退赔、赔偿谅解、刑事和解等从宽情节的,可以减少基准刑的60%以下,其中犯罪较轻的,可以减少基准刑的60%以上或者依法免除处罚。(3)认罪认罚与自首、坦白、当庭自愿认罪、退赃退赔、赔偿谅解、刑事和解、羁押期间表现好等量刑情节不作重复评价。

在此基础上明确,“犯罪嫌疑人侦查阶段如实供述自己罪行,自愿认罪,愿意接受处罚的;犯罪嫌疑人审查起诉阶段认罪认罚并签署具结书的,均可以减少基准刑的30%以下。被告人一审期间认罪认罚的,可以减少基准刑的20%以下;被告人二审期间认罪认罚的,可以减少基准刑的10%以下”。该规定是对《认罪认罚指导意见》关于从宽幅度把握原则“在刑罚评价上,主动认罪优于被动认罪,早认罪优于晚认罪,彻底认罪优于不彻底认罪,稳定认罪优于不稳定认罪”的具体贯彻和体现,行为人越早认罪认罚,从宽幅度越大。辩护律师可以根据传销犯罪具体案情,向办案机关提出认定、适用认罪认罚从宽处罚的辩护意见及具体的量刑建议。

值得指出的是,依照规定,在认罪认罚情境下,认罪认罚与自首、坦白、当庭自愿认罪、退赃退赔、赔偿谅解、刑事和解、羁押期间表现好等量刑情节不作重复评价。

## 八、具备积极退赃、退赔情节

### (一)退赃、退赔的认定

退赃退赔属于酌定量刑情节。在传销犯罪中,组织者、领导者通常获取了高额返利,尤其是传销活动的发起者,其可能掌控绝大多数的涉案财物,因此,组织者、领导者将自己控制的涉案财物向公安机关退回,或筹措资金后将自己自传销组织中获得的返利予以退回,均可认定为退赃。

在一些涉及虚拟货币的传销犯罪中,侦查机关常常在讯问犯罪嫌疑人时获知其掌握有与传销活动有关的虚拟货币的情况,这些虚拟货币的变现通常需要犯罪嫌疑人出具书面授权才能实现,本书认为,此种情况与侦查机关依职权查封、扣押涉案赃款赃物(如传销资金及利用传销资金购置的房产、车辆等)不同,犯罪嫌疑人既有主动供述的行为,也有积极配合变现的行为,应认定为退赃情节。

### (二)从宽幅度

《量刑指导意见》规定,“对于退赃、退赔的,综合考虑犯罪性质,退赃、退赔行为对损害结果所能弥补的程度,退赃、退赔的数额及主动程度等情况,可以减少基准刑的30%以下;对抢劫等严重危害社会治安犯罪的,应当从严掌握"。《量刑实施细则》第4.11条在此基础上,根据退赃、退赔的程度及给被害人造成的损失情况,规定了具体的从宽幅度,其中"全部退赃、退赔,未给被害人造成经济损失的,可以减少基准刑的30%以下,一般不应超过3年。全部退赃、退赔,给被害人造成较小经济损失,可以减少基准刑的20%以下,一般不应超过2年","大部分退赃、退赔的,可以减少基准刑的20%以下,一般不应超过2年"。辩护律师可以根据传销犯罪具体案情,向办案机关提出认定退赃情节的辩护意见及具体的量刑建议。

实务中常会出现传销组织因被查禁等原因遭受返利困难,行为人筹措款项后向下线返利或退赔"损失"的情形,本书认为,在现行司法实践中,因传销犯罪中所骗取的财物均由法院判决没收或追缴(追缴后也是予以没收),不存在向传销活动的参与者退赔的问题,故此种情形不能认定为退赃、退赔,但如果行为人自行向下线返利或退赔"损失"金额较大,也可以作为酌定从轻的情节予以考虑。

## 九、具备协助追赃挽损情节

协助追赃挽损也是酌定量刑情节。在传销犯罪中,行为人如实供述自己所掌握传销资金情况并配合查封扣押的,或在传销资金已被转移的情况下(包括向案外人转移或用以购置财产等),行为人积极提供财产线索和资料,配合侦查机关调取证据,协助破案的,可以认定为协助追赃挽损的情节,可请求司法机关酌情从轻处罚。

## 十、具有获得传销活动一般参与者谅解的情节

### (一)从宽幅度

《量刑指导意见》规定,"对于积极赔偿被害人经济损失并取得谅解的,综合考虑犯罪性质、赔偿数额、赔偿能力以及认罪悔罪表现等情况,可以减少基准刑的40%以下;积极赔偿但没有取得谅解的,可以减少基准刑的30%以下;尽管没有赔偿,但取得谅解的,可以减少基准刑的20%以下。对抢劫、强奸等严重危害社会治安犯罪的,应当从严掌握"。《量刑实施细则》第4.12条规定,"对于积

极赔偿被害人经济损失并取得谅解的，综合考虑犯罪性质、赔偿数额、赔礼道歉，以及认罪、悔罪表现等情况，确定从宽的幅度：(1)积极赔偿且取得谅解的，可以减少基准刑的40%以下；(2)积极赔偿但没有取得谅解的，可以减少基准刑的30%以下；(3)没有赔偿但取得谅解的，可以减少基准刑的20%以下；(4)对抢劫、强奸等严重危害社会治安犯罪，应当从严掌握”。据此，获得被害人谅解的可以酌定从轻处罚。

### (二)传销活动一般参与者谅解的法律效果

在传销犯罪中，侦查机关给传销活动一般参与者做的笔录有的是被害人笔录，有的则是证人笔录。实践中也存在司法机关认为被告人获得了传销活动一般参与者的谅解，从而从宽处罚的案例。因此，辩护律师可积极促成行为人与传销活动一般参与者达成和解，由后者出具刑事谅解书并提交给司法机关。

例如，在张某某、马某某等组织、领导传销活动案①中，山东省宁阳县人民法院经审理查明，2019 年 6 月，被告人杜某赔偿项某等人投资 WDC 平台的经济损失 5 万元，项某代表肥城 11 名会员出具谅解书，内容为“杜某自愿赔偿项某等人 WDC 的经济损失 5 万元，不再追究杜某、张某 2、WDC 的法律责任”，宁阳县人民法院认为，被告人杜某主动赔偿被害人损失，取得谅解，可酌情从轻处罚，故对辩护人的相关辩护意见予以采纳。

① 参见山东省宁阳县人民法院刑事判决书，(2021)鲁 0921 刑初 218 号。

# 附录

# 传销犯罪所涉法律法规

## 一、法律

### 《刑法》（节录）

**第二百二十四条之一　【组织、领导传销活动罪】**组织、领导以推销商品、提供服务等经营活动为名，要求参加者以缴纳费用或者购买商品、服务等方式获得加入资格，并按照一定顺序组成层级，直接或者间接以发展人员的数量作为计酬或者返利依据，引诱、胁迫参加者继续发展他人参加，骗取财物，扰乱经济社会秩序的传销活动的，处五年以下有期徒刑或者拘役，并处罚金；情节严重的，处五年以上有期徒刑，并处罚金。

## 二、司法解释及解释性文件

### 《关于办理组织领导传销活动刑事案件适用法律若干问题的意见》

公通字〔2013〕37号

各省、自治区、直辖市高级人民法院，人民检察院，公安厅、局，解放军军事法院、军事检察院，新疆维吾尔自治区高级人民法院生产建设兵团分院，新疆生产建设兵团人民检察院、公安局：

为解决近年来公安机关、人民检察院、人民法院在办理组织、领导传销活动刑事案件中遇到的问题，依法惩治组织、领导传销活动犯罪，根据刑法、刑事诉讼法的规定，结合司法实践，现就办理组织、领导传销活动刑事案件适用法律问题提出以下意见：

**一、关于传销组织层级及人数的认定问题**

以推销商品、提供服务等经营活动为名，要求参加者以缴纳费用或者购买商品、服务等方式获得加入资格，并按照一定顺序组成层级，直接或者间接以发展人员的数量作为计酬或者返利依据，引诱、胁迫参加者继续发展他人参加，骗取财物，扰乱经济社会秩序的传销组织，其组织内部参与传销活动人员在三十人以上且层级在三级以上的，应当对组织者、领导者追究刑事责任。

组织、领导多个传销组织，单个或者多个组织中的层级已达三级以上的，可将在各个组织中发展的人数合并计算。

组织者、领导者形式上脱离原传销组织后，继续从原传销组织获取报酬或者返利的，原传销组织在其脱离后发展人员的层级数和人数，应当计算为其发展的层级数和人数。

办理组织、领导传销活动刑事案件中，确因客观条件的限制无法逐一收集参与传销活动人员的言词证据的，可以结合依法收集并查证属实的缴纳、支付费用及计酬、返利记录，视听资料，传销人员关系图，银行账户交易记录，互联网电子数据，鉴定意见等证据，综合认定参与传销的人数、层级数等犯罪事实。

**二、关于传销活动有关人员的认定和处理问题**

下列人员可以认定为传销活动的组织者、领导者：

（一）在传销活动中起发起、策划、操纵作用的人员；

（二）在传销活动中承担管理、协调等职责的人员；

（三）在传销活动中承担宣传、培训等职责的人员；

（四）曾因组织、领导传销活动受过刑事处罚，或者一年以内因组织、领导传销活动受过行政处罚，又直接或者间接发展参与传销活动人员在十五人以上且层级在三级以上的人员；

（五）其他对传销活动的实施、传销组织的建立、扩大等起关键作用的人员。

以单位名义实施组织、领导传销活动犯罪的，对于受单位指派，仅从事劳务性工作的人员，一般不予追究刑事责任。

**三、关于“骗取财物”的认定问题**

传销活动的组织者、领导者采取编造、歪曲国家政策，虚构、夸大经营、投资、服务项目及盈利前景，掩饰计酬、返利真实来源或者其他欺诈手段，实施刑法第二百二十四条之一规定的行为，从参与传销活动人员缴纳的费用或者购买商品、服务的费用中非法获利的，应当认定为骗取财物。参与传销活动人员是否认为被骗，不影响骗取财物的认定。

**四、关于“情节严重”的认定问题**

对符合本意见第一条第一款规定的传销组织的组织者、领导者，具有下列情形之一的，应当认定为刑法第二百二十四条之一规定的“情节严重”：

（一）组织、领导的参与传销活动人员累计达一百二十人以上的；

（二）直接或者间接收取参与传销活动人员缴纳的传销资金数额累计达二百五十万元以上的；

（三）曾因组织、领导传销活动受过刑事处罚，或者一年以内因组织、领导传销活动受过行政处罚，又直接或者间接发展参与传销活动人员累计达六十人以上的；

（四）造成参与传销活动人员精神失常、自杀等严重后果的；

（五）造成其他严重后果或者恶劣社会影响的。

**五、关于“团队计酬”行为的处理问题**

传销活动的组织者或者领导者通过发展人员，要求传销活动的被发展人员发展其他人员加入，形成上下线关系，并以下线的销售业绩为依据计算和给付上线报酬，牟取非法利益的，是“团队计酬”式传销活动。

以销售商品为目的、以销售业绩为计酬依据的单纯的“团队计酬”式传销活动，不作为犯罪处理。形式上采取“团队计酬”方式，但实质上属于“以发展人员的数量作为计酬或者返利依据”的传销活动，应当依照刑法第二百二十四条之一的规定，以组织、领导传销活动罪定罪处罚。

**六、关于罪名的适用问题**

以非法占有为目的，组织、领导传销活动，同时构成组织、领导传销活动罪和集资诈骗罪的，依照处罚较重的规定定罪处罚。

犯组织、领导传销活动罪，并实施故意伤害、非法拘禁、敲诈勒索、妨害公务、聚众扰乱社会秩序、聚众冲击国家机关、聚众扰乱公共场所秩序、交通秩序等行为,构成犯罪的,依照数罪并罚的规定处罚。

**七、其他问题**

本意见所称“以上”、“以内”,包括本数。

本意见所称“层级”和“级”,系指组织者、领导者与参与传销活动人员之间的上下线关系层次,而非组织者、领导者在传销组织中的身份等级。

对传销组织内部人数和层级数的计算,以及对组织者、领导者直接或者间接发展参与传销活动人员人数和层级数的计算,包括组织者、领导者本人及其本层级在内。

最高人民法院
最高人民检察院
公安部
2013 年 11 月 14 日

## 最高人民法院《“关于传销处罚立案标准问题”的答复》

传销犯罪活动扰乱正常的社会、经济秩序,危害巨大,最高人民法院高度重视打击传销犯罪活动,并采取切实措施完善有关规范性文件。2013 年 11 月 14 日,最高人民法院、最高人民检察院、公安部联合发布了《关于办理组织领导传销活动刑事案件适用法律若干问题的意见》(以下简称《意见》)。《意见》第一条第二款规定,组织、领导多个传销组织,单个或多个组织中的层级已达三级以上的,可将在各个组织中发展的人数合并计算;《意见》第二条第一款第(四)项规定,曾因组织、领导传销活动受过刑事处罚,或者一年以内因组织、领导传销活动受过行政处罚,又直接或者间接发展参与传销活动人员在十五人以上且层级在三级以上的人员,可以认定为传销活动的组织者、领导者。

根据《意见》的上述规定,即使犯罪分子采取“一接近三十人就出局”的方式,只要其组织、领导的任一传销组织达到三级以上,就可以根据《意见》第一条第二款的规定,将其在各个组织中发展的人数合并计算;如犯罪分子曾因组织、领导传销活动受过刑事处罚,或者在一年内因组织、领导传销活动受过行政处罚,则其再次发展传销组织只要达到“十五人以上且层级在三级以上”,就可对其进行刑事处罚。

## 最高人民检察院、公安部《关于公安机关管辖的刑事案件立案追诉标准的规定(二)》(节录)

**第七十条 〔组织、领导传销活动案(刑法第二百二十四条之一)〕**组织、领导以推销商品、提供服务等经营活动为名,要求参加者以缴纳费用或者购买商品、服务等方式获得加入资格,并按照一定顺序组成层级,直接或者间接以发展人员的数量作为计酬或者返利依据,引诱、胁迫参加者继续发展他人参加,骗取财物,扰乱经济社会秩序的传销活动,涉嫌组织、领导的传销活动人员在三十人以上且层级在三级以上的,对组织者、领导者,应予立案追诉。

下列人员可以认定为传销活动的组织者、领导者:

(一)在传销活动中起发起、策划、操纵作用的人员;

(二)在传销活动中承担管理、协调等职责的人员;

(三)在传销活动中承担宣传、培训等职责的人员;

(四)因组织、领导传销活动受过刑事追究,或者一年内因组织、领导传销活动受过行政处罚,又直接或者间接发展参与传销活动人员在十五人以上且层级在三级以上的人员;

(五)其他对传销活动的实施、传销组织的建立、扩大等起关键作用的人员。

## 三、行政法规

### 《禁止传销条例》

中华人民共和国国务院令

(第 444 号)

《禁止传销条例》已经 2005 年 8 月 10 日国务院第 101 次常务会议通过,现予公布,自 2005 年 11 月 1 日起施行。

总理 温家宝

二〇〇五年八月二十三日

# 禁止传销条例

## 第一章　总　　则

**第一条**　为了防止欺诈,保护公民、法人和其他组织的合法权益,维护社会主义市场经济秩序,保持社会稳定,制定本条例。

**第二条**　本条例所称传销,是指组织者或者经营者发展人员,通过对被发展人员以其直接或者间接发展的人员数量或者销售业绩为依据计算和给付报酬,或者要求被发展人员以交纳一定费用为条件取得加入资格等方式牟取非法利益,扰乱经济秩序,影响社会稳定的行为。

**第三条**　县级以上地方人民政府应当加强对查处传销工作的领导,支持、督促各有关部门依法履行监督管理职责。

县级以上地方人民政府应当根据需要,建立查处传销工作的协调机制,对查处传销工作中的重大问题及时予以协调、解决。

**第四条**　工商行政管理部门、公安机关应当依照本条例的规定,在各自的职责范围内查处传销行为。

**第五条**　工商行政管理部门、公安机关依法查处传销行为,应当坚持教育与处罚相结合的原则,教育公民、法人或者其他组织自觉守法。

**第六条**　任何单位和个人有权向工商行政管理部门、公安机关举报传销行为。工商行政管理部门、公安机关接到举报后,应当立即调查核实,依法查处,并为举报人保密;经调查属实的,依照国家有关规定对举报人给予奖励。

## 第二章　传销行为的种类与查处机关

**第七条**　下列行为,属于传销行为:

(一)组织者或者经营者通过发展人员,要求被发展人员发展其他人员加入,对发展的人员以其直接或者间接滚动发展的人员数量为依据计算和给付报酬(包括物质奖励和其他经济利益,下同),牟取非法利益的;

(二)组织者或者经营者通过发展人员,要求被发展人员交纳费用或者以认购商品等方式变相交纳费用,取得加入或者发展其他人员加入的资格,牟取非法利益的;

(三)组织者或者经营者通过发展人员,要求被发展人员发展其他人员加入,形成上下线关系,并以下线的销售业绩为依据计算和给付上线报酬,牟取非法利益的。

**第八条** 工商行政管理部门依照本条例的规定，负责查处本条例第七条规定的传销行为。

**第九条** 利用互联网等媒体发布含有本条例第七条规定的传销信息的，由工商行政管理部门会同电信等有关部门依照本条例的规定查处。

**第十条** 在传销中以介绍工作、从事经营活动等名义欺骗他人离开居所地非法聚集并限制其人身自由的，由公安机关会同工商行政管理部门依法查处。

**第十一条** 商务、教育、民政、财政、劳动保障、电信、税务等有关部门和单位，应当依照各自职责和有关法律、行政法规的规定配合工商行政管理部门、公安机关查处传销行为。

**第十二条** 农村村民委员会、城市居民委员会等基层组织，应当在当地人民政府指导下，协助有关部门查处传销行为。

**第十三条** 工商行政管理部门查处传销行为，对涉嫌犯罪的，应当依法移送公安机关立案侦查；公安机关立案侦查传销案件，对经侦查不构成犯罪的，应当依法移交工商行政管理部门查处。

## 第三章 查处措施和程序

**第十四条** 县级以上工商行政管理部门对涉嫌传销行为进行查处时，可以采取下列措施：

（一）责令停止相关活动；

（二）向涉嫌传销的组织者、经营者和个人调查、了解有关情况；

（三）进入涉嫌传销的经营场所和培训、集会等活动场所，实施现场检查；

（四）查阅、复制、查封、扣押涉嫌传销的有关合同、票据、账簿等资料；

（五）查封、扣押涉嫌专门用于传销的产品（商品）、工具、设备、原材料等财物；

（六）查封涉嫌传销的经营场所；

（七）查询涉嫌传销的组织者或者经营者的账户及与存款有关的会计凭证、账簿、对账单等；

（八）对有证据证明转移或者隐匿违法资金的，可以申请司法机关予以冻结。

工商行政管理部门采取前款规定的措施，应当向县级以上工商行政管理部门主要负责人书面或者口头报告并经批准。遇有紧急情况需要当场采取前款规定措施的,应当在事后立即报告并补办相关手续;其中,实施前款规定的查封、扣押,以及第(七)项、第(八)项规定的措施,应当事先经县级以上工商行政管理部门主要负责人书面批准。

**第十五条** 工商行政管理部门对涉嫌传销行为进行查处时,执法人员不得少于2人。

执法人员与当事人有直接利害关系的,应当回避。

**第十六条** 工商行政管理部门的执法人员对涉嫌传销行为进行查处时,应当向当事人或者有关人员出示证件。

**第十七条** 工商行政管理部门实施查封、扣押,应当向当事人当场交付查封、扣押决定书和查封、扣押财物及资料清单。

在交通不便地区或者不及时实施查封、扣押可能影响案件查处的,可以先行实施查封、扣押,并应当在24小时内补办查封、扣押决定书,送达当事人。

**第十八条** 工商行政管理部门实施查封、扣押的期限不得超过30日;案件情况复杂的,经县级以上工商行政管理部门主要负责人批准,可以延长15日。

对被查封、扣押的财物,工商行政管理部门应当妥善保管,不得使用或者损毁;造成损失的,应当承担赔偿责任。但是,因不可抗力造成的损失除外。

**第十九条** 工商行政管理部门实施查封、扣押,应当及时查清事实,在查封、扣押期间作出处理决定。

对于经调查核实属于传销行为的,应当依法没收被查封、扣押的非法财物;对于经调查核实没有传销行为或者不再需要查封、扣押的,应当在作出处理决定后立即解除查封,退还被扣押的财物。

工商行政管理部门逾期未作出处理决定的,被查封的物品视为解除查封,被扣押的财物应当予以退还。拒不退还的,当事人可以向人民法院提起行政诉讼。

**第二十条** 工商行政管理部门及其工作人员违反本条例的规定使用或者损毁被查封、扣押的财物,造成当事人经济损失的,应当承担赔偿责任。

**第二十一条** 工商行政管理部门对涉嫌传销行为进行查处时,当事人有权陈述和申辩。

**第二十二条** 工商行政管理部门对涉嫌传销行为进行查处时,应当制作现场笔录。

现场笔录和查封、扣押清单由当事人、见证人和执法人员签名或者盖章，当事人不在现场或者当事人、见证人拒绝签名或者盖章的，执法人员应当在现场笔录中予以注明。

**第二十三条** 对于经查证属于传销行为的，工商行政管理部门、公安机关可以向社会公开发布警示、提示。

向社会公开发布警示、提示应当经县级以上工商行政管理部门主要负责人或者公安机关主要负责人批准。

## 第四章 法律责任

**第二十四条** 有本条例第七条规定的行为，组织策划传销的，由工商行政管理部门没收非法财物，没收违法所得，处50万元以上200万元以下的罚款；构成犯罪的，依法追究刑事责任。

有本条例第七条规定的行为，介绍、诱骗、胁迫他人参加传销的，由工商行政管理部门责令停止违法行为，没收非法财物，没收违法所得，处10万元以上50万元以下的罚款；构成犯罪的，依法追究刑事责任。

有本条例第七条规定的行为，参加传销的，由工商行政管理部门责令停止违法行为，可以处2000元以下的罚款。

**第二十五条** 工商行政管理部门依照本条例第二十四条的规定进行处罚时，可以依照有关法律、行政法规的规定，责令停业整顿或者吊销营业执照。

**第二十六条** 为本条例第七条规定的传销行为提供经营场所、培训场所、货源、保管、仓储等条件的，由工商行政管理部门责令停止违法行为，没收违法所得，处5万元以上50万元以下的罚款。

为本条例第七条规定的传销行为提供互联网信息服务的，由工商行政管理部门责令停止违法行为，并通知有关部门依照《互联网信息服务管理办法》予以处罚。

**第二十七条** 当事人擅自动用、调换、转移、损毁被查封、扣押财物的，由工商行政管理部门责令停止违法行为，处被动用、调换、转移、损毁财物价值5%以上20%以下的罚款；拒不改正的，处被动用、调换、转移、损毁财物价值1倍以上3倍以下的罚款。

**第二十八条** 有本条例第十条规定的行为或者拒绝、阻碍工商行政管理部门的执法人员依法查处传销行为，构成违反治安管理行为的，由公安机关依照治安管理的法律、行政法规规定处罚；构成犯罪的，依法追究刑事责任。

**第二十九条** 工商行政管理部门、公安机关及其工作人员滥用职权、玩忽职守、徇私舞弊，未依照本条例规定的职责和程序查处传销行为，或者发现传销行为不予查处，或者支持、包庇、纵容传销行为，构成犯罪的，对直接负责的主管人员和其他直接责任人员，依法追究刑事责任；尚不构成犯罪的，依法给予行政处分。

## 第五章 附 则

**第三十条** 本条例自 2005 年 11 月 1 日起施行。

# 参考文献


## 一、著作类

[1]张明楷:《刑法学》(第4版),法律出版社2011年版。

[2]高铭暄、马克昌主编:《刑法学》(第10版),北京大学出版社、高等教育出版社2022年版。

[3]张明楷:《刑法分则的解释原理》(第2版),中国人民大学出版社2011年版。

[4]邓崇专、黎仲诚:《组织、领导传销活动罪研究》,中国法制出版社2020年版。

[5]陈光中主编:《刑事诉讼法》(第7版),北京大学出版社、高等教育出版社2021年版。

[6]徐昕、肖之娥:《庭前会议指引——法理、规则与案例》,法律出版社2020年版。

[7]陈瑞华:《刑事辩护的理念》,北京大学出版社2017年版。

[8]陈瑞华:《刑事辩护的艺术》,北京大学出版社2018年版。

[9]刘静坤:《证据审查规则与分析方法——原理·规范·实例》,法律出版社2018年版。

## 二、期刊类

[1]种政:《传销犯罪刑法规制的反思与完善》,载《中国

人民公安大学学报(社会科学版)》2022 年第 1 期。

[2]印波:《网络传销犯罪的司法认定逻辑及其修正》,载《比较法研究》2022 年第 1 期。

[3]蔡媛君:《后疫情时期山寨币网络传销犯罪的治理研究》,载《上海公安学院学报》2021 年第 4 期。

[4]印波:《传销犯罪的司法限缩与立法完善》,载《中国法学》2020 年第 5 期。

[5]莫志强、张婷:《网络传销犯罪之认定、处罚标准研究》,载《山东警察学院学报》2020 年第 2 期。

[6]王超强、刘姜恩:《网络传销犯罪的特征及侦查治理对策》,载《山西警察学院学报》2019 年第 1 期。

[7]刘棉春、李为民:《集资诈骗罪与传销犯罪的区别》,载《人民司法(应用)》2016 年第 34 期。

[8]陈兴良:《组织、领导传销活动罪:性质与界限》,载《政法论坛》2016 年第 2 期。

[9]刘志伟、杨迎泽等:《组织、领导传销活动罪的法律适用及证据把握》,载《中国检察官》2014 年第 24 期。

[10]王涛:《"团队计酬"式传销的前世今生》,载《犯罪研究》2014 年第 2 期。

[11]郭斐飞、罗开卷:《组织、领导传销活动罪疑难问题探析》,载《人民检察》2011 年第 10 期。

[12]潘星丞:《传销犯罪的法律适用——兼论组织、领导传销罪与非法经营罪、诈骗罪的界限》,载《中国刑事法杂志》2010 年第 5 期。

[13]贾宇:《论组织、领导传销活动罪》,载《人民检察》2010 年第 5 期。

[14]苏雄华:《中国传销的概念清理及其入罪检讨》,载《河北法学》2010 年第 2 期。

[15]张明楷:《传销犯罪的基本问题》,载《政治与法律》2009 年第 9 期。

[16]詹庆:《"传销罪"罪名法定化之研究——兼评〈刑法修正案(七)〉(草案)中"组织领导传销罪"》,载《政治与法律》2009 年第 2 期。